中国工程院院士
是国家设立的工程科学技术方面的最高学术称号，为终身荣誉。

中国工程院院士传记

# 李文华自传

绿境求索

李文华 著

科学出版社

人民出版社

# 内 容 简 介

　　李文华院士是国际知名生态学家，在林学界、生态学界和资源科学领域享有盛名。本书记叙了李文华院士根据环境条件、科学发展和国家需求的变化，不断调整研究方向和目标的学术成长经历——从自然生态系统的结构功能研究，到资源的保护与利用，再到生态农业复合系统的理论、方法与实践，最后到区域可持续发展的范畴这样一个与时俱进的发展过程，展现了他求真务实、锲而不舍、勇于创新的科学家精神，以及淡泊名利、报效祖国、服务社会的优秀个人品质。

　　本书不仅可以作为林学、生态学、资源科学、科学史等领域科技工作者的参考读物，作为相关专业学习的本科生的课外读物，还可以作为党员教育的学习读本。

**图书在版编目(CIP)数据**

绿境求索: 李文华自传 / 李文华著. — 北京: 科学出版社, 2024.1
（中国工程院院士传记）
ISBN 978-7-03-076917-6

Ⅰ.①绿⋯　Ⅱ.①李⋯　Ⅲ.①李文华—自传　Ⅳ.①K826.3

中国国家版本馆CIP数据核字（2023）第215996号

责任编辑：张　莉 / 责任校对：韩　杨
责任印制：赵　博 / 封面设计：有道文化

**科学出版社** 出版
北京东黄城根北街 16 号
邮政编码：100717
http://www.sciencep.com
北京厚诚则铭印刷科技有限公司印刷
科学出版社发行　各地新华书店经销
\*
2024年1月第　一　版　开本：720×1000　1/16
2024年7月第二次印刷　印张：21　插页：6
字数：280 000
**定价：118.00元**
（如有印装质量问题，我社负责调换）

中国工程院院士　李文华

1959 年，与导师苏卡乔夫（中）
和蒋有绪（右）摄于苏联

1965 年，与妻子李松华合影

1966 年，全家摄于天津

1975 年，青藏高原综合科学考察队林业组成员摄于西藏　　　1982 年在横断山进行考察
由上至下第二排右一为李文华

1988 年，与冯·德罗斯特（von Drost）考察鼎湖山国家级自然保护区

2008 年，与徐匡迪（右二）、沈国舫（左一）考察三峡

1978 年，随侯学煜（左二）出访美国

1983 年，随吴征镒出访英国

1979 年，随阳含熙（左三）出访欧洲四国

1996 年，与孙鸿烈（右）在南美考察

1995 年，参加中国生态学学会第三届年会

2017 年，出席第五届中国林业学术大会

2017 年，出席中国农学会成立 100 周年回顾活动

2012 年，出席第二届世界生态安全大会并做主旨报告

2008 年，创建中美生态系统服务研究中心

2017 年，在中国人民大学院士大讲堂开讲

2015 年，主持全球重要农业文化遗产指导委员会会议

2012 年，荣获第七届中华宝钢环境奖生态保护类大奖

2018 年，荣获中国人与生物圈国家委员会成立 40 周年杰出贡献奖

2019 年，荣获中国地理学会科学技术奖－终身成就奖

2018 年，为团队学生在教师节讲授"开学第一课"

2021 年，出席中国科学院地理科学与资源研究所自然
与文化遗产研究中心成立 15 周年座谈会

2022 年，李文华院士 90 岁生日座谈会

# 中国工程院院士传记丛书

# 总　序

　　20世纪是中华民族千载难逢的伟大时代。千百万先烈前贤用鲜血和生命争得了百年巨变、民族复兴，推翻了帝制，击败了外侮，建立了新中国，独立于世界，赢得了尊严，不再受辱。改革开放，经济腾飞，科教兴国，生产力大发展，告别了饥寒，实现了小康。工业化雷鸣电掣，现代化指日可待。巨潮洪流，不容阻抑。

　　忆百年前之清末，从慈禧太后到满朝文武开始感到科学技术的重要，办"洋务"，派留学，改教育。但时机瞬逝，清廷被辛亥革命推翻。五四运动，民情激昂，吁求"德、赛"升堂，民主治国，科教兴邦。接踵而来的，是国民大革命、10年内战、14年抗日战争和4年解放战争。恃科学救国的青年学子，负笈留学或寒窗苦读，多数未遇机会，辜负了碧血丹心。

　　1928年6月9日，蔡元培主持建立了中国近代第一个国立最高综合学术科研机构——中央研究院，设理化实业研究所、地质研究所、社会科学研究所和观象台4个研究机构，标志着国家建制科研机构的诞生。20年后，1948年3月26日遴选出81位院士（理工53位，人文28位），几乎都是20世纪初留学海外、卓有成就的科学家。

　　中国科技事业的大发展是在新中国成立以后。1949年11月1日成立了中国科学院，郭沫若任院长。1950—1960年有2500多名留学海外的科学家、工程师回到祖国，成为大规模发展中国科技事业的第一批领导骨干。国家按计划向苏联、东欧各国派遣 1.8 万名各类科技人员留学，全都按期回国，成为建立科研和现代工业的骨干力量。高等学校从新中国成立初期的 200 所增加到 600 多所，年招生增至 28 万人。到 21 世纪初，高等学校有 2263 所，年招生 600 多万人，科技人力总资源量超过 5000 万人，具有大学本科以上学历的科技人才达 1600 万人，已接近最发达国家水平。

新中国成立 60 多年来，从一穷二白成长为科技大国。年产钢铁从 1949 年的 15 万吨增加到 2011 年的粗钢 6.8 亿吨、钢材 8.8 亿吨，几乎是 8 个最发达国家（G8）总年产量的两倍。水泥年产 20 亿吨，超过全世界其他国家总产量。中国已是粮、棉、肉、蛋、水产、化肥等世界第一生产大国，保障了 13 亿多人口的食品和穿衣安全。制造业、土木、水利、电力、交通、运输、电子通信、超级计算机等领域正迅速逼近世界前沿。"两弹一星"、高峡平湖、南水北调、高公高铁、航空航天等伟大工程的成功实施，无可争议地表明了中国科技事业的进步。

党的十一届三中全会以后，实行改革开放，全国工作转向以经济建设为中心。加速实现工业化是当务之急。大规模社会性基础设施建设、大科学工程、国防工程等是工业化社会的命脉，是数十年、上百年才能完成的任务。中国科学院张光斗、王大珩、师昌绪、张维、侯祥麟、罗沛霖等学部委员（院士）认为，为了顺利完成中华民族这项历史性任务，必须提高工程科学的地位，加速培养更多的工程科技人才。中国科学院原设的技术科学部已不能满足工程科学发展的时代需要。他们于 1992 年致书党中央、国务院，建议建立"中国工程科学技术院"，选举那些在工程科学中做出重大创造性成就和贡献、热爱祖国、学风正派的科学家和工程师为院士，授予终身荣誉，赋予科研和建设任务，请他们指导学科发展，培养人才，对国家重大工程科学问题提出咨询建议。中央接受了他们的建议，于1993年决定建立中国工程院，聘请30名中国科学院院士和遴选66名院士共96名为中国工程院首批院士。1994年6月3日，召开了中国工程院成立大会，选举朱光亚院士为首任院长。中国工程院成立后，全体院士紧密团结全国工程科技界共同奋斗，在各条战线上都发挥了重要作用，做出了新的贡献。

中国的现代科技事业起步比欧美落后了200年，虽然在20世纪有了巨大进步，但与发达国家相比，还有较大差距。祖国的工业化、现代化建设，任重道远，还需要数代人的持续奋斗才能完成。况且，世界在进步，科学无止境，社会无终态。欲把中国建设成科技强国，屹立于世界，必须接续培养造就数代以千万计的优秀科学家和工程师，服膺接力，担当使命，开拓创新，更立新功。

中国工程院决定组织出版"中国工程院院士传记"丛书，以记录他们对祖国和社会的丰功伟绩，传承他们治学为人的高尚品德、开拓创新的科学精神。他们是科技战线的功臣、民族振兴的脊梁。我们相信，这套传记的出版，能为史书增添新章，成为史乘中宝贵的科学财富，俾后人传承前贤筚路蓝缕的创业勇气、魄力和为国家、人民舍身奋斗的奉献精神。这就是中国前进的路。

宋健

2012年6月

# 目　　录

# 第一章

# 乡梓情深

我的故乡在山东省东营市广饶县李鹊镇。中华人民共和国成立前，广饶是一个非常贫困的地方，瘠薄的盐碱地加上连年的天灾和兵荒马乱，导致民不聊生，这里以出"叫花子"（乞丐）而闻名。然而，这里却有着厚重的历史文化和光荣的革命传统。据县志记载，早在5700多年前的大汶口文化时期，就已有人类在这片土地上生息繁衍。在这块土地上，在中国共产党的领导下，革命的火种世代相传，并留下了无数可歌可泣的史诗篇章。这里完好地保存了1920年出版的《共产党宣言》中文译本和最早的一批中共农村党支部——中共延集支部、中共刘集支部；英雄子弟兵在抗日战争中与日军进行过殊死斗争；解放战争期间，8万父老乡亲前仆后继支援前线的画卷已载入革命史册。今天的广饶县傲然挺立在美丽的黄河三角洲，拥有丰富的石油、肥沃的土地，以及勤劳淳朴的民风和勇于创新的精神，成为山东省改革开放的一面旗帜。

# 第一节 父母恩重

我的祖上世代务农。我的曾祖母早年守寡，但她以非凡的勤奋和超人的刻苦带着我幼小的祖父，不仅使家境有所好转，还能送她的孙儿——我的父亲到青岛念完了初中。正是我的父亲为他的祖母实现了一个体面而风光的养老送终晚景，在当时很受称赞并传为佳话。我当时年幼，对过去那段历史的记忆已随着岁月而淡化。但是父亲言谈中关于老祖母的一些"警句"却深深地印在了我的心上。她是非常勤俭的人，经常说的一句话是"庄稼人过日子就得要有'三更灯火五更机织'的干劲"，她还说"睡觉还能有够？越睡越想睡"，等等。

在我的记忆里，父亲是一位坚忍、朴实、品德高尚的人，无论遇到怎样的境遇，他始终勇敢扛起一家人的生活重担。父亲上过私塾和"洋"学堂，受过国学的熏陶，文学功底深厚。因此，在我们的成长过程中，父亲对我们的学业要求十分严格。他很聪明，擅长下棋，与人玩"压指"（类似于猜拳的游戏）也十分在行。同时，他的记忆力也很好，直至去世前都能背诵出许多诗词。虽然自己生活艰苦，但他对乡亲们总是竭诚相助，在同乡中享有很好的口碑。父亲初中毕业后在我舅父的帮助下于天津和记洋行谋得一个小职员的差事，每到年底才能回到家乡广饶与家人团聚。1937年日本发动全面侵华战争，老家兵荒马乱，民不聊生，我们不得不从山东逃到天津，在天津安下家来，一家五口的生活全靠父亲微薄的工资勉强维持。后来，祖父母和姑姑也从山东来到天津，压在父亲身上的担子更加沉重了。在那段动荡不安的岁月里，父亲的工作时断时续，家中生活愈发艰难。正因为如此，父亲总希望做点小买卖来改善家庭的经济状况。后来，父亲与他人合伙在天津开了一个小型的粮油铺面，计划通过买卖粮油维持一家人的生计，没料想铺面刚刚开张，就遇上了天津罕见的一场大洪水，铺面的大部分粮油都被洪水冲走。尽管时运不济，但他犹如一座大山，总能想出办法让一家人生活下去。

天津素有"九河下梢"之称，是著名的大都市。但是我们在这个大都市里过的却是"半乡下人"的生活。当时我们住的地方叫"下瓦房"，顾名思义，这是一个穷人的居住区，位于城郊，往南不远就是真正的乡野地区。为了节省开支，我们与其他三四户人家共同居住在一个四合院里，房子很破旧，院子里的水泥地总是开裂，露出地下的土和灰。在我们居住的屋子里，墙上也刷着水泥，冬天的时候，水汽散之不去，墙上时常会结出冰花。那个时候，我们不仅在院子里养鸡，还曾圈起一角地来养猪、羊和兔子。我们通常不买现成的面粉，而是购买小麦、玉米和杂粮，借用乡邻的磨坊自己磨成面粉。我们还在小院里种上牵牛花、茉莉花，还种了一株香椿树，它长得枝繁叶茂，每到春天便可采下香椿芽与亲戚们共享。当时的生活虽然艰苦，但是全家人团结友爱，其乐融融。忆昔思今，后来的生活条件发生了翻天覆地的变化，但在天津大杂院的那种温暖的家庭气氛和浓浓的邻里之情，却很难再体验到了。

母亲是家里的主心骨。她勤劳、朴实、热情、要强、爱憎分明，对子女慈爱且理智，慈母浩瀚的恩情让我无以为报。母亲出身于一个比较富裕的农村家庭，在家里年龄最小，倍受父母的疼爱。母亲小时候社会上仍然盛行缠足之风，尽管我的外祖母舍不得让她受裹足之苦，但母亲却把自己锁在屋里，自己完成了别的女孩被强制完成的痛苦的裹足。母亲把她全部的爱都奉献给了子女和家庭，尤其对我更是呕心沥血。我是家里第一个健康长大的男孩，在我上面还有两个哥哥，都因为身体原因不幸早夭。在我出生之后，母亲对我百般关爱，但或许是因我的身体里有寄生虫，小时候我时常肚子疼。为了我能长命百岁和避免饥馑之灾，她抱着我到全村挨家挨户象征性地乞讨，用她的谦卑和真诚，怀着以身代罚的虔诚之心，为我的未来祈福。我六岁以前主要是随母亲在山东老家度过的，我们小时候姐弟五人的衣服、鞋子均由母亲一个人缝制。由于疲劳，母亲几次干活时都睡着了从床上栽下来。在我的成长过程中，母亲总是不遗余力地给予我关爱和温暖，她不求我考取功名、光耀门楣，只求我能平安、健康地长大，做一个像我外祖父一样的人。我从未见过我的外祖父，但在母亲的教导下，我渐渐能理解母亲对我的质朴的期待了。外祖父从不曾考取功名，但数十年在村里教书育人，受到乡亲父老的敬佩和尊重。母亲希望我以外祖父为榜样，是否获取功名并不重要，重要的是能够帮助到身边的人。

母亲坚信我是她最好的孩子，她不仅把我抚养成人，同时为了我能安心工作，还亲自带大了我的两个女儿。她为我做的太多太多，而我为她做的却太少太少。母亲是在"文化大革命"末期去世的，当时我随校下放到云南接受再教育，她怕影响我的前程，忍着尿毒症的折磨，不让家里人告诉我。当我得知她病危的噩讯连夜赶回天津时，她已经离开了人世。我可以想象得到，她在弥留之际是多么希望看到自己最疼爱的儿子，这成了我终身的遗憾。

虽然母亲早已离我而去，但每每念起，我的内心总会升腾起无限的哀思与遗憾。父母身上那种浓浓的山东农民天生的忠厚、朴实、勤劳、宽容的风范，潜移默化地浸润着我的灵魂，并对我一生的为人、学习和工作产生了深刻的影响。

# 第二节　姐弟情深

我有一个姐姐和三个弟弟，由于家庭困难，基本上只有我一个人受到常规的教育。但在党的培养和支持下，我们从一个几口人的小家庭，经过两代人的成长，逐渐成为五十几口人的大家庭，并在各自的事业领域小有建树。

我的姐姐叫李文英。她的学习成绩很好，小学毕业后开始上夜校，后来考入护士学校，以优异的成绩毕业后，在天津市天和医院下属的医院做护理工作，凭借着勤勤恳恳的工作态度和娴熟的护理技术，入职后不久便担任管理工作。一开始参加工作，姐姐便用她微薄的工资帮父亲分担家庭的重担，解救了岌岌可危的家庭经济。中华人民共和国成立后，姐姐不顾日益严重的肾病的困扰，毅然响应国家的支边号召，自愿到内蒙古第一人民医院工作。那个年代很难有机会远行，因此在我们眼里，支援内蒙古近乎等同于远赴边疆。在医院工作期间，姐姐凭借多年在一线工作积累的丰富的工作经验和过硬的业务能力，受到了院领导的肯定和重视，任职期间还曾承担"草原英雄小姐妹"龙梅和玉荣的护理工作。尽管当时姐姐已结婚生子，但她始终对我十分关心，除了肩负自己小家庭的开销外，她每月还给我寄 10 元钱资助我的生活和学习，在我上学期间从未间断过。像我这样的条件，在当时本可以申请助学金，但由于对自己的严格要求，不愿意为学校增添负担，依靠着姐姐的资助和支持，穿着母亲亲手缝补的衣裳，我度过了自己的大学时代。但事实上，姐姐自己的生活境况并不乐观，甚至十分艰辛。在我赴苏联学习的三年半时间里，有一次回国探亲的机会，我便去到了姐姐工作的地方——内蒙古。那时候正值经济困难时期，姐姐拿出了近乎一切可供招待的东西来款待我，希望我能安心，不必为她的生活担忧。然而，一次外出划船的经历却似乎让我感受到了姐姐窘迫的生活状况。探亲期间，姐姐的两个孩子带我去人工湖划船，不想一条鱼突然跳到了船上，我吓了一跳，顺手拎起鱼就扔回了湖里。回家后，两个小孩给姐姐讲述了此事，姐姐听后很震惊，随即就说："怎么能扔鱼？家里很久没吃过鱼了！"但紧接着，她就转换语气，平淡地说道，也许这条鱼会报答我的善良。由此可见当时姐姐家里的真实经济状况和她对我的关爱。后来，由于肾病日益严重，姐姐不得不回天津休养。母亲去世后不久，姐姐也离开了人世。姐姐膝下有三个孩子，都非常争气，后来在各自的工作领域都小有建树，若姐姐还在，一定会为他们感到欣慰与自豪的。

毕业以后，我留在了学校工作，虽然有了自己的收入，但我过得还是十分节省，省下的钱都补贴家里，每天穿的依旧是母亲亲手缝制的衣服。我的三个弟弟中，三弟和四弟由于和我年龄差距很大，所以我对他们的关心相对较少，与我关系最为亲密的是二弟。二弟的成长经历颇为波折，他很小的时候就展露出聪明与机智，四五岁时讲话就像个小大人儿，因此很早就被送到学校去，结果因为年龄太小了有些跟不上学习进度，成绩慢慢就落下了，小学考初中的时候不顺利，我一方面帮他，一方面还忍不住教训他。二弟后来去读了夜校，慢慢地又开窍了似的，能力得到很大的提升，他最后考入解放军测绘学院①，后来到了陈述彭院士那里工作，工作也十分突出，得到了陈先生的多次夸奖。现在回想起来，二弟对我非常好，他总是无条件地信任与支持我，认为我做什么都是对的。

我的三弟从小就具有艺术天赋，他毕业于天津市戏曲学校（现改名为天津市艺术学校），后来在一个京剧团里担任编剧和司鼓，曾独自编过一部叫《宝龙山》的戏剧。他对我们这个家庭的感情很深，曾多次和我交流想以家庭为背景创作一出戏剧，但始终未曾完成。在那个年代，许多搞艺术工作的人还不能像如今这样受到广泛的肯定，因此也导致三弟长期以来心情抑郁，常年将苦闷付诸酒杯，以至于喝酒太多坏了身体，很早就离开了人世。

年纪最小的四弟是我们几个孩子中最聪明的，性格比较外向，很善于待人接物。他从唐山煤矿学校②毕业后到天津市物资局工作，业务能力十分突出，年纪轻轻就当上单位的小领导，但由于家族遗传的原因，他的肾脏不好，很年轻就去世了。他病重的时候，我在瑞士，回来见到弟弟，印象最深的就是他说了一句话，"人生来就是受罪的，受完罪就得走"。

1966 年全家摄于天津

尽管当时我们姐弟五人都外出闯荡，但家一直在心里，只要一有时间，我们就会回到父母身边，一家人互相关心，互相帮助，家庭氛围十分浓厚。

① 中国人民解放军信息工程大学测绘学院前身。
② 后改名为河北矿业学院，后多校合并为河北工程大学。

# 第三节　终生相伴

　　我与爱人李松华在北京农业大学① 相知、相恋。我们初识在南下广东调研的火车上，那时候的火车速度很慢，需要在武汉、广州停车，她作为学生骨干，背着药箱在火车上为身体不适的同学发药，非常热心地为大家提供帮助。共同的兴趣和专业、共同的理想和奋发向上的性格，使我们结成伴侣。她对工作的热情、执着、顽强和专一的态度影响了我的一生。我们相濡以沫，工作中相互支持，风风雨雨共同度过了生活中最美好的 50 年。我们在家里很少谈论"婆婆妈妈"的琐事，更多的是分享彼此学习上的收获以及对彼此工作的关心。

　　她出身于湖南一个贫苦的小手工业者家庭，收入少，弟妹多，属于当时普遍不富裕家庭中生活更为拮据的阶层。1954 年她从北京农业大学毕业后，被分配到中国科学院南京土壤研究所（以下简称南京土壤所）工作。作为李庆逵和于天仁的学生、助手从事土壤电化学与氧化还原的研究。她最早的文章发表在《科学通报》上，本来她可以在科学的道路上走得再远一些，但是她觉得自己更应该去乡下。后来去乡下改造，想建立实验室，为此东奔西走。为了照顾我们的关系，她毅然放弃了南京土壤所派她到苏联留学的难得机会，

1955 年与妻子李松华在南京

1965 年与妻子李松华合影

---

① 1995 年，北京农业大学与北京农业工程大学合并组建中国农业大学。

接受组织安排调到中国科学院计划局，从事她本人并不感兴趣的科研管理工作。

但正像我们同时代的人一样，既然是党交给的工作，就会全心全意地投入。她曾在中国科学院计划局、环保局、生物学部以及农业研究委员会等多个部门工作，她的科研建树十分丰硕，尤其是推动了农业生产工程、组织领导了"黄淮海会战"和参与国情分析等。1978年我正式调到中国科学院自然资源综合考察委员会（以下简称自然资源综合考察委员会）工作，遇到的很多人都与松华有过接触。朋友们都对她不遗余力的奉献精神，对同事的热情、诚恳以及爱憎分明交口称赞，我也为此感到自豪。从她的身上，我看到的是一名共产党员全心全意为科学献身的形象。我们当时的日子其实很苦，尤其是住宿条件，1972年我们还在租房子住，我参与自然资源综合考察委员会青藏高原综合科学考察的时候，我们还和别人合租了一套两室的屋子，一家三口人挤在9平方米的小间，晾衣服总得穿过别人住的那间房，我就在床旁边的两屉桌上工作。由于没有自己的房子，我们需要常常搬家，但搬家很简单，两张单人床，一张两屉桌，两个旧纸箱子，外面看起来都是破旧的漆皮，一辆三轮车就把全部的家当都搬走了。直到后来，北京林学院①分了一间房子给我们，在三里河，是一个开间，我的小女儿小菁不得不住在厨房。我们那代人只讲奉献不讲究物质，从不向党组织提要求。直到后来严东生担任中国科学院副院长期间，了解到了我们的实际情况，单位给我们安排了两套连着门的房子，我们的住宿条件才真正得到改善。

## 一、她是我国农业生态工程的推动者

20世纪80年代，作为改革开放的先遣队，我国农村经济改革

---

① 北京林业大学前身。

的浪潮席卷全国，搞活了经济，活跃了市场，农业产品得到大幅增长，在广大农村涌现出一批农、林、牧、副、渔、工、商全面发展的先进农村、牧场、林场、水产养殖场和专业户。在发展生产的同时，部分农民自觉不自觉地运用了生态学原理，调整了产业结构，改善了生态环境，从而出现了一些经济和生态环境协调发展的典型。事实证明，经济效益和生态效益可以同步发展，也只有把两者协调起来，国民经济才能得到持续的增长。当时，生态工程作为一门新兴的边缘学科，涉及农业、林业、畜牧业、渔业、工业，以及国土规划、资源开发和环境保护等多个领域，刚刚在我国的科研人员中传播开来。为了从科学上及时地总结群众创作的好经验、好方法，将群众的经验和生态工程的理论结合起来加以宣传、推广，使广大群众能更自觉地运用生态学的原理，实施生态工程，进一步提高我国农业生态系统的生产力，加速国民经济的发展，松华和我国著名生态学家马世骏先生一起，组织秦世学、闻大中、云正明、孙铁珩、赵荫薇、王崇效等人，共同编著了我国第一本生态农业方面的图书——《中国的农业生态工程》，于1987年由科学出版社正式出版。为了这本书的创作和出版，她付出了很多，可以说是呕心沥血，白天晚上地加班，不断地思考，回家也不与我闲聊。这本书不仅从理论上阐述了生态工程以及农业生态工程的概念和内涵，梳理了我国古代的农业生态工程思想萌芽，而且分析了当时世界农业和中国农业面临的选择与挑战，并从充分利用空间和资源的立体结构系统、相互促进的物种共生系统、生物质多层次多途径利用系统、多功能农工联合生产系统四个方面详细总结了当时全国各地的一些优秀模式，并运用能量分析、物质循环和平衡分析、技术经济分析等方法进行了评估。这本书还介绍了农业生态工程中的能量利用技术和有机废弃物的生物利用技术，成为我国生态农业研究历史中的一本重要著作。

## 二、她是我国农业"黄淮海会战"中的"穆桂英"

"黄淮海平原综合治理与开发利用研究"是"六五"期间中国科学院承担的一项国家科技攻关任务。黄淮海平原是指黄河、淮河、海河的冲积平原，是我国最大的冲积平原之一。在开展项目的时期，黄淮海平原面积达 38.7 万平方千米，耕地近 3 亿亩，人口近 2 亿。行政上包括冀、鲁、豫、苏、皖 5 省的部分地区和京、津 2 市，约 320 余个县市。当时，该平原是我国重要的农业区之一，也是我国的政治经济文化中心区，全区拥有百万人口以上大城市 8 个，50 万~100 万人口中等城市 10 个，还有 4 个大油田。但是，该区旱涝盐碱灾害频繁，抗灾能力弱，土壤瘠薄，水土资源没有得到合理利用。因此，开展对黄淮海平原的综合治理和合理开发研究，是一项具有重大战略意义的任务。为了从整体上搞好课题分解和设计，制订最佳研究计划和方案，松华和她的同事对这个项目的重要性与可行性进行了外在环境条件及内在自身系统的调查、分析。同时，作为这项工作的具体组织者之一，松华连同她的同事组织了中国科学院内土壤、地理、农业、气象、植物、遗传、微生物、水产、化学、遥感、系统科学、计算技术等有关学科的 19 个研究所和 300 多名科技人员，配合水利电力部[①]、中国社会科学院、中国人民大学、北京大学等有关部门和院校，以及河南、山东、河北等省、地、县、乡有关政府、科研单位，进行了多学科、多部门、多层次的联合攻关。很多人当时并不愿意参与，她就一家一家地拜访请人参加。最后经过三年科技攻关共完成课题 24 项，其中 6 项由国家科学技术委员会下达，1985 年底通过鉴定，达到国内先进水平，个别项目达到国际先进水平；18 项属中国科学院攻关课题，均通过了鉴定或评议，达到国内先进水平。写出论文报告 150 余篇，编著专著共计 13 种，绘制各种图件 60 余幅，拍摄和洗印航空照片 5000 多张，收集

---

① 1988 年，北利电力部被撤销。

各项科学数据近 700 万个。黄淮海平原综合治理项目获得了国家科学技术进步奖特等奖，松华也因她在这项科研会战中做出的重大贡献而受到表彰。感谢温瑾在访谈黄淮海的记载中，专门报道了松华的事迹。我在封丘、禹城、石家庄遇到松华当时的同事，他们对她的评价都极高。作为这段历史的见证者，我可以毫无私心地说，她获得这一奖励是当之无愧的。按理说，报奖时，她作为科研管理人员是不应该被报上去的，但南京土壤所的人都积极将她上报，可见松华付出的努力别人也都看在眼里。她就是这样一个人，做一件事就要认真做到底，这也是我们之间一个小小的"分歧"，我更倾向于服从党与组织的安排管理。例如，在被调管横断山的工作中，我几乎放弃了所有的业务工作，日常管理的事务都亲力亲为，而她却认为我不应该放弃科研工作，应当坚持原本的研究。

## 三、她是中国科学院国情分析的组织者之一

1987 年下半年，国务院农村发展研究中心①委托中国科学院对中国农村的基本国情进行分析研究，并要求"开门见山，一语道破"。中国科学院邀请我国著名地理学家周立三院士领衔承担。周先生随即找到松华，并立即组织自然资源综合考察委员会、南京地理与湖泊研究所、生态环境研究中心和系统科学研究所等单位的一批科研骨干和青年科技人员组成中国科学院国情分析研究小组，开展国情分析研究。松华协助周先生，与课题组同志一起，同心协力，深入调查，细致分析，反复研究讨论，经过近 3 年的努力，出色地完成了任务。1989 年 10 月，以"认清国情，分析危机，清除错角，寻找对策"为宗旨，在大量无可辩驳的实证材料与数据基础上，融观点与材料于一体的《生存与发展》国情研究报告正式发表，受到了中央领导的高度重视，在学术界中也影响广泛，新华社、各大报

---

① 农业农村部农村经济研究中心前身。

纸、广播、电视等新闻媒体竞相报道、评论或转载。国情分析小组从此也名声大振。其中许多观点很快被中央领导接受和采纳，成为制定我国经济发展方针政策的重要科学依据。从 1990 年起，国情分析研究课题被列入中国科学院院长基金特别支持项目，作为高层战略决策研究给予长期支持和资助。

松华作为中国科学院国情分析研究课题的组织者之一，除组织协调、严格把关外，其重要贡献，还在于参与了 1～4 号国情报告基本框架和思路的确定。第一号报告《生存与发展》（科学出版社 1989 年出版）是开篇，分析了中国国情的基本特点，概括得出我国在发展社会生产力方面存在"人口过多、素质过低与资源有限、相对紧缺"及"工业超前与农业滞后、发达城市与相对落后农村"两个基本矛盾，首次提出中国现代化过程应坚持"持久战"的战略思想，实行节约资源、适度消费的非传统的现代化模式。第二号报告《开源与节约——中国自然资源与人力资源的潜力与对策》（科学出版社 1992 年出版）和第三号报告《城市与乡村——中国城乡矛盾与协调发展研究》（科学出版社 1994 年出版）是续篇。前者针对人口过多与资源紧缺矛盾，提出建立节约型国民经济体系与大力开发人力资源相结合的战略思想；后者针对城乡二元结构矛盾，提出城乡协调发展和加快城镇化进程的战略决策。第四号报告《机遇与挑战——中国走向 21 世纪的经济发展目标和基本发展战略研究》（科学出版社 1996 年出版）是对前三个报告的总结和展望，一方面指出了中国今后的发展已经具备了天时、地利与人和的有利条件，另一方面提出了今后发展面临的种种困难与挑战，并在此基础上提出 21 世纪中国经济发展的战略目标、五项基本发展战略和八项基本对策。这四份报告获1997 年中国科学院科学技术进步奖一等奖和 1998 年国家科学技术进步奖三等奖。在完成第四份报告后，松华因身体原因以及陪我前往尼泊尔参与国际山地综合开发中心（International Center for Integrated Mountain Development, ICIMOD）的工作而中断了后续研究工作。随后，中国科学院国情分析研究小组还发表了第五号报告《农业与发展——21世纪中国粮食与农业发展战略研究》、第六号报告《就业与发展——中国失业问题与就业战略》、第七号报告《民族与发展——加快我国中西部民族地区社会经济发展研究》、第八号报告《两种资源 两个市场——构建中国资源安全保障体系研究》4份国情研究报告，并培养了一批优秀的科学家，如胡鞍钢、王毅等。

松华在世时，是我每天倾诉工作中的喜悦、困难的第一人。她总能在我最困难的时候给予我支持，为我赴汤蹈火，甚至牺牲个人的一切，是我生活中的精神支柱和科学研究的坚强后盾。然而，月有阴晴圆缺，她的去世让我失去了一个科研的知音和生活的伴侣。如果说我今天在事业上还有一点成就的话，是和她的支持和鼓励分不开的。松华离我而去已

1996年与妻子李松华合影

有12年，如今她长眠在青山环绕、景色清幽的天寿陵园，那里风景优美，青松常伴。我深知如果真的有灵魂存在，她一定仍旧会注视着我并关心我的工作和生活。我的脑海中不时浮现出她不厌其烦的唠叨、叮嘱、担心和出于关爱的抱怨。50年的风风雨雨，我们经历了从友情到爱情到亲情的幸福历程，如今我承受着永别的思念之苦。直到现在，每当我碰到一些值得庆幸或是困难的大事时，我总在默默地问自己：如果松华还在，她会怎么看、会怎么想？在她走后，我越来越深刻地感到，50年的患难与共、荣辱同享，我们已经在精神与灵魂上融汇与结合，对方成了彼此不可分割的组成部分。在这个世界上没有任何人能代替她在我心目中的位置。

十年生死两茫茫，不思量，自难忘。

千里孤坟，无处话凄凉。

纵使相逢应不识，尘满面，发如霜。

夜来幽梦忽还乡，人依旧，简梳妆。

相顾无言，唯有泪千行。

料得他年相聚处，玉栏下，古松冈。

# 第四节　面向未来

　　每当读到我们这个时代的同龄人对于家庭的描述时，我发现大家总会提到对家庭的愧疚。对此，我深有同感。但是仔细想想，这并不是偶然，更多是当时的时代背景问题所导致的。我的大女儿李莲，是"文化大革命"的受害者，却也是父母暮年的慰藉。她不曾

1991年与妻子、两个女儿在尼泊尔　1996年与妻子、女儿、外孙等在北京

有过抱怨，总是热心、耐心地照顾着我的晚年生活。我的小女儿李菁，大学时期就到联邦德国闯荡，历尽艰苦，同时打三份工，顽强拼搏，写信总是报喜不报忧。如今每天通过微信、电话关心着我的生活和工作。

父母之后传下来五十几口人的大家庭中，人人都忠厚、和善、朴实、正直，家风依然在。我的家人很多在美国、德国、加拿大、日本、韩国工作和生活，尽管大家身在各处，但向上的劲头不改，无论成功还是失败，都在各自的领域不断拼搏、努力，从父母那一代传承下来的珍贵的亲情和孝道都被保留了下来，这是最让我感到欣慰的地方。

# 第二章

# 学无止境

我 7 岁开始上学。在那个动荡的社会，幸好有家人毫无保留的鼎力支持，虽几经波折，但我终于有幸读完小学和中学。1949 年中华人民共和国成立，我也成为新中国的第一批大学生。那时的我们纯真热情、朝气蓬勃、积极向上，对未来充满期望而又极少有功利之心。建设新中国的愿望一直激励着我们只争朝夕，克服教材、设备缺乏等一系列困难，如饥似渴地汲取着知识的养分。1957 年我被选派去苏联留学，有幸在苏联科学院苏卡乔夫（Sukachev）院士的指导下攻读副博士学位。可以说，我是沐浴着党的阳光完成了学业。

学海无涯，学无止境。一个人在学校接受的教育只能说是启蒙教育，尽管比较系统，却是极其有限的，更多的是离开学校以后在工作生活中的不断学习。正所谓"师傅领进门，修行在个人"，在人生道路上，我有幸遇到生态学领域的众多国际大师，并十分有幸能与他们有着近距离的长时间共同工作经历，让我受益匪浅。

# 第一节　蹒跚学步

我五六岁时都住在山东老家，那个时候对家乡的感情还是很浓烈的，我们家（辛家庄）和姥姥家（董家庄）距离不远，现在看来其实距离很近，那时候姐姐、我、二弟三个人时常去姥姥家。我有一个表哥，是先天性耳聋，但为人十分忠厚老实，他那时候教我们识字读书。我在那个时候就比其他人先学习了认字，以至于后来去天津之后感觉学习是一件很容易的事情，考试的时候自己很早就写完了。但这样也导致我后来不爱学习，学习成绩一开始很好，后来越来越差。那个时候，我姐姐也在天津和我同所学校学习，姐姐考第二名，我考第一名，父亲去开家长会时很高兴，虽然收入不高，但还是捐给了学校几块钱。

我有一个舅舅是卖油出身，由于忠厚善良，受到洋行经理的器重，我记事的时候他就是副总了。那个时候，兵荒马乱，家乡不太安宁，我们住的那个地方，传闻绑架我可以赚几百块钱。这件事情促使我早早地离开了家乡，那个时候我唯一的希望就是到外面之后帮母亲看护孩子，不想念书。

那个时候我身体不好，总是胃疼，因此家人偶尔会给我煎个鸡蛋吃，算是特殊待遇，母亲、弟弟都很照顾我。

# 第二节　中学记忆

1941 年在天津上小学

我的小学和中学时代是在天津度过的。

小学一年级和二年级在天津女青年会小学就读，后转入天津女师附小（今天津师范学校附属小学）读书。学校坐落于天津中街海大道（今大沽路）上。我读小学时该校刚刚成立，只有一个大教室，分成四个班，但很快就搬到了新校舍。

初中在天津工商学院附属中学。天津工商学院即现在的河北大学，1921 年由教会创办，校务由华籍神父掌管。当时坐落于天津特一区（今河西区）马场道，有一个当时看起来很近代化的校舍，附属中学就靠近学院主楼的左侧。1954年，附属中学迁往平山道的现校址，1970年改为天津市平山道中学，2003年改名为天津师范大学附属中学。

初中阶段给我印象极深的是学校有一批德才兼备、造诣极深的优秀教师。英文老师刘荣恩（后成为牛津大学的著名教授），教我们不要好高骛远，要先把基础打好，把每一本书吃透，每天坚持读半小时英文，必有收益，这些话我至今铭记在心。还记得日本侵华军攻陷天津后，当局专门派教官到学校教授日语，学生的不满之情溢于言表。刘老师为了保护学生，果断采取"杀一儆百"的办法对个别激进的学生进行体罚。虽说勉强了学生进行日语学习，却也保全了诸多学生的性命。我虽学了两年日语，但是由于有敌对情绪，除了记住个别字母外，连平假名和片假名也没记清楚。历史老师张锦光是一位身材消瘦的老先生，但他十分博学，把历史知识融汇成一个整体，讲课时条理分明，娓娓道来。听他的课不仅能学到历史知识，而且是一种艺术和文学上的享受。还有体育老师李鹤鼎，他个头很高，人很慈祥，中华人民共和国成立后我还经常在报纸上看到他的名字。

1946年我初中毕业，但由于父亲失业，就陆续中断了姐弟的学习，举全家之力支持我求学。当时天津几十所中学均为私立，只有三所学校是公立并免学费的，即市立一中（今天津市铃铛阁中学）、市立二中（今汇文中学）和市立三中（今新学中学）。当时贫困的学子竞相报考市立学校，其竞争的激烈程度可想而知；而我又由于年幼，在初中阶段贪玩导致功课成绩平平。但这种近乎绝望的情形也激发了我的潜能和破釜沉舟的决心，经过一个暑假的苦读，最终居然以第一名的成绩考入了市立三中（后改名为市立一中）。

1947年市立一中与市立二中合并为天津市立中学，并将校址搬迁到英国兵营（俗称英国营盘）。1949年天津解放后，天津市立中学更名为天津市第一中学（以下简称天津一中）。几十年来，无论何时何地，只要一提起天津一中，都会勾起我无限的回忆和对母校、师长的感激之情。人的一生最值得回忆和留恋的时期之一可以说是自己的中学时代，在天津一中的学习为我之后的人生道路铺垫了最坚实的基石。中华人民共和国成立前的天津一中校舍破旧，"穷一中，富耀华（中学）"，但该校有很强的师资力量，特别是其艰苦朴素的校风对我后来的发展影响很大。那时的同学们衣着朴素，伙食节俭，许多同学白天到校上课，放学后在路边卖报纸助学，形成了"学习上比刻苦、生活上不怕艰苦"的优良传统。许多家境贫寒的孩子在天津一中这块沃土上汲取营养，砥砺意志，放飞理想。

中学的老师中给我印象最深的是数学老师边叔扬先生和物理学老师刘铁铮先生。他们扎实的学识基础、丰富的教学经验与高尚的人格魅力令我们折服和敬佩。边叔扬先生有"天津八大数学家"之美誉，他讲解之清楚、板书之工整和对学生要求之严格是我从小学到大学时期没有人能超越的。

我在天津读高中时正值中华人民共和国成立前夕，当时学校里的进步势力与国民党当局的斗争是很激烈的。后来，我才知道当时我的许多同班好友，如田曾佩、王维章（后改名为王辉）和劳润田等，已经是地下党和外围组织的成员。田曾佩的家庭也很清苦，但是穷困的出身丝毫不影响他聪慧而敏锐的思想和蓬勃向上的精神。他是我们班级里最优秀的代表，是我心目中的偶像。我们曾经有过一段时间甚密的交往。我们两家住得虽然较远，但他经常步行到我家来，我们一起到郊外低洼的水塘去游泳。由于天津地势低洼，周围分布着许多形形色色的湿地。人们根据它们的大小和形状起了各种各样的名字，像"岛坑""L 坑"等。田曾佩曾经借给我当时很难看到的进步书籍，如邹韬奋、丁玲、赵树理的小说以及苏联的许多作品。他也曾借给我艾思奇的《大众哲学》等进步书籍。正当我们交往日趋密切之际，他和一些同学突然从班上消失了，后来才知道他们已被列入当局的黑名单。中华人民共和国成立后，许多同学怀着满腔热情参加了南下工作团。

直到1997年以后，在王辉等同学的热心组织下，老同学才有机会重聚一堂。当时我们都已进入古稀之年，故人相遇，各道离情。大家有担任过部级干部的，有担任过天津市社会科学院院长的，有教授和医生，也有在基层工作的干部。有些当时参加了南下工作团的同学，回想起他们当年的踌躇满志，他们有的屡立战功，有的经历坎坷，但回顾过去，都无怨无悔，大家仿佛又回到了过去的青春年华。大家聚在一起，仍然像过去一样彼此用当年的昵称称呼着"小鬼""小华""老二""圣人""老田"……

与中学同学在一起（在母校天津一中）
后排中为李文华

中华人民共和国成立后，在天津一中校长的带领下，学校得到进一步发展。现在天津一中已是天津市名列第一位的"窗口"学校。从这所学校走出了许多著名的政治家、外交家、科学家、艺术家、军事家、教育家、运动健将、劳动模范和无数默默奉献的劳动者。

2007 年是天津一中 60 周年校庆，学校多次来信希望我能返校参加庆典，这也是我的心愿。遗憾的是当时正值松华心脏病发作，处于病危状态，未能亲自参加，每忆及此总感到深深的遗憾。

# 第三节　难忘大学

1949 年我高中毕业时正值中华人民共和国成立之际。我考入了北京大学农学院森林系，成为新中国第一批大学生。当时报考北京大学农学院森林系有两个原因：一是北京大学令人羡慕的名声，二是我在初中读过的一本书中的照片。当时我就读的中学离天津的"美国新闻处"很近，它在临街设有一个对外开放的小型图书馆，冬天在那里看书很暖和，我和一些同学经常光顾那里。一次我偶然看到一本介绍美国国家公园的图书，书中介绍了许多自然保护区，其中有一组照片给我留下了深刻的印象。那是著名的巨杉和花旗松的森林，它们是那样的壮美和挺拔，还有数十人才能环抱的"世界爷"——巨杉，树基的空洞可以容纳一辆汽车，让人十分震撼，这激起了我对大自然的向往。我当时就想，什么时候能到大自然中亲眼看看这些森林？想不到这个一闪而过的愿望，竟成了我毕生科学事业的前奏。回想当时报考大学的情形和现在真是大不相同。报考的专业选择有很大的偶然性，通常报考的地方张贴告示，标明招考的大学、专业和招收人数。除北京大学、清华大学和南开大学三所大学联合招生，只能报考其中的一所外，其他的可以同时任意报考几所大学。当时我除了北京大学农学院森林系外，还考上了河北医学院（河北医科大学前身）和青岛海事学院（中国海洋大学前身）等几所大学。考试前父母对我考学的态度也很平和：如果通过努力能考上大学固然很好，但考不上也没有多大关系，早一点找份工作挣钱养家也不见得不好。

1949年我到学校报到后不久，北京大学农学院就与清华大学农学院和华北大学农学院合并，校名经多次征求意见后定为北京农业大学。1952年全国高等学校院系调整，我所在的森林系又从北京农业大学分出，成为北京林学院，校址也由北京西郊的罗道庄迁到妙峰山大觉寺和秀峰寺。1954年学校搬迁到现在北京林业大学的地址。"文化大革命"期间学校曾一度搬迁到云南丽江，与云南林学院合并，几经周折才又搬回北京，并改名为北京林业大学。

与大学同学在一起（在母校北京林业大学）
前排右一为李文华

我的大学生活和我所经历的大学变迁，在一定程度上也反映了中华人民共和国成立后教育战线的改革和探索过程。在我上大学期间，充斥着多种教育思想和教育体制的冲撞与博弈，在以乐天宇校长为代表的解放区群体的思想传统中，重视实际情况，尤其重视与农民的结合，但对现代科学与教学系统有所忽视。大学期间，我们参加过南方橡胶调查，在卢沟桥进行过农耕实习，夜晚到农村进行过农业政策的宣传和演出。对于这种教育方式，不同人有不同的见解与评价，我个人认为其中所蕴含的许多珍贵的内涵，值得在当代的教学中吸取和结合。

当时的教师队伍人数虽少，但拥有当时林学界许多老一代的知名专家。例如，在造林学方面有王林教授，在森林经营方面有范济洲教授，在水土保持方面有关君蔚教授，在森林生态方面有张正崑教授，等等。我们是北京林学院第一届本科毕业生，全班共50位同学，毕业后有15人留校任教，包括徐化成、郑均宝、陈燕芬、阎树文、王慧身、裴宝华、庞季平、高志义、李滨生、周沛村等，后来他们或成为学校领导，或是各系、教研室的科研骨干，都在各自岗位上取得了突出的成绩。

1949～1953年就读于北京林学院

大学生活是我学习生涯中最美好的一段时光之一。那时的我们纯真、热情、朝气蓬勃、积极向上，对未来充满期望而又极少有功利之心。尽管受教材、设备等限制，学校的条件和教学内容远远无法满足我们强烈的求知欲望，但同学们充分理解，从不抱怨，很少发牢骚，而是对学校深怀感激之心，对师长十分尊敬，对自己严格要求。为了弥补课堂知识的不足，同学们自发地组织起来，分头收集有关资料，进行学术讨论。我们还翻译苏联的有关教材，徐化成独立翻译的《水土保持学》《森林学》成为当时林业院校的主要教材，我也翻译过几篇有关森林的文章。那个时候，在老师的鼓励下我有过一些创造的欲望，因陋就简地做出了"测树仪"等东西，感谢赵宗哲老师后来把我做的"测树仪"的半成品在他的测树学课程中进行了介绍。

1950 年抗美援朝战争开始，西方对我们进行橡胶封锁禁运，为了发展橡胶和热带作物，自 1952 年起，国家有关部门组织了相关专家对广东、广西等地的橡胶和热带植物资源进行了橡胶宜林地的考察，我也积极参与其中。

1953 年我从北京林学院毕业后，留在母校任教。最初是在森林经理教研室做范济洲教授的助教，后转到森林学教研室（即现在的生态教研室），在张正崑教授的指导下工作。前一阶段的经历让我对森林测算和森林经营管理有了比较系统的了解，后一阶段的工作则为我后来一直从事的生态学领域的教学和研究打下了坚实的基础。对自己的启蒙老师，我永怀深深的感激之情。

1956 年，我和几位同事合力翻译了一本苏联的通俗读物《集体农庄的营林》。翻译工作不仅增加了我的专业知识，而且提高了我的俄文水平，对我后来到苏联学习大有裨益。

60 多年前的我们可以说什么都没有，唯一富有的就是热情、对未来的憧憬、激情和理想。在天安门前狂欢，在节日的道路上歌唱，在无人的沙漠中集体舞蹈，在南下的车厢里志愿服务，毕业后填写志愿时如果不是主动填写边疆，至少也是服从分配和到祖国最需要的地方。

# 第四节　国外学习

现在的学生有很多机会到世界各地学习和进修，不仅可以通过公派留学，而且可以自费出国留学，而这些在过去是无法想象的。当时出国不仅要经过所在单位的推荐，还要经过严格的政审、身体检查和出国前的业务考试。每年一所重点大学能有一两个人被录取到国外留学就很不容易了。我曾两次被推荐参加留苏考试。第一次落选了。我想大概是由于我的出身不好或是有什么政治问题，但是那时的我们不会去自我猜疑，觉得组织上能推荐自己就已经很满足了。没有想到一年以后，也就是1957年，学校再次推荐我参加留苏预备部的考试。当时我正在大兴安岭第二大队随苏联专家学习利用航测照片进行森林调查，事先没有得到任何消息，当时突然接到学校发来的一封加急电报，让我急速返京，电报中并未说明原因，和我一起工作的同志们都感到很突然。当时正值"肃反"运动，我只身一人搭乘一辆运货的马车经过几天时间经嫩江返回北京。

我有幸被学校推荐去苏联留学，这在当时几乎是所有青年学子梦寐以求的事。出国前要经过学校推荐，通过教育部统一组织的考试，录取后还要在留苏预备部学习一年俄语，且要经过严格的政审，每年的名额很少。当年与我同时被录取的还有阎树文和朱之悌同志，阎树文曾任北京林业大学党委书记，朱之悌是林木育种专家，1999年当选为中国工程院院士。在留苏预备部的俄语学习是按成绩分班的，由于我此之前进行过俄语的强化学习，因此被分配到成绩最好的班里。

到了莫斯科后，我才知道自己被分配到苏联科学院。更让我喜出望外的是著名生物学家和森林生态学家苏卡乔夫院士担任我的导师。苏卡乔夫是生物地理群落学（biogeocoenology）理论的创始人，在不同自然地带建立了定位研究站开展长期定位研究。苏卡乔夫多次带团访问中国，对我国有着深厚的感情，并协助我国在西双版纳建立了第一个热带森林生物地理群落站。他提出要亲自为中国培养几位研究生，我和中国科学院林业土壤研究所的徐振邦成为获得这一机会的幸运者。当时苏卡乔夫已是年过七旬的老人，还依然坚持科研活动并亲自到野外采样。尽管工作繁忙，但他仍然亲自为我们进行指导和答疑。学习期间，我的一大收获就是系统地学习了地植物学的基础知识，并到生态定位站进行了参观和实习。我们是苏联科学院森林研究所的副博士研究生，因为森林研究所的一些教授也在莫斯科大学讲授地植物学和土壤学课，所以我们的部分课程是在莫斯科大学上的。为了能使我们在野外工作时得到细致的帮助，苏卡乔夫还指定自己在科研方面的得力助手卡尔波夫（Karpov）和列辛（Liexin）做我们的辅导老师。卡尔波夫在第二次世界大战中左臂受伤致残，但仍坚持实验生态学研究，经常一个人穿梭于原始森林进行实验和观察，他的献身科学、不畏艰苦、一丝不苟的精神和作风对我产生了重要的影响。列辛是地植物学专家，是一位能力很强、年轻有为的科学家，后来成为苏联科学院生物学部秘书。

在苏联留学时，与导师苏卡乔夫（中）和蒋有绪（右）合影

在他们的悉心指导下，我与学友徐振邦相互帮助，互相切磋，完成了《苏联南台加①云杉林的结构与演替》的论文，获得了副博士学位，并受到《真理报》的表扬。

在苏联学习期间，我与徐振邦朝夕相处，成为至交。回国后我们分别回到原来的工作单位，后来都曾在东北小兴安岭和长白

————————
① 现译为"泰加"。

山进行过森林生态系统研究。他在王战先生的指导下，长期坚持红松阔叶混交林的林型分类和群落生态学的定位研究，其于20世纪60～70年代发表的有关红松林生态学和群落学的研究成果，至今仍是具有重要影响的权威性著作。2012年，我在整理、编写自己文集的过程中，还请徐振邦提供了一些在苏联时的照片。想不到就在2013年1月，我突然得到他去世的噩耗。我为失去了一位挚友而深感悲痛，也为林业科学战线失去一位勤恳耕耘、无私奉献的科学工作者而感到无限惋惜。

在苏联留学时，与好友徐振邦（左）和杨培寿（右）合影

在苏联学习期间，我还有幸结识了中国林业科学研究院到苏联林业研究所进修的蒋有绪、张万儒、鲍甫成等同志，我们的交往和学习为回国后的长期合作奠定了良好的基础。

从苏联回国后，在长期封闭的条件下，原以为再无与国际交流的机会，但改革开放的东风使科学进入了春天，也为我提供了许多短期到国外学习和进修的机遇。我在联合国教科文组织（UNESCO）的支持下于1980年10月～1982年2月到联邦德国汉堡大学的世界林业研究所进修，在布鲁宁（Bruning）教授的指导和帮助下前往有关大学和奥地利的因斯布鲁克高山森林试验站考察，对树木生理测定仪器的进展有了初步的了解。1987 年 10 月～1988 年 2 月，在欧洲共同体的支持下，我和国家科学技术委员会的孔德涌等同志一起在位于比利时首都布鲁塞尔的欧洲共同体下属Ⅻ支部（DG12）学习国际科学发展预测方面的知识，在此期间我们还前往西班牙和荷兰等地参加学术会议及参观访问。1989 年，应苏黎世联邦理工学院的邀请，我作为客座教授到该校的地植物学研究所进行了为期三个月的访问和讲学。

# 第五节　大师教诲

## 一、侯学煜

侯学煜先生是我国植物生态学奠基人之一，并创建了我国第一个植物生态研究所，担任主任 33 年，还先后兼任北京大学、清华大学等校的植物地理学教授、中国科学院治沙队副队长及农业研究委员会副主任等职务，1980 年当选为中国科学院学部委员（后改称院士）。他先后担任中国自然资源研究会（1993 年更名为中国自然资源学会）理事长和名誉理事长、中国生态学学会副理事长、《植物生态学与地植物学学报》（后改名《植物生态学报》）主编。在 50 多年的学术生涯里，侯先生取得了许多重要的科研成果，出版专著 10 余部，发表论文与植被图 300 余篇（册），是编制中国植被图的创始人。和侯先生认识也是起于编辑《中国植被》的工作，我们一起参加会议讨论，听取他的多次发言，令我十分敬仰。

1978 年，李文华（左一）随侯学煜（右一）第一次出访美国

1978 年，李文华（右二）随侯学煜（右一）考察美国大峡谷

　　1978 年，我有幸陪同侯学煜先生赴美开展了为期一个多月的考察。回国后我经常拜访侯先生，他对我参加青藏高原综合科学考察表示支持并对我们当时取得的成果十分感兴趣，但他一直对我研

制的暗针叶林在北半球的分布模型持谨慎态度。1980 年我和孙鸿烈等筹备创立中国自然资源研究会，经商议请他出面任理事长，我们到他家请他出山，他慨然应允；1986 年我们创办《自然资源学报》，他也主动提出要为学报担任主编。

侯先生在其生活晚年对我的影响很大。当时我正担任联合国教科文组织人与生物圈计划（Man and the Biosphere Programme, MAB）国际协调理事会主席，受国际研究影响，我开始对我国生态农业的发展进行研究。侯先生曾多次出席国际性会议，除在国内各省份进行植被与土壤考察外，还对亚洲其他国家、北美、澳大利亚、欧洲、非洲的植被与土壤做了大量的考察。他认为在自然界生态系统中根本不存在静态平衡，主张一个生态系统从平衡到不平衡再到平衡，只有在保持生态平衡的基础上，才能达到最佳的经济效益、生态效益和社会效益。他认为保持生态平衡就是人类应用生态学原理来维护、管理、调节和控制生态系统中的结构和功能；除无人区外，自然界中根本不存在不受人类活动影响的生态系统，只是受人工影响的轻重程度不同而已。后来，侯先生根据生态系统与生物多样性原理以及我国农业生产的特点，提出了大农业的生态原理，是对生态农林业全面深入发展理论的阐明与优化。这不仅为我国大农业的发展提出了正确的指导思想与实施方案，而且对农业生产的稳定、可持续发展和改善环境具有重要意义，是对现代生态学的重要贡献。

侯先生是一位很有成就的科学家，他意志坚强，不断奋斗，对人真诚，直言不讳，勇于提出自己的意见。他重视实践，珍惜时间，身体力行，独立思考，从不盲从，工作认真负责，孜孜不倦。他在几十年的科研和教学工作中，诲人不倦，为我国培养了大批植物生态学与地植物学方面的科研和教学人才，其中不少已是学科带头人和知名科学家、教授。作为一位生态学家，侯学煜先生还十分关心祖国的经济建设，曾向中共中央提出发展西北农业的意见，特别是他提出防护林的营造应注意土壤环境的变化，要因地制宜。

## 二、阳含熙

阳含熙先生是林业界知名的林学家和生态学家。1918 年生于江西南昌，1939 年获金陵大学森林学学士学位，1949 年获澳大利亚墨尔本大学植物学院科学硕士学位，1950 年获英国牛津大学森林学硕士学位。阳先生是新中国生态学的开拓者之一。20 世纪 50 年代，他为海南岛橡胶林的勘察设计和热带林业提供科学依据；提出杉木林人工林型分类、气候区划和土壤分类系统，开展杉木林生态定位观测和试验，发展速生丰产林栽培技术，解决了北方平原杨树造林的重要生态疑难问题；倡导并发展了中国植物数量生态学的研究工作，1979 年首次应用微机做出中国植物群落数量分类的实例；开拓了东北林区阔叶红松林的数量分类、种群格局、年龄结构、更新策略和动态研究。1991 年当选为中国科学院学部委员（后改称院士）。

早在 20 世纪 50 年代，他就曾参加中国林业代表团到苏联进行访问，并做了有关杉木生态学研究的报告。那时候恰值我在苏联科学院森林研究所学习，听取了他的报告，看了他带来的标本，感到非常兴奋。我回国后也请他到北京林学院做过有关世界林型分类系统的报告。"文化大革命"后他从中国林业科学研究院调到自然资源综合考察委员会后我们就在一个单位工作了，有了更多的接触机会。

他给我的印象是业务基础扎实，知识渊博且记忆力很强，他不仅对传统生态学有很深的造诣，而且数学基础很好，这使得他能在 60 岁高龄还继续跟踪时代研究的新潮流，并推动了我国数量生态学的发展。特别是他长期在欧洲和澳大利亚留学，不仅有很好的外语水平，而且有丰富的国际活动经验。这对当时刚刚打开国门、急于了解世界并探索与国际接轨的我国生态学来说真可谓雪中送炭。正是在这样的背景下，我们通过联合国教科文组织人与生物圈计划，叩开了通向世界生态学舞台的大门。阳含熙先生在这方面的确是功不可没。

1979 年，李文华（右一）随阳含熙（左二）访问欧洲四国

1983 年，出席国际山地综合开发中心成立大会的中国代表团成员合影
右三为李文华

## 三、马世骏

马世骏先生 1915 年生于山东兖州，1937 年毕业于北京大学农

学院生物系，1948年获美国犹他大学研究院科学硕士学位，1950年获美国明尼苏达大学研究院哲学博士学位，历任中国科学院环境科学委员会主任等职，并筹建了中国科学院生态环境研究中心。1980年当选为中国科学院学部委员（后改称院士），为我国生态学特别是昆虫生态学的理论研究做出了重要贡献。他研究东亚飞蝗生理生态学、黏虫越冬迁飞规律、害虫种群动态及综合防治理论，提出改治结合、根除蝗害，种群变境成长以及系统防治等新观点，制定了预测方法，丰富了昆虫种群生态学、生态地理学及害虫综合防治的理论，并在植物保护工作中发挥了重要作用；在环境污染治理和生态环境保护方面，他提出了生态经济学设想、经济生态学原则等一系列新观点。

我在中国生态学学会的筹备及后来的相关活动中与他接触较多，深受他的系统性科学思维的影响。他首先提出了农业生态工程的概念，并与我爱人李松华一起组织有关科学家研究和编写了《中国的农业生态工程》一书。这本书以农业为例，系统阐述了生态过程的特征和发展趋势。文中把农业生态工程的概念与一些国家的持续农业的概念进行了比较，提出我国目前发展农业生态工程存在的问题和研究任务，以及一些具体建议，为我国生态农业的研究和实践提供了理论基础与基本模式，对我国发展生态农业起到重要的推动作用。由于李松华直接参与这方面的组织工作，耳濡目染中我对复合生态系统产生了浓厚的兴趣，这也是后来我开展农林复合经营和生态农业研究的渊源。

## 四、吴征镒

吴征镒先生是我国植物分类学和生态学领域最著名的科学家之一，也是我国生物学界第一位获得国家科学大奖的学者。我早闻其大名，但无缘相会。1972年，北京林学院搬迁到云南，教师们被下放到基层林场参加各种劳动，当时的本意可能是让知识分子进行劳动改造，但对我来说却是得到了一个绝好的学习机会。因为云南被誉为"植物王国"，是我多年来梦寐以求到大自然学习的地方。

我最初在滇南林场修路和伐木，利用劳动的间隙，我到周围的森林中采集植物标本。后来北京林学院决定落户丽江，我被调到昆明与十几位老师一起在转运站负责把我校从北京运过来的各种物资转运到丽江。我是食堂采购员，这是一个比较轻松的工种，因此工作之余，我有很多空余时间到昆明附近继续采集标本，并利用北京运来的图书和昆明师范学校图书馆的藏书（当时图书馆已呈尘封状态）对采集的植物进行检索与绘图。

当时吴征镒先生刚刚从被审查和批斗中解放出来，经张敖罗同志引荐，我有缘在中国科学院植物研究所昆明分所见到他。我经常向吴先生请教自己在植物分类方面遇到的问题和困难，并请他协助对采集的标本进行鉴定，从此开始了我们的"忘年之交"。在青藏高原综合科学考察期间，我们在亚东地区有机会一起到野外考察，后来在自然保护区的研究工作中，我与武素功、韩裕丰和陈树坤同志还一起陪吴先生到黄山调研。

随吴征镒（右）考察黄山

2006年，与吴征镒（右）及其夫人（左）在其位于昆明的居所合影

1983年5月30日～6月10日，应英国自然资源保护协会的邀请，由吴征镒教授率领代表团到英国进行参观访问，吴先生特别邀我参加。在访问期间，我们参观了英国自然资源保护协会总部并与其理事长迪克·斯蒂尔（Dick Steele）先生进行了座谈，参观了萨洛姆湾石油终点站；前往塔尔伯特（Talbot）港参观了玛格姆（Margam）国家公园，并考察了乡村游憩设施及相关的管理办法；考察了英国典型沼泽地的历史、土地利用与管理现状；调研了英国的多个国家自然保护区。吴先生在植物分类和生态学方面的渊博知识以及他惊人的记忆力，给我留下了深刻的印象。

## 五、黄秉维

黄秉维先生是我国地理学界的一代宗师。他开拓并指导了我国自20世纪50年代以来的许多自然地理综合性研究，成就卓著，推动了我国地理学尤其是自然地理学研究的发展，做出了重大贡献。他的许多研究成果至今仍是农林牧水及军事等部门的重要参考资料，在生产实践中发挥着重要作用，展现出巨大的生命力，在国内外影响深远。

我们以前在中国科学院植物研究所进行的一些小型座谈会上见过几次面，但平时接触不多。有一次，他突然专门叫我到他家去，给了我一篇法国生态学家弗·迪卡斯特里（F.Di Castri）写的关于综合研究的文章，让我仔细读读。迪卡斯特里是一位很有见解的生态学家，他关于生态学的认识和生物圈保护区的理念对生态学的发展产生了重要影响，这篇文章也很有见解。我由于当时工作较忙，没有很好地体会黄先生的用意，看过文章之后也没有认真体会。后来，鉴于对退耕还林效果的忧虑，他在病重住院之前，专门嘱托我组织几位从事森林与水关系方面研究的专家，探讨一下森林对水的作用，这时我才意识到他对我寄予厚望。因此，在黄先生的指示下，我组织了十多位当时国内在这方面颇有建树的专家开展了认真的研究，研究结果显示，在不同的自然环境条件下，森林对水的作用是不同的，这个结论打破了一直以来人们的刻板印象——森林会增加降水量。

## 六、任继周

任继周先生 1924 年出生于山东平原，1948 年从国立中央大学畜牧兽医系本科毕业，又留校进修牧草学专业两年。曾先后任国家自然科学基金委员会学科评审组专家，农业部科学技术委员会第一至第四届委员，中华人民共和国人与生物圈国家委员会委员，国际草原学术会议连续委员会成员，我国草业科学的奠基人之一。60 多年来，他在草业科学的理论与实践方面进行了广泛且深入的研究和探索，为草业科学在我国的发展做出了系统性、创造性的贡献。

我有幸与任继周先生相识是我们于 1980 年一同参加人与生物圈代表团到欧洲的参观访问，一见面，我就被他的平易近人和谦虚诚恳的学者之风所折服，此后在多次会议和学术活动中接触，有了越来越深的了解。任继周先生年长我 8 岁，我始终把他看作是自己的良师益友和为人做事的楷模。

2006 年，与任继周（中）、山仑（右）在黄土高原考察生态建设

　　任继周先生给我留下的最深印象是他的坚持不懈和甘于寂寞的精神。任先生一生致力于草业科学的研究，但因学科冷僻长期得不到社会的重视，他常常自喻坐了几十年"冷板凳"。不过，回头去看自己一生的坚持，总需要有坐"冷板凳"的先行者。任先生对牧业发展道路有着深刻的理解，通过交流，我们也产生了共鸣，在一些向中央提交的咨询建议中，我们也是由于观点一致而经常联名。

　　近年来他致力于草原历史的研究，并常把研究的心得和文章寄给我。他的文章不仅有丰富的内涵与创新的理念，而且文笔之简练和优美令人叹为观止，读之是一种享受。最让我感动的是他在进入耄耋之年后富于哲理的生活安排，对我这个刚从纷乱的学术舞台上准备卸装的后生来说无异于进行了一次"学前教育"。在他寄给我的一本《草业琐谈》中，他谈到，年过八十，理应返老还童，工作与游戏互为载体，边做边玩，边玩边做，求得社会责任与生命规律的融合，体现了人生的自然回归。如果过于执着，不但于事无补，反而对青年人挡挡挂挂，多有干扰，不可不有所警惕。反之，如饱食终日，无所事事，也为智者所不取。从任继周先生那里我学到的是坚忍不拔的科研精神和仁让乐观的人生。

我国著名哲学家任继愈先生是任继周先生的二哥，他经常和我提到任继愈先生的学识和为人以及他的扎实功底。任继愈先生由于少年时刻苦，到晚年写作时引用古训和文章就可以提笔而就，无须翻阅原著，让人不由心生景仰之情和羡慕之意。

# 第三章

# 科学考察

每个从事科研的人所经历的发展道路各不相同，简单地加以分析，我认为大致可以归纳为两种类型：一种是从小立志，沿着自己选定的方向坚持不懈，锲而不舍地进行下去，总能取得一定的成果；另一种则是根据环境条件、科学发展和国家需求的变化，不断调整研究的方向和目标，由于涉及的领域较宽，往往难以取得突出的成果。我的科研经历似乎应该属于后者。在我们那个时代，个人的选择服从党的分配，即使这样，在完成任务的过程中自己也能得到心理上的满足，回想起来也是无怨无悔。从事科研工作以来，虽然一直没有离开生态学领域，但是却经历了从林学到综合科学考察，到自然生态系统的结构功能研究，到资源的保护与利用，再到生态农业复合系统的理论、方法与实践，最后到区域可持续发展的范畴这样一个与时俱进的发展过程。

科学考察在我的科研生涯中占有十分重要的地位，它不仅使我在"文化大革命"期间一度中断的科学研究得以继续，而且为我打开了广阔的视野，让我体会到综合研究的真谛和重要性，同时为我从以教学为主向以科学研究为主的转型起到了关键作用。

# 第一节　橡胶宜林地调查：大学学习

在参加中国科学院 1973 年组织的青藏高原综合科学考察前，我做过一些短期的调查工作，现在回想起来，可以把它们看作我为后来正式参加青藏高原综合科学考察所做的准备。其中包括 1952 年大学期间参加的橡胶宜林地调查、1953 在小兴安岭开展的航测调查、1956 年在大兴安岭进行的森林调查。

橡胶是一个国家国防和工业建设的重要战略物资，不仅可为我们提供日常生活中不可或缺的生活用品，而且可为各种工业和新兴产业的发展提供支持。天然橡胶树原产于南美洲亚马孙河流域，世界上普遍栽培的为巴西三叶橡胶树。我国种植天然橡胶始于1904年，由新加坡引进，种植在云南。1950年抗美援朝战争爆发，同年12月，西方国家开始对我国进行全面的经济封锁和禁运，作为重要战略物资的橡胶成为禁运的重点。截至1951年，我国年产干胶不足200吨，远不能满足国防和工业建设的需要，国外敌对势力的封锁禁运更令橡胶供应雪上加霜。为保证国防和工业建设的需要，1951年8月31日，中央人民政府政务院在第100次政务院会议上做出"关于扩大培植橡胶树的决定"，要求以最快的速度扩大橡胶的种植。北京农业大学随即决定派林业系和土化系的师生参加这一工作。得到这一消息，我们欣喜若狂。

当年，从北京到广东需要很长时间，中间途经武汉时稍作停留，到广州需要整整一个星期。路上，同学们集中在几个车厢里，晚上或靠在座位上，或横七竖八地躺在车厢的地板上休息。尽管长途奔波十分疲惫，但大家情绪高涨，在车厢里组成了小型志愿宣传队，到各个车厢里唱歌、说快板，尽管嗓子沙哑，但发自内心的热情，弥补了"艺术"水平的欠缺，旅客们也报以热烈的掌声。一路南下，路途遥远，身体疲惫，但欢声笑语让旅程变得不再漫长。到达广州后，我们住在老乡家里，吃饭就在附近的小餐馆。虽然吃得非常简单，但第一次吃到与家乡风味迥然不同的广东炒菜，心中感到从未有过的满足。经过短短的集训，我们分成几个小组到广东、广西开始调查适于种植橡胶的地方，并绘制分布图。我到过的地方有广东的茂名、电白、湛江、徐闻，广西的合浦、灵山、钦州等。我们当时的主要交通工具是两只脚，路程远一些的迁移则是靠单车驮运，通常是单车的前面驮行李，后面坐人。长久未曾故地重游，也不知道现在这种交通工具是否还在当地广泛使用。记得当时他们的自行车多系名牌，车夫们高超的骑车技术令人钦佩。在平地上自不必说，难得的是他们能在崎岖的田埂上自如行驶，我并不担心车前面的行李，倒是我们这些坐在后座上的人，还没有与车夫们建立起默契，居然能一路平安，从来没有发生过事故。现在如果还有这样的单车驮运，倒也可以算是交通运输史上的一种文化遗产了。

走出北京的校园，走到祖国的南方，这一路的调查虽然艰辛，却收获到了许多在校园里获取不到的宝贵经验。在那个年代，对于我们这些学习林业相关的学生而言，这样的机会是十分难得的。我还记得在广东调查橡胶林的时候，当地林业局和水利局的相关工作人员协助，他们带着我们这群初出茅庐的学生进行大地测量和认识植物。也就是在那个时候，我学会了大地测量，橡胶林调查结束后回到学校，我几乎可以胜任助教的工作，带领学生进行大地测量。当时林业局的几位工作人员，每天出门调查都带着厚厚的大本子记录植物，晚上回来后进行整理，常常工作到深夜，他们那种认真工作的精神，至今回想起来都让人十分感动。遗憾的是，我那时候没有参与他们的工作，所以后来到青藏高原进行调查，辨认植物成为我的一大困难。

经济封锁和制裁像一把双刃剑，虽然令我们困顿，却也教会我们如何在困境中寻求自我发展。在我们开展橡胶宜林地调查的同时，我国的天然橡胶事业进入大发展时期，几十万垦荒橡胶人从祖国各地奔赴南方发展橡胶事业，我们这批学生可以称得上是祖国橡胶发展事业的排头兵了。1953 年 3 月，在海南的万宁、石壁、那大、琼文相继成立了橡胶树优良母树观察站，开展了优良母树的选拔和鉴定工作。1954 年 4 月，经中央批准，在广州成立了我国第一个专业配套的天然橡胶研究机构——华南热带林业科学研究所（现为中国热带农业科学院）。在这个时期，海南组建成立了 48 个国有橡胶农场，云南省于 1956 年正式种植橡胶，到 1957 年共建成 9 个国有橡胶农场。1958 年，"大跃进"运动在全国各地轰轰烈烈地开展，橡胶的发展也进入了片面追求高速度而忽视管理的境地。后来经过

1961～1962 年的调整、巩固，我国橡胶业又一次迎来发展。发展的脚步一路向前，经过三代垦荒橡胶人五十多年的艰苦创业，我国天然橡胶业从无到有、由小到大，形成了以海南、云南、广东为主的现代天然橡胶生产基地，我国跻身世界橡胶大国的行列。

"不积跬步，无以至千里。不积小流，无以成江海。"尽管我们这批当时做橡胶宜林地调查的学生，只是我国天然橡胶发展过程中微小的一部分，但正是这千千万万个微小的部分，组成了不可阻挡的力量，促成了橡胶产业在我国的蓬勃发展。于我个人而言，这段初出校园的野外调查之路，虽艰辛，却让我收获了人生中一笔宝贵的精神财富。

# 第二节　林调队的新兵：初生牛犊

## 一、小兴安岭森林初探

中华人民共和国成立后，我国的林业研究百废待兴，森林研究的相关资料很少，林学研究止步不前，尤其是华北防护林、东北采伐更新、南方杉木、森林分类等方面的研究亟须发展，而专业的森林资源调查却少之又少。1953 年大学毕业以后，我留校在范济洲教授的指导下从事森林经理方面的教学工作。刚毕业工作那年冬天，林业部组织了一个由多个部门组成的先遣小组，前往小兴安岭为第二年苏联专家来东北调查做一些前期准备工作。我跟随教研室的董世仁先生一同参加，同行的其他四人分别是林业部的赵清泉工程师、中国林业科学研究院的刘东来、南京林业大学的周本琳和东北林学院的马维章，赵清泉担任临时组长。

过去在书本上读到大森林的相关内容，在电视和照片上常常看到茂密的森林、清澈的溪水、幽静的峡谷，总是充满向往之情。但当我真正走入东北的大森林中，才发现森林绝非诗意盎然的世外桃源，而是充满了危险和挑战。今天的伊春是家喻户晓的"林都"，而当年我们到达时那里只有林业指挥部临时搭建的几排小木屋。在茫茫的原始森林中，我和董世仁先生在向导的带领下，赶上了两天前已经出发的考察小组。尽管我们来自不同的单位，但大家相互关照，彼此帮助，很快就形成了一个团结协作、联系紧密的集体。他们帮我用两根呈"V"字形的树杈做成背夹，替代了我用麻绳背着行李。我至今还没有真正弄明白这个简单的工具的力学原理，但是当时我顿时感到轻松多了。他们还帮我弄到了一张狍子皮，这样就可以铺在褥子下面阻断潮气了。10月下旬的小兴安岭已经进入了严寒的冬季，大地和森林被茫茫的大雪所覆盖，我们沿着森林调查队员们不久前伐开的林班线，在没膝的雪中，踏着黑熊在冰雪上留下的足迹，背着行李和仪器前进。当时森林里野兽很多，为了安全起见，要求考察队员们绝不能单独行动，同时规定在林子中行进时，每间隔一段时间就要大声吼叫几声，以免与野兽狭路相逢。我们当时还年轻，在林子里无拘无束地唱叫，倒也痛快。不过倒是苦了同去的一位老师，他平时很少讲话，到林子里也没有改变这个习惯，在工作中我们经常以小队为单位分散行动，结果他两次与狗熊狭路相逢，两相对峙，虽然剑拔弩张，但终归和平解决。险后谈起，这件事为我们经常讨论的森林动物话题增加了新的笑料。特别令人担心的是那些冰碛物形成的沟塘子，杂乱无章的巨大石块上布满了苔藓，人踏上去，一不小心就会滑倒。尤其令我们感到讨厌的是，那时不知哪里来的那么多的林间沼泽，薄薄的冰层支撑不住人体加上行李的重量，冰冷的泥浆浸透了棉胶鞋和裹腿。那时候我真是恨透了这些湿漉漉的沼泽，发誓有朝一日一定要把这些讨厌的积水排干。具有戏剧性的是，45 年后，我竟然被推选为中国生态学学会湿地生态专业委员会的负责人，为保护沼泽起草报告。

这是我第一次接触天然生长的森林，真正见识到了东北巍峨雄壮的红松林和阴暗潮湿的云冷杉林，也体会到了考察队员们习以为常的"火烤胸前暖，风吹背后寒"的真实情景。那时候我们住在简陋的帐篷里，每天回来后大家都要脱掉外套围着用倒木支起的火堆，一直要烤到冒汗，以驱走寒湿之气，同时还要把湿透了的鞋袜和衣服烤干。当时我们睡在用细小的桦树条搭起的临时床铺上，有时为了偷懒，干脆就睡在地上（这在调查队是违反纪律的），第二天早晨起来眼眉和胡须上都结了一层白霜。有意思的是，我不记得当时我们中有人得过感冒。森林中空气清新，但蚊虫甚多。阴天的时候，天气湿润，随处可见当地人称为"草爬子"的蜱虫。天气晴朗的时候，却不得不忍受吸血的蚂蟥和叮人的大马蝇的骚扰。

那时候到小兴安岭，主要是为第二年苏联专家到东北进行调查做准备。当时主要广泛采用的是方格调查法，而小兴安岭地形多变，以山地为主，与苏联平坦的地形有很大的差别，因此很难实现苏联专家们要求的规则方格，所以只能在实际调查中因地制宜，灵活处理样地的选择。这段经历也让我深刻意识到，野外调查不是机械重复，而是需要根据实际情况及时调整、灵活应对。

在小兴安岭的工作条件是十分艰苦的，但东北森林的雄伟和植被类型的丰富让我的心灵受到深深的震撼，也更加坚定了我从事林业研究的决心和信心。

## 二、大兴安岭的林业调查

1956 年，学校派我随着林业部第二调查大队到大兴安岭进行森林勘查，在嫩江下火车之后到达西尼气林业区（后来改成西尼气林业局），自己背着行李和装备开始了为期 7 天的急行军式的实地调查。经过了一望无际的草原和零星分布的森林，一路上没有任何交通工具，只能靠徒步沿着弯弯曲曲的小路逶迤前进。每隔约30千米才能发现头一年先遣队为后续队员预留下的一顶空帐篷，若是当天晚上找不到这些帐篷，就只能露宿野外，也就是考察队员常说的"打小宿"。那时的我刚出大学校门，跟着第二调查大队的调查队员们长途跋涉，刚开始的几天感到他们走得特别快，心里总认为这是他们对我这个"文弱书生"的考验，硬是咬着牙坚持，总算没有掉队。或许是我的坚持得到了他们的认可，又或许是逐渐习惯了，我开始适应了这种艰苦的野外考察的节奏，并逐渐和调查队员们打成一片，彼此成为很好的朋友。

在大兴安岭的调查工作中，我主要负责森林经理和测树方面的工作，跟着苏联专家学习目测森林的平均胸径、树高、郁闭度和蓄积量。只有达到规定的标准，才能算是合格的森林调查队员，才有独立上岗的资格。在这期间，我还学习到了航空照片的判读技术，练习不靠立体镜的帮助，把相邻的两张照片堆起来就能看到三维的立体图形，这在当时的林业系统，利用遥感进行森林测量还是走在其他部门前面的。这段经历对我后来从事生态学的研究有着很大的帮助。苏联专家在工作上认真细致，也很会享受生活。每天工作完成后，他们都会去湖边钓鱼、在森林里采猴头蘑和蓝莓来改善生活。那时候调查经费有限，吃饭的配菜只有炒干豆角，勉强能果腹。手头宽裕点的调查队员会给我们的菜撒上几粒味精，一来是给我们这些穷学生解馋，二来也是当时环境下表达友好的重要方式。在森林里没有办法洗澡，更谈不上洗衣服，调查完毕从森林里走出来，队员们个个都是"三分像人，七分像鬼"。

同行的调查队员们克服困难、勇于创新的精神令我钦佩，苏联专家享受工作的态度也让我受益良多，这些收获都为我以后做野外调查奠定了坚实的基础。

# 第三节　青藏高原综合科学考察：人生转折

中华人民共和国成立以来，历次重要的国家科学技术发展规划和全国基础学科发展规划，都把对青藏高原的科学考察列为重点项目。20 世纪 70 年代初，在周总理关于要加强基础理论研究指示的鼓舞下，青藏高原的科学考察工作又重新恢复并发展起来。1972 年底，中国科学院在兰州召开的珠穆朗玛峰科学考察学术会议上，专门讨论并制定了《中国科学院青藏高原 1973—1980 年综合科学考察规划》，要求对整个青藏高原进行较深入、系统的考察，积累基本科学资料，探讨若干基础理论问题，根据高原经济和国防建设的需要，对自然资源进行考察，为资源的开发利用和自然灾害的防治提供科学依据。

考察队由 22 个专业的 70 多人组成，首先考察了藏东南的察隅地区和雅鲁藏布江下游的大拐弯地区。1974 年考察队伍扩充到 200 多人。到 1976 年，考察队已有 50 多个专业的 400 多人，分为昌都地区、那曲地区、藏北地区和阿里地区 4 个分队进行工作。四年间，考察队对西藏自治区进行了全面系统的考察。1977~1980 年考察队进行室内总结工作，连同参加标本鉴定、样品化验、数据处理、资料处理和图件清绘等工作的同志在内，协作单位达到 92 个，人员达 1000 余人。其中，中国科学院所属研究所 29 个，大专院校 31 个，西藏地方科研和生产部门 11 个，其他科研和生产部门 21 个。这次科学考察时间之长、规模之大、学科之多，不仅在西藏地区，就是在我国综合科学考察史上也是空前的。而我也有幸成为其中一员，并于 1973～1978 年担任考察队林业组组长，1981～1985 年担任考察队（横断山科学考察阶段）副队长。

青藏高原综合科学考察是我人生中很重要的一段历史，也在我的科研生涯中占据着重要的地位。它不仅使我在"文化大革命"期间一度中断的科学研究得以继续，而且为我打开了广阔的视野，让我体验到综合研究的真谛和重要性，同时也为我从以教学为主向以科学研究为主的转型起到了关键作用。

## 一、成为科考队的一员

加入青藏高原综合科学考察队之前，我在北京林学院工作。那时正值"文化大革命"，北京林学院从北京搬到了云南丽江，我被留在昆明做转运站的工作。转运站的任务是把学校在北京的货物、资产（包括图书、家具），都经昆明转运到丽江去。我和几个教研室主任在那里的工作就是做饭，但有一点我是很明确的，就是时间不能浪费。云南是一个植物种类非常丰富的地方，我就利用做饭之余采集标本，并向吴征镒先生请教。这段时期的积累对我后来参加青藏高原综合科学考察有很大的帮助，打下了一定的基础。1973 年，我听说中国科学院在兰州召开会议，要组织去青藏高原综合科学考察。我爱人李松华原来在中国科学院生物局担任办公室主任，她很了解这个进程，我非常积极地争取，松华也特别支持我。"文化大革命"期间强调知识分子改造，而西藏地区条件又很艰苦，所以那时我要求去西藏工作是很好理解的，被我们学校通过也就比较容易。经过孙鸿烈、王震寰等同志的多方努力，最终得到了中国科学院的同意和北京林学院的批准，我荣幸地参加了青藏高原综合科学考察队，至今回想起来，应该说这是我生命中一个重大的转折点。

在青藏高原综合科学考察队，我最初担任林业组组长。林业组以自然资源综合考察委员会为主持单位，并由云南林学院（西南林业大学前身）、西藏自治区森林调查队、内蒙古农牧学院（内蒙古农业大学前身）以及大兴安岭地区林业勘察设计大队的人员组成。在考察过程中，西藏自治区和各县的林管站也派人参加了考察工作。

考察的内容比较广泛，包括森林的植物组成、森林的分布规律、森林的群落结构及其更新演替的特点、主要树种和经济林木的生态特性、宜林地立地条件类型、茶叶和果树的发展现状与展望、主要树种木材和物理力学性质，以及西藏主要森林病虫害等方面。考察的范围遍及昌都、拉萨、日喀则、山南等地的各个主要林区以及雅鲁藏布江、年楚河和拉萨河（"一江两河"）流域的宜林荒地。

我要特别感谢自然资源综合考察委员会的韩裕丰，他很早就参加了多项考察工作，担任林业组的副组长，对我这样一个从外单位来的"新兵"给予了全力的支持和配合，我们之间也建立了极其深厚的友谊。西藏自治区森林调查队的队长是我过去在北京林学院的学生陈彩真，她是印尼归国华侨，为了建设边疆，她和爱人张泽洲一起自愿争取到西藏工作。内蒙古林学院的谌谟美带着助手从事森林病害方面的研究。气象组的林振耀和吴祥定也参加了我们林业组

青藏高原综合科学考察队林业组成员合影
由上至下第二排右一为李文华

进行的树木年轮与气候变化方面的调查。由于当地林业调查队的参加和全力配合，我们的工作进行得十分顺利。如果说青藏高原综合科学考察队林业组在考察中取得了一定的成绩，那首先得力于我们队伍的团结，所谓人和。

在西藏科学考察时合影
后排右二为李文华

## 二、考察的第一站

青藏高原综合科学考察的第一站是藏东南察隅、波密、墨脱一带的高山深谷、冰川密林。之所以选择这一地区作为考察的第一站，首先在于它引人注目的位置：东西向的喜马拉雅和南北向的横断山脉在这一带交会过渡，是开展地质、地理、生物等领域研究的重要地区；其次是察隅一带本已列入20世纪60年代初的那次考察拟定路线中，因中途夭折未及成行，到70年代仍是科学考察的处女地，那里充满未知；还有附带的一个考虑则是，"文化大革命"结束后第一次搞业务出野外，小心翼翼带有试探性质，不宜把面铺得太广，因而最终选择了该地区进行考察。

我们是坐卡车从川藏线进去的。我和孙鸿烈、王震寰、韩裕丰等十几个人都坐在一辆卡车上，卡车中间放行李，堆得很高，人坐在行李的两边，勉强可以看见对面的人。车一停下来，大家就下车，忙着做记录、采标本和照相。那个年代的照相机很差，我是从自然资源综合考察委员会借了照相机，能够拍出一张清楚的黑白照片就非常高兴了，如果能拍一点彩色照片简直就是"贵族"级别的了。我们是相机也不行，胶卷也不行，应该拍下来的也没有拍下来，照片洗出来也是模模糊糊的，想起来挺可惜的，这也反映了当时的物质条件之差。我们有时在车上"精神会餐"，就是大家想象未来有一天我们可以坐上有挡风玻璃、乘坐舒适的汽车，但当时大家认为这些还是天方夜谭。经过整整 10 天到达海拔 5000 米以上的德姆拉山口时，察隅河谷在望。我们这群灰头土脸的队员一下车，就立即被扑面而来的察隅风光迷住了——我瞪大眼睛看着山腰以下苍茫的林

考察途中合影
左一为李文华

海，心中激动万分。

　　察隅县地处偏远的藏东南横断山脉一角，是一个较为封闭的地理单元，是怒江和雅鲁藏布江流不到的地方。南面与缅甸、印度为邻，形似一面簸箕开阔地迎向从南而来的孟加拉湾的暖湿气流；北面高耸的伯舒拉岭如屏风，在阻隔了外部世界的同时，也阻挡了北来寒流，使得察隅谷地成为西藏地区少数生长水稻的地方之一。一壁积雪的山脉，有冰川逶迤入林海；满目青翠，大面积原始森林是动植物王国的乐土；在大自然的怀抱里生活着的藏、汉、怒族和珞巴人、僜人其乐融融。农田阡陌，稻花飘香，青枝绿叶，硕果累累。好一个世外桃源，真正四季如春，美丽如歌。

　　察隅旖旎的风光令我难忘，但路上发生的几件事情让我一直铭记在心。在去察隅的途中我们碰上了大塌方，本来就狭窄的山路被流石冲垮，我们不得不冒着生命危险闯过尚不稳定的陡坡，当我胆战心惊地攀缘前进时，年龄最小、身体最弱的藏族队员桑杰本来已经越过了险境，又爬回来站在随时都可能发生滑坡的边缘保护我。类似的情景还发生过多次，给我留下难忘的印象。等我们下坡后，非常偶然地在路上碰到了我在北京林学院的学生薛子侯，他是自己要求到西藏来的，一个人背一个包在察隅考察茶树，还患有多囊肾病。突然在这"穷乡僻壤"的祖国边境见到学校的老师，他非常热情，也十分激动。我骑着马，他跟在马后面一边走一边诉说自己在西藏的考察情况，在这里如何种植茶树、如何引种茶树等。这时，发生了一件凶险的事，路上要经过一条溪流，中间是有石头的，隔不远就有一块石头。水不深，我骑马还不要紧，薛子侯要踩着石头蹚着水过去。他跟在马后头，没有走稳，不知怎么回事手就打在了马屁股上，马一下就受惊了。这时已经到岸边，就要上岸了，马一下就把我扔了出去，我就磕到了岸上的石头台阶上。当时磕得非常狠，我真正体会到什么是"闭气"了：一瞬间喘不过气来，无法呼吸，过了好久才渐渐缓过气来。在西藏考察经常需要骑马，最初我们感到挺新鲜，但是越到后来越担心。我们队的韩裕丰和陪同我们的边防战士，都发生过马突然受惊而坠下马来、脚还套在马镫子里的险情。

考察途中遇上塌方

　　晚上住在察隅边防军的营地里。那里是我国的边防线，对面就是印度的哨卡。我晚上睡不着觉，白天磕的地方都肿起来了，感觉到呼吸不畅，就到营房院里去溜达。站岗的边防军警惕性非常高，他不知道我的情况，还过来盘问了我一阵。就这样第二天我还是照样上山了。一是我作为组长，刚开始工作不能因为身体不佳就"临阵脱逃"；二是那时我们的工作热情很高，好不容易有机会参加科学考察，怎么能不珍惜呢！我估计考察队里的老队员都是这样的心情。整个考察过程中，大家都不怕艰苦，努力工作。回忆起那些年里，我在林业组永远都是队里最早起床的，感觉好像要是比别人起晚了就没有以身作则似的。那时我 41 岁，在组里已是年纪最大的了，也许是年纪大就觉少些，但这件小事也能反映出自己当时的责任感和对自己的严格要求。

中国科学院院士吴征镒先生是世界级的植物学家，他在藏东南的山林里度过了自己的 60 岁生日。我记得生日会那天，他自豪地对我们这群晚辈说："在西藏过 60 岁生日，这可难得。全世界的植物学家，眼睛都盯着这里。这是世界上最古老的地方，也是世界上最年轻的地方。"吴先生素有"植物电脑"的美誉，据说他可以随口说出上万种植物的名称，包括其拉丁学名。考察期间，每采集到一个标本，总由吴先生当场口述其拉丁学名，学生们做记录。所以，那一阶段的工作最为准确和权威。

考察途中

在采集植物
左为李文华

考察途中合影
右二为李文华

## 三、吉隆往事

1975 年是青藏高原综合科学考察队在西藏执行科考任务的第三年，当年夏季，我们林业组一行十余人分乘大小两辆汽车，由日喀则出发奔向吉隆县地区。途经定日西行时，路况越来越差。虽然地面上有明显的公路标志，但实际上公路却时隐时现，时而淹没在溪流中，时而杂草丛生，一时很难辨认出公路的轨迹。尽管如此，我们还是一边探路一边前进。种种迹象表明，平时行驶在这条公路上的车辆很少，直到两天后到达目的地吉隆时，也没有遇到一辆从我们身边经过的汽车，而且第一天到达佩枯措转运站前，也未见到养路道班对公路进行养护，这就不难理解道路不畅的原因了。

第一天经过的地区海拔都在 4000 米以上，气候条件限制了树木的分布和生长，连灌木也不多见，广袤的草地上多为草甸植物所覆盖，是西藏重要的优良牧场。除了沿宽阔的河谷零星散落在草地上的黑色帐篷外，看不到一处居民定居点。随同我们一起考察的西藏自治区森林调查队的同志们，不论是土生土长的藏族工作人员，还是 20 世纪 60 年代从林业大学院校毕业后分配到西藏工作逾十年之久的汉族工作人员，对这片土地上发生的一切都感到十分陌生和神秘。经过一路颠簸，当天下午到达佩枯措转运站，安顿好吃完晚饭后，时间还不到 7 点，趁着太阳还没有落山，我便随同一些身体素质好的同志走向湖边散步，并发现转运站的同志用线网在湖边围了一圈，里面有十几只小野鸭，这些小家伙是从落到这里的野鸭孵化出的小鸭中捕获的，全身呈黄色，毛茸茸的，十分可爱。

第二天汽车翻越海拔 5000 米的高山后，沿着蜿蜒的道路一直向下，中午时分顺利抵达吉隆县，稍作休息后，又驱车直奔小吉隆。从县城往下才是林区，通往小吉隆的公路独有一条，小吉隆是这条公路的终点站，区政府就设在小吉隆，因海拔较低（2400 米），气候温暖湿润，四周植被保存较好，呈现一派亚热带风光。

我们以小吉隆为中心，向四周辐射开展森林调查工作，用不到两周的时间就完成了全部考察任务。在进入考察区以前，我们从有关资料中了解到，亚洲西部和喜马拉雅山西部是天然雪松的分布区域，吉隆和吉隆以西正处于上述地理位置，距此不远的印度是它的中心分布区，据此推断，在本区有可能见到天然分布的雪松。从野外调查工作第一天起，我们就把注意力集中到寻找它的踪迹，就在考察快到沟谷地带时，远远看去，一片幽绿的森林中点缀着几株圆锥形树冠的树，外形酷似雪松。期望它就是我们要找的树种，但走近仔细观察，却发现其与雪松大相径庭。根据其形态特征，我们得知它为云杉属的西藏长叶云杉。

西藏长叶云杉是喜马拉雅山地区特有的树种，在国外分布于阿富汗、尼泊尔、印度等地，在我国仅见于西藏的吉隆地区，通常分布于海拔 2000～3000 米地带，下界与常绿阔叶林相接，上界向冷杉林过渡，是云杉属在西藏分布海拔最低的一个树种。

西藏长叶云杉外部形态最显著的特点是叶长、果大，叶为四棱状，条形，长 3～4 厘米，为同属其他树种叶长的 2～3 倍；球果为圆锥形，成熟前呈绿色，成熟后呈褐色，长 12～18 厘米，为同属其他云杉树种果长的 2～3 倍。通过上述特征不难将其与同属其他树种区分开来。

虽然在吉隆考察期间没有发现雪松的身影，但能第一次见到西藏长叶云杉，也在一定程度上弥补了未能见到雪松带来的缺憾，心理上也得到一点慰藉。

我们在吉隆考察中的另一收获是，这里有长叶松生长，该树种在国外分布于巴基斯坦、印度、尼泊尔、不丹等国，在我国的天然分布也仅限于吉隆境内的冲色—江村—热索桥一带，位于长叶云杉分布下限，海拔 1500～2500 米，是喜马拉雅地区特有的一种针叶树种。它在喜马拉雅南坡的印度北部分布较广泛，形成大面积纯林或与雪松、乔松组成混交林。在吉隆有小面积的纯林，或以长叶松占优势组成的混交林。

长叶松是我国松属中针叶最长的树种，长 20～35 厘米，这也是长叶松得名的由来。球果呈卵圆形，长 10～20 厘米，径 6～9 厘米，成熟时呈褐色。凡到过此地的人，都会在林下捡几个带走，其不仅是松树的见证，也是漂亮的装饰品。

此外，分布较普遍的另一针叶树种是乔松。我们第一次见到乔松是 1974 年进入墨脱考察时，在距离县城不远的山坡上对它进行过初步调查，当时感到很新奇。但吉隆地区的乔松远比墨脱地区的数量多且长势好，树枝上挂满成对细长的果实，长 20～30 厘米，成熟后由绿色变为褐色，具有观赏价值，亦是重要的绿化树种。

为深入了解吉隆地区的森林分布状况，我们专门抽出一天，从小吉隆启程，沿吉隆河谷崎岖不平的小路步行，向中尼边界挺进，一路上除被河谷两侧的森林吸引外，也领略了这里美丽的自然风光和独特的地形地貌。在雨量集中的夏季，这里形成数条瀑布，从悬崖峭壁上奔腾而下，景色十分壮观。这里还有较大的岩洞，为过往的行人特别是为尼泊尔人提供了挡风避雨和夜宿的去处。他们穿梭于吉隆与尼泊尔之间，带回去一些日用商品和盐巴。从小吉隆步行到中尼边境线中国一侧热索桥，需要花费一整天的时间，所以我们只走了大半路程，便在当天晚上返回驻地。因为时间有限，新的任务还在等待着我们去完成。

为了进一步弄清楚西藏长叶云杉、长叶松、乔松等树种的物理和木材力学性质，我们按实验目的要求，就地伐取长 1 米、直径 30 厘米左右的一段木材，从产地辗转数千千米运回北京，再运往南京林产工业学院（现更名为南京林业大学）木材教研室，委托那里的研究人员做系统的分析实验研究。他们对来自遥远的西藏又是我国的特有树种格外珍惜和重视，组织有关力量投入实验研究工作。获得的分析研究数据，不但填补了西藏地区木材研究的空白，而且为科学研究和教学积累了宝贵的第一手资料，丰富了木材学的内涵。

我们是青藏高原综合科学考察队第一批到达吉隆考察的专业组，在当地政府和驻军部队的热情接待与大力支持下，圆满完成了计划中的各项任务。在我们到达吉隆之前，未曾有过林业工作者到此地进行过任何形式的林业调查研究，所以我们利用这次难得的机会，尽可能广泛地搜集一些与林业有关的资料，特别是对所设每块标准地的调查、记载和取样，都做到了一丝不苟，不留遗憾。对我个人来说，来到这个地区进行调查虽不能说是最后一次，但恐怕再来的概率很小。

当林业组完成在吉隆的考察任务向其他地区转移时，中国科学院植物研究所派研究人员专程到吉隆采集长叶松、西藏长叶云杉、乔松等种子，并带回北京进行种植试验。引种和驯化国内外具有经济价值与观赏价值的植物资源并开展持续利用研究，一直是他们追求的目标。据了解，乔松和西藏长叶云杉引种在北京植物园，连续保护 4 年后，不需要越冬保护便能生长，但长叶松就没有这么幸运了，第五年地上部分被冻死，但根部仍存活。

由于长叶松和西藏长叶云杉在西藏分布的局限性，1985 年西藏自治区人民政府为了有效地保护这些稀有的树种以及在林内栖息的珍贵动物，建立了江村自然保护区，总面积 340 平方千米。除此之外，我认为应注意向区外引种长叶松、西藏长叶云杉、乔松等树种，扩大栽培范围，从吉隆地区逐渐向西藏乃至青藏高原和内地其他地区扩展。

通过新闻媒体的宣传报道和大量科学考察专著及论文的发表，人们不仅知道这里生长着几种西藏特有的树种，而且在位于吉隆县城东南 15 千米、沃马公社西北 1 千米的黑沟中，发现了上新世三趾马动物群化石，其中有吉隆三趾马、吉隆大唇犀、麝鹿、小古长颈鹿、葛氏羚羊等十多种哺乳动物化石。其他专业组考察后对这个地区的报道，使吉隆县不再是过去默默无闻的地区，而是吸引了更多人的眼球，提升了该地区的知名度，为振兴地方经济和旅游事业的发展奠定了良好的基础。

## 四、植被类型的天然博物馆

雅鲁藏布江从西向东日夜不停地奔流着。自米林以下，她抬头流向东北，然后又猛然折回西南，像一条碧绿的腰带，环绕了云遮雾罩的南迦巴瓦峰，形成了举世闻名的雅鲁藏布江大拐弯。就在这个大拐弯的峡谷中，坐落着一个美丽的县——墨脱县。

墨脱在藏语里是"花朵"的意思，在青藏高原具有特殊的自然环境。1974 年的夏秋之际，我们到达墨脱进行考察，该地完整的垂直自然带谱和丰富的区系组成植被类型的天然博物馆，让我们这些来访者应接不暇。

墨脱的地貌差异十分明显，处在河谷地带的背崩村，海拔为600 米左右，而坐落在县城西北的南迦巴瓦峰，高度却有 7756 米，两地水平距离不超过 45 千米，高度的差异竟达 7000 米以上。随着高度的增加，可以看到植被垂直分布的明显变化。在短短的几十千米的距离内，几乎可以发现北半球湿润地区各种主要植被类型的顺序更替，可以说这里是珍贵的植被类型的天然博物馆。

在墨脱，海拔 800 米以下的河谷地区到处呈现浓郁的热带风光，一片片金黄的水稻正在等待收割，一簇簇高大的香蕉树结着累累的果实，一株株野生的柑橘和柠檬围着村寨生长。在河谷两侧的山坡上，生长着一望无际的热带性原始森林。这里的森林树种组成非常复杂，往往很难分辨出究竟哪一种树木占优势。这里既有高达 40 米以上的乔木，又有高不到 10 米的小树，所以它们形成的树冠高低参差不齐，从高处望去，像是一个波浪起伏的绿色海洋，但在它的内部，由于各种藤条灌木的缠绕交织，让人难以通行。

树冠的上层耸立着千果榄仁树、西南紫薇、天料木，还有杜英科的猴欢喜及藤黄、瓜馥木和多种榕树等高大的常绿阔叶树木。它们的树干通直雄伟，树皮光滑，呈灰白色或灰棕色，并多具有热带林木所特有的凸出地面的高而扁平的板根。在第Ⅱ层生长着六驳木和厚壳桂、阿丁枫等中等大小的树木，它们有发达的气根，有的果子直接生长在粗枝和树干上，这种"老茎生花"是热带森林中的一种特有现象。在林下还有一人来高的小灌木和乔木，像茜草科的九节木、粗叶木，还有热带地区常见的㑊叶、老虎花、山姜、莲座蕨等草类和蕨类植物。森林中有许多大型藤本和附生植物，它们主要由天南星科、兰科、棕榈科、胡椒科及各种喜阴湿的热带蕨类和苔藓所组成，有叶大如扇的麒麟叶，有花冠红艳的芒草苦苣苔，有散发着各种幽香的兰花，还有结着各种巨型果实的豆科和葫芦科植物。它们构成了这里植物群落的主体，成为本地区具有代表性的植被类型。

进入这样的森林，便使人想起在云南南部勐仑、勐腊一带所看到的潮湿的热带雨林。虽然这里还混有少量的亚热带树种和落叶的阔叶树，但并不影响其作为热带类型森林的基本性质。从这方面的意义来讲，墨脱海拔800米以下的河谷地带可以称得上是"西藏的西双版纳"了。

西藏在人们的心目中是干燥而寒冷的高原，在墨脱出现潮湿的热带性质的植被类型，与这里所具有的特殊地形和水热条件有关。西藏高原平均海拔达4000米，那里的气候的确比较寒冷和干旱。但是，在高原边缘的高山峡谷地带，随着海拔的降低，气温不断升高。根据我们的观测，在这一地区每降低100米，气温约增高0.58℃。加上青藏高原和喜马拉雅山的增热作用，以及青藏高原北面东西走向的山脉对冷气团的阻挡，墨脱地区较我国东南部同一纬度、同一海拔地区的温度有显著的增高。这里在海拔800米以下，年平均温度可达20℃以上，≥10℃的积温在6500℃以上，最冷月份的平均气温不低于13℃，冬天无霜或只有轻霜。同时，墨脱又处在迎风坡，面向西南季风，孟加拉湾的湿润气流沿雅鲁藏布江河谷溯江而上，导致这里的降水量特别多——年降水量在 2000 毫米以上。这里的降水主要集中在生长季，冬季虽降雨少，但河谷经常有大雾，因此在一定程度上弥补了旱季降水的缺乏。从这些条件来看，本地带基本上与准热带的热量条件相符合。

在这一垂直带有许多宝贵的植物资源。例如，在河谷附近的密林中，广泛分布着一种葫芦科的大藤本植物，名叫油瓜或称猪油果，当地门巴族人称之为"特尔下"，每年六七月果实成熟之际，群众就会上山采来榨油或生食。据分析，油瓜是一种很有引种驯化价值的野生油料作物，其种仁的含油量高达 72%～77%。还有一种大风子科的乔木马蛋果，当地群众称为"爱比豆"，以形容它的果实长在粗大的茎干上，像长了一个个瘤子似的，含油量也很高。野生油料植物的种类很多，如油葫芦、被称为"羊兴"的破布子等都已被群众采用，很有推广价值。

在准热带雨林中，还蕴藏着丰富的热带药材。例如砂仁，过去只知它生长在广东、云南等省，这次在墨脱也发现了它的身影，而且数量较多。榼藤子，当地群众称为"哥鲁巴"，是一种非常奇特的豆科藤本植物，它的果实扁平，长 50～60 厘米，宽 8～10 厘米，每个豆荚中有 4～10 个扁而圆的深褐色种子，直径在 5 厘米左右，是一种主要的藏药，可用以治疗肾炎。其他还有用以治疗心脏病的漆树科的五眼果，称为"必必灵"的栌子，预防疟疾的三台花和钩藤、石斛等宝贵的热带药材。

在河谷热带森林里，还有许多优良的纤维植物和淀粉植物。例如，被当地群众称为"波楞"的梧桐科的苹婆，其枝皮纤维坚韧，耐水湿性强，可作绳索及麻类的代用品，也可用于造纸。棕榈科的白藤，墨脱地区有 2～3 种，有的长达 60～70 丈[①]，当地居民利用它们在奔腾咆哮的雅鲁藏布江上架起藤索桥，还可用藤篾编制各种精

① 1 丈 ≈ 3.33 米。

美的食盒、背篓。此外，被称为"秀骨辛"的结香和昂天莲等也是造纸、制麻绳的重要原材料。淀粉植物的种类更多，如各种薯蓣、树蕨、莲座蕨等，还有被誉为糌粑树的青棡，以及各种栎类的果实和热带的野果。这些丰富的野生淀粉植物，可为社会主义建设提供更多的原材料。

墨脱河谷地带不仅有大量的植物资源可供利用，更重要的是为引种金鸡纳、檬果、咖啡、菠萝、柚子、香蕉等热带作物和水果提供了宝贵的自然环境。

从准热带雨林向上继续攀登，在海拔 800～2400 米的中山地带，我们看到了山地亚热带类型的常绿阔叶林。在这一垂直带的下部，还可以看到一些热带植物的嵌入，在这一垂直带的上部则可发现由旱冬瓜、栎木等组成的落叶阔叶林。这里年平均温度变动于 12℃～20℃，≥ 10℃ 的积温为 3000℃～6500℃，随着海拔的增高，降水量比上一个地带有所增加。

远眺这里的森林，一个个圆球状和伞形的树冠明暗相间，构成了茂密且整齐的林相。亚热带的森林已经有比较明显的层次分化。虽然这里的植物组成仍然比较复杂，但已有明显的占优势的科属，在这里有许多古老的植物种类。那具有高大木质茎干的树蕨，针叶树中的罗汉松和穗花杉，还有阔叶树中的木兰科、水青树科、樟科、五加科、五味子科、金缕梅科的许多植物，都有着悠久的历史。有的在距今约 6000 万年前的中生代白垩纪时就已存在，并在新近纪潮湿而温暖的气候条件下广泛地分布着。渐新世以后，随着气候的变冷和第四纪冰川的扩展，它们在世界上很多地方早已绝迹。但在我国西南的一些地区，由于季风气候和特殊的山地地貌条件，它们得以保存下来，种类演替，繁衍至今。这里堪称"第四纪时期植物的避难所"，在研究植物的发生和进化方面有着重要的科学价值。

树冠下面的灌木和草本植物也很丰富，经常可以遇到的有山茶科的柃木、紫金牛科的半齿铁仔，以及多种蕨类和荨麻科的大型草本植物。竹子的种类很多，密集的竹丛本来就给我们的通行增加了困难，更麻烦的是这里还有一种刺竹，竹节上生长着一圈圈针刺，如果碰上它，更是难以通行。

这里还有许多速生和珍贵的树种。例如，被当地门巴族人称为"修辛"的乔松，它的五枚针叶集成一束，像马鬃一样向下垂披着。它的生长非常迅速，一株22年生的乔松，树高就有21米，胸径达32厘米。还有被称为"解让辛"的穗花杉，这是我国特有的植物，具有长而宽的针叶，叶下面有两条明显的气孔带，配上鲜红的假种皮，树形美观，材质细致，既易加工又耐腐朽，是当地群众最喜爱的建筑和家具用材。至于那些木材优良、耐朽力强又可防虫蛀的樟、桂、栲、楠之属，乃是亚热带森林中的主要树种。

这里还适合发展和引种各种亚热带的经济林木与果树。1971年已开始在墨脱种植茶树，长势十分喜人。布裙山附近的一片三年生茶树林，平均高度已超过2米，最高的达2.5米，其生长速度远远超过内地一些茶区。此外，这里的气候条件还适合种植油桐、油茶、柑橘等。

海拔2400～3800米地带属于山地温带范围，这里的气候温凉而潮湿，年平均温度为3℃～11℃，生长着高大而阴森的暗针叶林。这个带的下部海拔2400～3000米范围内，是铁杉林分布的地区。这里夏季云雾浓密，降水量十分丰富，那苍劲挺拔的铁杉雄伟壮观，它那平展低垂的枝丫，像是伸出的巨手，在欢迎我们这些来自远方的客人。铁杉林中幽暗而潮湿，树干上长满了苔藓和卷柏之类的附生植物。铁杉林下是杜鹃的世界，有的树形矮小，甚至匍地而生；有的高大开展，俨然巨树；有的叶似枇杷，长达半米；有的小如碎米，密被毛茸，而且花朵绚丽，是有名的观赏植物，很多还是名贵的药用植物和提取芳香油的重要原料。

海拔3000～3800米处是以冷杉为主的亚高山针叶林亚带，冷杉林组成简单，层次单纯。它们通常是由耐阴性很强的云杉和冷杉组成单一的整齐树冠。云、冷杉林冠的稠密枝叶，阻挡了阳光的透入，形成了特有的阴暗、潮湿环境。由于暗针叶林对环境具有强烈的改造作用，所以在世界上许多地区生长的云、冷杉林，尽管其外界环境有这样或那样的差异，但其林冠下的条件却是相对一致的，从而在它们的林冠下生长着许多相同的植物。例如，各种忍冬、槭树、稠李、悬钩子、茶藨子，还有那开着粉白色小花的酢浆草，以及多种蕨类和苔藓植物等。当然这里也有本地区特有的植物，最突出的是林冠下密生的箭竹，是良好的造纸和纤维材料。

这里生长的暗针叶林是以速生丰产闻名于世的。树木的平均直径在 70 厘米左右，树高一般在 40 米以上。云、冷杉和铁杉不仅是优良的建筑和家具材料，而且是木材纤维工业和造纸的重要原料。许多树已达到成熟年龄，随着交通事业的发展，这里的森林资源将会得到迅速的开发利用。

暗针叶林带以上就是高山灌丛和高山草甸，它们一般可以分布至海拔 4700 米的高度。这里的气候更加寒冷，辐射加强，降水量逐渐减少，伴以风力的增加，形成了高山寒带特殊的生境。

高山灌丛主要由杜鹃和柳属多种植物组成，间以岩须、木本委陵菜、鲜卑花、乌饭树、白株树属的多种植物。它们的叶子缩小，躯体低矮。例如，柳属的一些种一般只有 30～40 厘米高，和我们常见的柳树相比，简直是侏儒和巨人之别。有的柳甚至贴地而生，枝条可以铺散得很长，而高度却只有十几厘米或几厘米。

高山草甸地带的条件自然更加恶劣和严酷，可是一些植物仍顽强地生长着，并以它们各自的适应方式为自己的生存、繁衍"闯"出了一条道路。它们的躯体更加矮小，叶子多为草质，有的还密被绒毛，但它们都有发达的根系。高山上强烈的辐射，给它们的花朵染上了鲜艳而浓厚的色彩：有血红的杜鹃与报春、金黄色的虎耳草与毛茛、天蓝色的龙胆、紫色的绿绒蒿、粉色的山蓼、白色的点地梅、火绒草……真是五彩缤纷，仪态万千，像是一个个美丽的花环，围绕着南迦巴瓦雪峰。这里我们不能不提到由于气候寒冷、风化强烈，峰顶和山脊的岩石不断风化，崩塌下来堆积在雪线下面的高山流石滩上生长的植物。这里的气候更为恶劣，简直就是没有什么土壤，有的只是大小不等的石块和碎屑。可是就在这里仍然生长着上百种植物。例如，全身密被绒毛的雪莲花，远看就像一只只白色的雪兔；还有那通体长满尖刺的绿绒蒿；开着蓝色花朵、随风摇曳的乌头；具有肥厚莲座叶的景天；坐垫状的白色蚤缀。它们的根系沿着石缝深深地扎下去，其长度有时是地上部分的十倍甚至几十倍之多。从高山草甸再向上就是永久积雪的地方了，这里的环境高等植物已难以生存。

高山植物中，药用植物的种类很多，著名的有贝母、大黄、党参、虫草等。此外，藏族劳动人民在长期的实践中，挖掘利用许多特殊的药用植物，如一种含有芳香油的杜鹃，藏名叫"塔里"，可用它的叶子治疗支气管炎，上面提到的雪莲花可用于治疗风湿和妇科疾病。还有绿绒蒿、船盔乌头、黄连、伞柄虎耳草等，更是治疗各种常见病的主要药物。高山植物的身躯虽然矮小，但由于强烈的辐射和紫外线成分的增加，各种营养成分含量异常丰富，为畜牧业的发展提供了丰富的饲草。

墨脱的考察虽然说是匆促的一瞥，但已让我们看到这里自然条件的优越及在开发利用植物资源方面所展现出的巨大潜力。勤劳勇敢的藏族人民，将会充分利用这些丰富的植物资源，为社会主义建设做出贡献。

## 五、生机勃勃的西藏

过去由于缺乏系统的考察和及时的宣传报道，所以一提到西藏，人们脑海中往往出现的是严酷的自然条件、连绵的雪山、干旱的荒漠以及低矮稀疏的植被等一系列贫瘠且荒凉的画面。对于西藏的森林，虽然 20 世纪五六十年代沿着"一江两河"做过一些零星的考察，但对其他地方的考察基本上还是空白，给人的印象就是西藏的森林很少，但经过我们考察，却发现事实并非如此。西藏的森林具有独特的树种组成、丰富的植被类型、完整的垂直带谱和罕见的生物生产力，且不少地区至今仍保持着完好的原始状态。这一系列的特点，使得西藏的森林不仅具有重要的经济价值和环境保护作用，而且在解决森林生态学和森林地理学的许多理论问题方面能提供宝贵的科学资料。

丰富而珍贵的树种组成是我们考察时对西藏森林的初步印象。按当时初步统计，西藏地区有高等植物约 4500 种，隶属于 190 余科，其中木本植物有 100 余科 300 余属 1000 余种，是我国木本植物最丰富的地区之一。裸子植物共 8 科 16 属 40 余种，其中在我国属于西藏所特有者达 15 种以上。这些丰富的森林植物，在不同的立地条件下，构成了 12 种不同的森林植被类型、50 余个森林群系和数量更多的林型，在一个局限地区出现如此丰富多样的植被类型，不仅在我国，就是从全世界范围来看也是极为罕见的。我们去墨脱时，先到达山地热带区，再经过热带雨林或者叫季雨林，下来以后就到亚热带的常绿阔叶林，再到针阔混交林，又到灌丛、草甸区域，其森林类型丰富，树种的类型也是非常复杂的。

考察过程中，西藏地区的林木生长速度之快大大超出我们所料。西藏林区面积辽阔，地形复杂，立地条件十分不一致，各种树木的生长状况也有明显的差异。但就整体来看，大部分地区林木的生长速度比较迅速，生长的持续时间长，单位面积的蓄积量高，不少树种能长成巨树且病腐率较低。西藏森林总计的蓄积量以省计竟然是全国最高，单位面积蓄积量也是最高的，不仅高山最典型的云杉和冷杉的蓄积量全国最高，就是松树也是全国首屈一指的。以云杉的高度来说，我见到直接伐倒的有高 75 米的，但这绝不是最高的，那么粗大的云杉树要五六个人环抱，在世界上来讲都是少见的。树木太粗，不得不搭上两三米高的架子去采伐，因为树底下太粗了，费工太多。树倒下来时感觉好像一根柔软的面条一样，因为它太高了，倒下时形成一个弧形。现在大家知道西藏有森林，并且储量丰富，但在 1978 年于天津召开的第一次全国林业大会上，我在大会上做主题报告介绍西藏的森林情况时却引起了很大的反响。因为"文化大革命"期间大家几乎都停止了科研活动，那时在全国能有这样的研究工作，就算是爆炸性新闻了。后来我在欧洲和国内考察了很多地区，也在云杉、冷杉林做过考察，都没有看到那么高的蓄积和那么雄壮的森林。可惜当时我们没有好的相机，不能把那里的景观很好地拍下来。后来，我在《中国国家地理》杂志组织的"中国最美十大森林"的专刊中看到波密云杉林名列其中，感到十分欣慰。

　　西藏的森林几乎全都生长在山地条件下，海拔的变化直接决定着水热条件在空间上的重新分配，并深刻地影响到森林的类型、树种组成、群落结构、生长状况及更新演替的特点。西藏不少地区的森林仍或多或少地保持着原始状态，这就为我们研究森林垂直带谱的类型和结构、各种森林类型分布的水热指标及垂直带与水平带的关系提供了罕见的天然实验室。通过考察，我们发现，西藏不同地区森林垂直分布的规律均有差异，概括起来可归纳为潮湿森林区、湿润森林区、半湿润森林草甸区和半干旱灌丛草原区四种垂直带类型。以具有丰富的水分条件和巨大的高度差异的潮湿森林区为例，组成垂直带的植被类型非常丰富：海拔 500 米以下的山地出现各种具有热带性质的森林；海拔 500～1000 米地带分布着具有热带和亚热带过渡特点的准热带雨林；海拔 1000～1800（2100）米为山地下部亚热带；海拔 1800（2100）～2400 米为山地温带常绿-落叶阔叶混交林带；海拔 2400～3100 米为山地温带针阔混交林带；海拔 3100～4000（4300）米为山地温带和山地寒温带的范围；海拔 4300 米左右为高山树线（林线以上散生孤立乔木的界限），这里生长着由多种杨桦、圆柏、冷杉和川西云杉等组成的疏林。西藏森林垂直带的组成和结构，为研究我国乃至欧亚大陆森林植被的地理规律提供了极为宝贵的资料。

西藏生态系统具有脆弱性。这里的森林、草原、草甸等不同的生态系统就像是由自然界中不同生态系统组成的群落王国，它们按照自然规律占据了不同的疆域和地盘，并且形成了许许多多的交错带。生态交错带好比是植物群落王国之间的国境线，这是非常敏感、非常脆弱的地带。在没有人为干扰的情况下，这些边界线会随着自然条件的改变、生物的生态要求和适应能力以及物种之间的竞争能力而不断进行缓慢的变化。但在人为干扰下，可能会有意无意地影响着这一进程，可能会帮助了一方而抑制了另一方，导致这种演化发生偏移。这种现象在西藏生态交错带上展现得如此明显，可能在世界上是没有其他地方可以类比的。

我非常庆幸自己早年有机会到欧亚大陆最北边——苏联北部的泰加地带工作过，在那里完成了我的副博士学位论文，也有机会到温带地区山地的大、小兴安岭和长白山进行过定位研究。后来又到了西南，特别是在青藏高原的工作，使我有机会对欧亚大陆的植被分布有了直观的体会与感受，发现森林在北半球的分布十分有规律。多年来我一直从事暗针叶林的研究，这是一种以松科的云杉和冷杉为主组成的植被，它们广泛地分布在欧亚大陆的不同纬度地带。骤然看来，它们间断的分布似乎十分凌乱，但是纵观其在欧亚大陆的分布格局之后，却发现它们的分布是如此有序。

站在青藏高原上，联想到过去了解的在欧亚大陆其他地区的暗针叶林出现的位置和生态因子，我仿佛找到了破译暗针叶林在欧亚大陆分布规律的密码。后来我和周沛村同志用模型计算植被的分布规律，以相当高的准确性推算出了针叶林在北部分布的界线的规律。就是说，自然界的地带性的边界可以用定量的办法计算出来。这一事实使我认识到植物群落分布具有严格的规律性，如果不到西藏是根本认识不到这一点的。

这样的分布情况很有意思。它不是从南到北一个简单的分布的降低，而是有一个弧形的剖面，像一片瓦一样，这片瓦最高的脊部就在青藏高原的面上，因为青藏高原本身有增温的作用。青藏高原北部的森林边界线，最稳定的生态系统就是暗针叶林。它对环境的要求非常严格。这能由此得出什么结论？两边都低，最高的点在青藏高原，从植被的角度证明了气候增温的效应。针对这种情况写成相关文章在国内发表以后，我又在国际山地综合开发中心发表了我的模型。那时候大家还比较少用模型，这个模型还是比较有意思的。这些规律，又重新验证了达尔文关于冰期和植被演化进展的关系。达尔文在发表《物种起源》的时候，能够从那么少的资料中归纳总结出这样一个观点，我非常钦佩。因为我仿佛看到第四纪冰期到来时，大自然是怎样把北方的植被往南推移的；而在间冰期，随着气温的升高，暗针叶林又向北退却和向山顶迁移，以致形成现代相隔比较远的山地出现了相同的类型而在不同高度分布的格局。

除了这些以外，我们还对西藏的立地条件及将来造什么林进行了考察和研究。特别是对拉萨河谷、"一江两河"的立地条件做了划分和研究。这个研究结果为后来的造林和规划打下了基础。

## 六、暗针叶林之最

青藏高原是我国长江和黄河的发源地，同时是多条国际河流的源头。因此，如何发挥森林涵养水源、防止水土流失的生态功能意义十分重大。特别是暗针叶林在青藏高原森林资源中占有十分重要的地位，其面积和蓄积量分别占青藏高原总面积及总蓄积量的48%与61%。就全国而言，青藏高原亦是暗针叶林，尤其是云杉、冷杉林分布最为集中的地区，占全国云杉、冷杉林总面积和总蓄积量的81%与88%。

回顾在青藏高原进行森林生态和森林资源调查的经历，有一件事令我印象深刻。那就是 1973 年我们青藏高原综合科学考察队林业组到达位于扎木镇以西 22 千米处的波密岗乡林区时，对这里发生的一切无不感到震惊！一片高大挺拔且茂密的原始云杉林映入眼帘，按通常的做法，我们应先设标准地，并进行树高和胸径测量，以便计算单位面积的蓄积量，同时进行生物量的调查和取样。但是，我们从内地带来的常规测树工具——测高器、轮尺等，都因树高与胸径超过测高器和轮尺刻度上所能达到的最大值而不得不弃用，只能另辟新径。同样，林业有关部门为全国统一编制的云杉、冷杉树种材积表，也因这里的树木树高和胸径过大，无法发挥作用。

为了适应当地计算云杉、冷杉树种材积的实际需要，我们在扎木林场领导的鼎力支持和采伐工人的大力帮助下，发动全组人员的力量，利用伐区大量的伐倒木，按照编制材积表程序的要求，克服人员少、任务重的困难，顺利完成云杉、冷杉树种材积表的编制工作，满足了计算云杉、冷杉材积之急需。在波密林区森林资源调查中，第一次用上自己编制的材积表，喜悦的心情难以言表。更为重要的是，这里单位面积的蓄积量远远超过国内外同类林分的水平，特别是云杉林更为突出，其生物量实属罕见。就其箭竹云杉林类型来说，丛生的箭竹径粗 3～4 厘米，高 5～6 米，每公顷产量高达 10 吨以上，这在我国云杉林分布区域内绝无仅有。受当地条件所限，大量的箭竹被遗弃在采伐迹地上，白白浪费掉，十分可惜。

根据我们的调查研究，单位面积蓄积量最高的奇迹出现在波密岗乡林区，海拔 2800 米左右的亚高山地带，由于西南季风沿雅鲁藏布江峡谷直通北上的影响，这一地区有着丰沛的降水和温和的气候，为暗针叶林的繁茂生长创造了极为有利的条件。每年 4 月底到 10 月初为雨季，降雨量达 1000 毫米以上，年平均相对湿度达 70%～80%，年平均温度 8.5℃，很少出现极端不利于林木生长的高温，而且生长期较长。生长季节夜间温度较低，有利于营养物质的积累。由于多种有利因素综合作用，这里的森林产生了极其罕见的生物生产量。岗乡一带的云杉林一般每公顷蓄积量为 1500～2000 立方米，局部地段每公顷蓄积量竟达近 3000 立方米，是我国第一大林区——东北林区单位面积蓄积量的 4～5 倍，同时远远高于国外同类森林单位面积的蓄积量。沟谷中的云杉林，平均胸径 80 厘米，平均高 56 米。在实测的立木中，最大的胸径达 250 厘米，树高 80 米，单株材积 60 米，是我考察同树种中遇到的最大树木。这里的云杉生长速度也非同寻常，300 年以上的大树在其他地区已近于停止生长，甚至自然枯死，但在这里仍能持续生长。林内成过熟的林木虽然多，但病发木较少，这是其他任何地区同属林木无法比拟的。凡是到过岗乡林区的林业工作者，无不为此而赞叹，并引起国内同仁的广泛关注。继我们青藏高原综合科学考察队之后，西藏自治区森林调查队也派人来该地做过调查，并对科考队提出的调查数据进行了修改，认为以前的调查数据似乎有些保守。另外，西藏高原生态研究所 20世纪 80 年代在波密建立了森林生态定位观测站，对这里的森林进行了深入研究。

云杉树干通直，天然整枝良好，经济出材率高，木材纹理稠密均匀，富弹性，硬度适中，易加工，结疤少，可供航空、造船、家具、造纸、乐器等用。

为了展示西藏波密地区森林的魅力，我们特意请波密林场工人师傅锯下直径 1 米以上的两株林芝云杉圆盘，从西藏运回北京，存放在标本室里。一方面，利用标本室的实验条件，做一些实验分析研究和生长量测定；另一方面，通过圆盘标本的展示，增加人们对西藏森林的了解，改变一些人对西藏认识上的偏见。

云杉林下的土壤、光照、湿度、温度及其他自然因素，也为野生天麻创造了繁衍生长的条件，野生天麻以数量多、质量好而闻名全国。据 20 世纪 60 年代末从内地搬迁到这里的林业工人介绍，野生天麻在云杉林下生长较普遍，一天可以采挖数十斤，一窝有时就有几斤重，当地几乎家家都储藏有加工好的天麻，最多以麻袋论数量。但是，经过短短几年掠夺式的开发利用，到1973年我们抵达这里考察时，野生天麻资源已经近于枯竭，很难再找到其踪迹了。西藏自治区有关部门在制定全区经济发展规划时，已把波密地区列为天麻重点发展地区，努力改善条件，使其重现昔日的辉煌。我们期待这一天早日到来，为我国中药材事业的发展做出应有的贡献。

此外值得一提的是，暗针叶林中的川西云杉，其林线海拔高达4600米，树线海拔达4700米，不但在我国，亦在世界上创造了同类森林分布上限的最高纪录，主要分布在昌都、八宿、芒康、左贡、类乌齐、丁青、比如、索县等地。西藏是川西云杉林分布的西部界线，它与东部川西的山原块状暗针叶林相连，构成辽阔的

2000年在西藏昌都进行考察
左起：武素功、章铭陶、孙鸿烈、李文华、何希吾

间断分布区。在林线附近，立木稀疏，树干低矮，干形尖削，天然整枝较低，木材多节，病发率较高，经济出材率低。遭砍伐或火烧后，川西云杉的天然恢复过程十分困难，并往往被灌丛草甸植被所更替。因此，保护好川西云杉，以最大限度地发挥其生态功能，防止灌丛草甸面积进一步扩大，是今后需要解决的一项艰巨而繁重的任务。

2000 年在西藏进行考察
前排居中为李文华

2000 年在西藏昌都进行考察
左三为李文华

2005 年在西藏林芝考察

## 七、青藏是一本读不完的"天书"

青藏高原森林和生态系统的研究工作，以翔实的第一手资料揭示了西藏森林的分布、组成、结构和生产力的特点，填补了该地区森林研究的空白，彻底扭转了西藏无林的陈旧观念，并且为西藏地区立地条件的划分、树种选择及资源开发保护等，以及西藏森林的开发和保护提供了重要的科学依据。1985 年出版的专著《西藏森林》，迄今仍被认为是该地区森林研究方面最系统和最具有权威性的著作之一。青藏高原综合科学考察集体获国家自然科学奖一等奖、中国科学院自然科学奖特等奖和陈嘉庚地球科学奖。

对我个人来讲，如果不到青藏高原来，就很难得到宏观的地理分布这样一个概念。这使我不仅对林业的认识更加深刻，而且因为接触到很多学科，更使我从单一研究林业走向了结合生物、地理、地质以及农业、畜牧等学科进行研究。只有在这种综合科学考察的条件下才能有这种综合的熏陶。那时参加科学考察的同志恰恰都是单位的业务骨干，业务能力很强的一些人都集中到这样一个项目里来。青藏高原综合科学考察队之所以能出这么多位院士，与那时的特殊情况有很大关系。这些人在那里相互交流，耳濡目染，受益匪浅。我发现，对于单纯从林业学院毕业的我们来讲，考察结束时就不一样了，就会带有一个宏观的地理概念，有一个长期的地质演变的概念，就会从更宏观的层面来看待林业了。在青藏高原综合科学考察过程中，我与王德才同志合作，把电子计算机模拟技术和森林生物生产力与养分循环的系统工程研究方法向国内进行了介绍，并应用于长白山和青藏高原的研究中。1979 年，我们把计算机符号模拟图的制图技术应用于区域生态学研究中，利用分级打印和多层印刷方法制成了我国第一幅森林分布和生物生产力彩色模拟图，这个成果也获得了中国科学院科学技术进步奖三等奖。

在青藏高原的工作固然艰苦，但是在这里进行研究又有无穷的乐趣。不论是从林业还是从生态学角度讲，青藏都是一部读不完的"天书"，我们前面的研究只是掀开了这部"天书"的一角。后来由于工作的需要，我的工作重心有所转移，但是对青藏高原的眷恋却始终萦绕在心头。

在西藏生态学方面，大概有以下几方面的工作可以继续做下去。第一就是西藏有其特殊性，可以在这个地方做全球气候变化的研究，特别是有关林线的研究。林线是非常敏感的，环境一变化就可能变化。所以，我和学生翻译了一些关于林线的文章，也在带博士研究生的时候有意识地培养他们进行相关研究，在那里搞林线研究的学生就有 3 个。第二就是西藏森林为什么高产？高产的机制是什么？当时有很多假设，但是回答不了这些问题。现在我也有学生在那里做这些方面的研究，包括森林和木本植物的高产，都包括在其中。第三就是资源的合理、永续利用问题，我们需要找到一种既能保护环境又能促进当地经济发展的双赢模式。这还需要做很多工作。

我们过去的研究是在艰苦的条件下利用原始的仪器进行的，现在情况好多了。我举几个例子。过去我们在西藏设气象站的时候，要冒着生命危险在那里搞观测，现在都是自动控制进行连续精密的测量了，许多仪器已经跟国际接轨了。再有，过去我们也想研究树木和农田高产的机制，当时的仪器非常简陋，有些还要靠自己来设计和定做，包括市场上买来的光度计都有很大误差。现在情况不一样了，进行光合作用和呼吸作用测定的完全是精密的自动仪器，不仅可以进行单个枝条的测定，还可以通过涡度相关来研究整个生态系统的气体交换。在科学发展观的指导下，人们的工作越来越和当地的经济发展紧密结合起来，研究领域大大拓宽。自然科学和社会科学的研究相结合，为西藏的科学研究工作打开了一片新天地。

让我感到特别欣慰的是，现在虽然我没有在第一线工作，但关于青藏生态学研究的工作仍在继续。我算了一下，仅在青藏站（现为中国科学院拉萨高原生态试验站），至少6名以上的博士研究生至今仍在那里继续工作。他们掌握着先进的技术，了解国内外的研究进展，保持了青藏高原综合科学考察队不怕艰苦的光荣传统。他们也都到国外进修过，参加过一些国际会议，有些人已经在生态研究领域小有名气，经常在科学引文索引（Science Citation Index，SCI）上发表论文。凭借着青藏高原得天独厚的条件，将来他们不仅能为我国，也可能为世界的生态学研究做出贡献。

青藏这部"天书"还在继续书写。

2005 年考察拉萨站工作

前排中为李文华

2007 年，参加青藏高原生态保护与可持续发展研讨会

左四为李文华

2008 年，与王浩院士（右二）等登玉龙雪山

摄于海拔 4506 米，左二为李文华

2020 年 10 月 20 日，录制西藏卫视的《珠峰讲堂》栏目

# 第四节　领军横断山

青藏高原综合科学考察队于 1981～1985 年对横断山区进行了综合科学考察研究，这是继走遍西藏大地后科学考察队的第二次大行动，为期 5 年。从 1981 年开始的 3 年野外工作中，共出动中国科学院地学、生物学等有关研究所，以及北京大学、兰州大学等高校和地方生产部门共 250 多人参与考察，涉及 40 多个分支学科。考察工作主要围绕 7 个课题进行：①横断山脉形成的原因和地质历史；②横断山区的自然地理特征及其与高原隆起的关系；③横断山区自然垂直地带的结构及其规律；④横断山区生物区系的组成；⑤横断山区的自然保护与自然保护区；⑥横断山区农业自然资源的评价及其合理开发利用；⑦横断山区动能与矿产资源的开发技术经济评价及工业交通布局。孙鸿烈担任青藏高原综合科学考察队队长，由于他要到美国进行为期一年的进修，我作为常务副队长与程鸿、章铭陶、韩裕丰、谭福安同志一起担起组织者的重任。考察重点是川西和滇西北，涉及藏东一带；考虑到行政区划的完整性，在云南一些地区约略超出了青藏高原范围。在此期间，我还陪同联合国大学（United Nations University，UNU）的专家［如艾维斯（Ives）等］在横断山区做了一次全面调查。

"文化大革命"期间，我被下放到文山壮族苗族自治州，后来参与了西双版纳自然保护区的调查和昭通水土保持的调查。近年来，结合全球重要农业文化遗产到哈尼族彝族自治州元阳梯田进行过调查，可以说除了怒江傈僳族自治州外，我几乎踏遍了云南所有具有代表性的地区。

## 一、自然资源的宝库

横断山区位于我国西南边陲，总面积 $5.5 \times 10^5$ 平方千米，境内南北纵列的山脉和幽深的河谷相间排列。著名的山峰有贡嘎山、雀儿山、四姑娘山、梅里雪山、白茫雪山、玉龙雪山。其主峰的海拔均在 4000 米以上，尤其是梅里雪山，主峰卡瓦格博峰海拔 6740 米，冰清玉洁，被当地人奉为神圣的象征，是地球上尚未被世人征服的处女雪峰。四大水系中，除雅鲁藏布江水系外，号称"三江"的怒江、澜沧江、金沙江在 27° 34′ N 附近，"三江"支架的水平距离为 66 千米，形成"三江并流"奇观，2004 年被联合国列入世界自然遗产名录。

"横断山"的概念最早出现在《京师大学堂中国地理讲义》中："……迤南为岷山、为雪岭、为云岭，皆成自北而南之山脉，是谓横断山脉。"但对其确切范围未曾论及。长期以来，对于跨越藏、青、川、滇、甘五省区的横断山脉划界众说纷纭，依次有"三脉说""四脉说""五脉说""六脉说""七脉说"（"三山夹二江""四山夹三江"，以此类推），这是东南界；南北界起讫位置也同样存在有关界限的不同争议，特别是与云贵高原相连，缺乏哪怕不很明显的标志。

横断山脉是青藏高原的东部延伸，在地质构造上处于南亚大陆与欧亚大陆镶嵌交接带的东翼，是中国东部的太平洋带和西部的古地中海（特提斯）带间的过渡地带，这里地质构造复杂，新构造运动活跃。"三江"峡谷作为仅次于雅鲁藏布大峡谷的第二大水汽通道，为横断山区带来了丰沛但不够均衡的降水，让横断山区植物丰富多彩，堪称"生物避难所"，成为全球生物多样性最高的地区之一。横断山孕育了丰富的自然资源，尤以多种矿产、水力、森林、草场等资源最为丰富，又是许多少数民族生活和居住的地区，且地处边陲，合理保护和开发这一地区的自然资源，对发展经济、改善人民生活、促进民族团结和实现可持续发展具有重要意义。虽然早在 19 世纪这一地区在生物学和地学方面的重要性已为国际所察觉，许多国家的人士到这一地区进行过考察、搜集和探险并发表过大量文章，但由于横断山地处边远，交通不便，当时的研究远远没有掀开这丰富宝库的一角，许多科学领域在这一地区基本处于空白状态。

## 二、艰苦条件下的气象观测

在横断山工作期间，我们已经开始把面上的考察工作和定位、半定位的研究结合起来，中国科学院成都地理研究所（现中国科学院·水利部成都山地灾害与环境研究所）的相关工作人员在贡嘎山进行了山地垂直观测带的定位观测。中国科学院大气物理研究所的高登义等在高黎贡山搞了一条从腾冲到独龙江的观测剖面。我和张

与钟祥浩（右）考察贡嘎山
摄于海螺沟观景台

在横断山进行气候观测

谊光一起从金沙江奔子栏河谷翻过德钦与梅里雪山，然后下到澜沧江的河谷搞了一个横跨两江流域的大剖面。一切从无到有，在不同的高度、不同的植被带设站观测，这是以前从来没有过的。当时几乎没有什么科研经费，主要靠我们的诚恳请求，得到了云南省气象局的大力支持。

首先是建立白马雪山垂直气候观测剖面。该剖面从海拔 2025 米的金沙江河谷奔子栏开始，沿滇藏公路翻过 4293 米的白马雪山垭口，下到澜沧江 2080 米的日咀，中间共设立 7 个观测站，基本都建在荒无人烟的地方。当时白马雪山冰雪封路长达半年，工作条件极为艰苦。为了保证观测质量，必须有一支熟悉观测规范、能进行仪器维护且人员身体强壮的高素质专业队伍。云南省气象局领导非常重视，及时进行部署，决定从全省各地州选派得力人员，并派人与我们一道去人员较多的红河、思茅气象处进行动员工作。这次系列观测中共有 14 名训练有素的观测人员承担了观测任务。这些观测员业务精通，责任心强，尤其是在 4293 米高处的白马雪山垭口坚持两年多的观测，在大雪封山的冬季，有 5 个月的时间完全与外界隔绝，生活极端困难。他们住在很简易的帐篷里，高寒缺氧，收音机也接收不到信号，偶尔有人从外头过来背粮，才算有点儿人迹，平时基本上是没有其他人的，一旦出现危险，一点后援也没有，生命安全得不到保障。山顶观测站经常出现 13 级以上的大风，超过了常规风速表的最大限度。庆幸的是，延续了一年多的观测没有发生安全事故。第二年开春我到站上去，见到那些同志，我说你们辛苦了，他们说，李先生咱们什么话也都别说了，没法说这几个月是怎么过的！让我们感到欣慰的是，这些同志经历了严酷的洗礼和锻炼，但始终不忘学习，有的同志下山后就考上了大专，有的同志后来还走上了领导岗位。

与此同时，我们还在小中甸林区建立了林内外对比观测站。由于中甸林业局慷慨提供建站所需物资材料和观测人员，我们得以在原始云杉林内和采伐迹地上建起了观测场地。观测员经过 3 个月的培训后便开展了林内外的对比观测，取得的资料为我们研究暗针叶林的更新和演替规律提供了宝贵的气象依据。

最后建立的卧龙—四姑娘山垂直气候观测剖面难度较大，海拔为1100～4500米。中国科学院成都地理研究所选择这一剖面的本意，是想通过剖面气候观测积累山地降水等因素对山洪、泥石流形成的资料。不料，从1981年夏选择站址开始，就受到暴雨引发泥石流影响，道路中断，物资和仪器设备无法运进，高海拔地区的3个观测站直到1982年秋才完成建站任务。

在横断山野外考察期间，每到一地，我们都向气象和农林牧水等部门索要大量资料，得到了他们的大力支持和无私帮助。横断山区科学考察队的气象观测，从启动垂直剖面和林区气候观测开始，到1985年12月31日最后一批观测站撤点，历时4年。办理完观测站善后事宜，收集汇总资料，用了两年的时间。1999年我到云南进行退耕还林检查，又碰上原来在气象站工作的同志，有人已经是县里的领导干部了，大家再次相见感到非常亲切。又回忆起往事，那时为国家、为科学献身的精神，我们都认为是非常宝贵的。那些气

在横断山进行科学考察

象观测员当年的付出是超乎寻常的，他们冒着生命危险，在条件极端艰苦的环境中工作，让我终生难忘。

## 三、血泪浇筑的考察之路

在横断山考察期间，我曾目睹三名队员在考察工作中牺牲。一位是中国科学院昆明动物研究所的彭鸿绶教授，当时他已经 60 多岁了，我们曾经一起去西双版纳考察，那时就感觉这位老先生工作非常勤奋，而且有股不服老的劲头。他到横断山时，最初是和我在一起，我们曾一起去碧塔海调查，当时那里是没有人去的原始地区，现在却已经成旅游区了。我们调查时，九寨沟、黄龙寺都只有木板房，我们在黄龙寺时就住在老乡还没有盖成的木板房里。在中甸时，我和彭鸿绶先生住在林场的一间屋子里，相处融洽。他德高望重，但非常谦虚，我处处可以感受到他对我的支持与关爱，其精神令我非常感动。后来他下到林场动物所工作，在那里得了肺炎，但一直坚守在工作岗位上。在高山上生病是不能耽搁的，我们两个当时所在的地方距离十几里路，等把他送到林业局医院时他已经不行了，

在横断山进行科学考察

右二为彭鸿绶先生

后来我从中甸坐汽车一直把他的遗体送到中国科学院昆明动物研究所，对他的离世，我十分难过。

另一位牺牲的是我的学生赵宪国，他是我刚刚毕业时带的第一批硕士研究生中的一员，是一个非常老实、善良和勤奋的青年。在横断山考察期间，他乘坐的汽车撞到了公路桥的桥墩上，头被撞击。那时由于我要参加编写一些书稿，回北京修改稿子，听到这个不幸的消息后，我立刻赶到出事地点。他的父母从西北赶来，非常悲伤，他们就培养出这样一个孩子，他又刚结婚。因为我是他的导师，还是这个考察队的队长，他们又不能对我说什么抱怨的话。我为此非常难过，一直把宪国的遗体送到西昌火化。最近我整理东北调查的一些成果时，把他的研究生论文、文章整理出来，也算是表达一点纪念吧！

第三个牺牲的是《人民画报》记者郑长禄，他一直跟我们组拍摄森林照片。本来郑长禄是和我乘坐一辆吉普车的，但由于考察收队心里高兴，他和大车司机小韩很要好，就坐在小韩车的驾驶室里。那天我就坐在前面一辆车里，已经翻过二郎山到天全了，后边来车告诉我说出事了，说小韩驾驶的车翻了，当地的解放军和群众正在悬崖下面的河谷里搜救。结果司机小韩受了重伤，郑长禄同志不幸牺牲。我和齐文虎、韩裕丰等同志带着他的遗体连夜赶往成都。那天夜里快到成都时，司机由于疲劳驾驶，车向沟边开去，撞到一棵树上，幸亏刚下完雨，树根土是松的，结果把树撞倒了，我们的车也歪在那个地方了，一车三四个人差点儿又出事。到成都后，天还没有亮，无法联系中国科学院成都分院的相关人员，只能临时找个住处。我一着急胆囊炎犯了，疼得根本无法睡觉，那时也没有出租车，就只好弓着身子走，走一步疼一步，不到 1000 米的路程却觉得像万里长征一样，勉强走到医院。天亮后，在相关部门的协助下才住进了医院。

现在回想起这些往事，感慨万千，我们在科学考察时，不仅要流汗，要流血，甚至还要付出生命代价。这些都是我亲身经历的。

在哀牢山进行科学考察

# 第五节　转战大西南

我们在西南横断山的工作即将结束时，时任中国科学院成都分院院长廖伯康、顾问刘允中基于西南地区区位的重要性、自然条件和人文条件的特殊性以及自然资源的丰富性和经济潜力的巨大性，多次建议我们关注这一地区的资源开发和经济发展工作。廖伯康调任重庆市委书记后，专门要我和程鸿到重庆商讨成立西南地区综合科学考察队和地区开发研究的有关事宜。

对西南地区的综合科学考察区域包括四川、云南、贵州、广西、重庆四省区一市，又称"四省五方"，幅员广达137万平方千米，人口超过 2.1 亿，是我国规模最大的自然经济区。西南地区的自然、经济、人文和资源环境极为复杂，其纬向、经向和垂向上的分异程度也为全国各大经济区所不及：它占据了从青藏高原到南部沿海的我国地形三大梯级；具备了从山地寒带到山地热带的气候类型以及与之伴随的多种景观生态类型；它既保持着古老传统的自然经济，又有实行改革开放以来我国最早的沿海开放地区，因而我国东、中、西经济带的特征兼而有之；它拥有巨大的人口总量、充裕的劳动力资源、全国最多的民族组成和最复杂的多民族结构；它蕴藏着十分丰富的地上、地下自然资源，其潜力在全国各大经济区中占有最突出的地位。

## 一、丰富的资源优势

西南地区丰富的资源优势为经济建设提供了最重要的物质基础，主要体现在气候资源、生物资源、矿产资源和能源资源四大方面。除了西北部的高原高山以外，大气的水、热资源只有东南沿海地区可以比拟。由于特殊的地形结构所产生的巨大高差，西南地区形成了鲜明的立体气候，可以在极短的距离内反映出从黑龙江到海南岛北部的各种气候类型。低纬度和多山的自然背景，又促成了丰富多彩的生物资源，是我国作物、畜牧、林木种质资源及野生生物资源最丰富的地区，其森林活立木蓄积量占全国第二位。由于"三江"和南岭两大成矿带纵横于西南地区，已探明储量的金属和非金属矿产资源排名全国前三位的有 30 多种，形成全国实力最雄厚、门类最齐全的矿产资源体系。西南地区可开发的水能资源蕴藏量占全国的 62%，在全国十大水能富矿中，西南地区就有 7 个，而煤炭资源又是我国长江以南最集中的地区，远景储量在 2000 亿吨以上。西南地区还有丰富的天然气资源，陆地和海上石油资源的前景比较乐观。

西南地区的许多优势资源与国内外的紧迫需求相一致，诸如能源、铁、磷、铝、锌、锑、木材、烟草、蔗糖等在国内十分紧缺，而锌、锑、锡、钛、钒和锂等有色金属及其系列产品在国际市场上十分走俏，这就更加提高了西南地区在全国的资源优势地位。

西南地区的自然资源在地域上比较适宜，相比我国其他地区具有不可多得的战略优势。首先，有丰富的能源资源和雄厚的矿产资源做基础，发展黄磷、铝、硅铁、锰铁、电石等高载能原材料工业的条件十分优越。其次，是由山地垂直变化组合在一起的气候资源、土地资源和生物资源，为建立立体型多种经营的大农业创造了极为良好的资源环境，也为发展独具特色的轻工业提供了基础。最后，是水能资源和煤炭资源在地域上的结合，可以形成煤电并举、水火共济的优势能源体系，更为我国其他地区所不及。

西南地区有一定的区位优势。广西沿海占有全国 1/10 的海岸线，新建成的防城港、北海等港口以广大的西南腹地为依托；长江航道、西江航道尚未充分开发；广西、云南两省区面向东南亚和南亚，有超过 4000 千米的边境线；古丝绸之路经四川、滇西通往南亚、中东而达欧洲，如今它将发挥新的作用。西南地区的区位显然优于其他西部地区。

经过 40 多年的发展，西南地区已经形成了加速资源开发所必需的物质技术基础，初步具备了包括机械电子、黑色冶金、有色金属采冶、化工、食品、纺织、建材等门类较为齐全的工业体系，在全国经济结构中占有举足轻重的份额。

由于西南地区特殊的区位条件和社会经济背景，其在历史上曾几度成为我国的战略后方，在不同的历史阶段做出了积极的贡献。自然资源综合考察委员会自成立以来的几十年间，一向把西南地区的综合科学考察作为自身的一项重大任务。

## 二、西南地区的历史研究

早在 1956 年自然资源综合考察委员会成立之际，就分别组成了云南热带生物资源综合考察队和华南热带生物资源综合考察队，工作范围涉及西南地区的云南及广西南部，主要任务是全面开展以橡胶宜林地选择为主的热带亚热带生物资源综合考察。除分别编写了有关省区热带亚热带植物资源考察报告、开发方案和学科专著外，还编写了《我国南方六省（区）热带亚热带地区以橡胶为主的植物资源综合开发方案》，根据对橡胶宜林地的等级划分与经济分析，提出了天然橡胶的生产布局。在西南地区范围内，重点建设云南西双版纳和红河两个生产基地，慎重建设云南临沧地区，必要时适当建设云南德宏和广西玉林地区橡胶农场，使西南地区形成以西双版纳为中心的我国第二个橡胶及其他热带、亚热带经济作物的生产基地，为我国打破当时西方的封锁禁运，促进中国天然橡胶事业的迅速发展做出了巨大贡献。同时，通过对该地区气候、土壤、水文、地貌、植被等方面的考察，为我国气候带的划分及有关学科对热带亚热带地区的深入研究奠定了基础。

1959～1963年组织了西部地区南水北调综合考察队，在当时选定的通柴线、玉积线和怒定或怒洮线中，大部分科技力量集中在第三条线上，主要任务是对南水北调引水河线工程地质条件和川西滇北地区（引水地区）自然资源的综合考察与生产力布局的研究。通过5年的工作，共勘测坝段40余个，隧洞60余个，渠道数千千米，编制了专著《中国西部地区南水北调引水河线工程地质特征》《中国西部地区南水北调引水河线工程地质分区图》，并提交了以下三方面的成果：①比较全面的自然资源情况和经济开发意见，如《川滇接壤地区自然资源的开发及生产力发展远景设想方案》《甘孜阿坝地区远景经济开发意见》等；②有关川西滇北地区的专题研究报告17篇，如《甘孜阿坝地区主要荒地开垦》等；③有关川西滇北地区的科学专著，如《川西滇北地区农业地理》《若尔盖高原的沼泽》等。

此外，还整理了大渡河、雅砻江、金沙江中游段（直门达至石鼓）三大巨川水力资源的第一手调查资料。

1963 年国家制定了《1963—1972 年科学技术发展规划纲要》，综合考察工作重点逐渐向开发地区转移。中国科学院为配合"三线"建设，将原西部地区南水北调综合考察队与云南热带生物资源综合考察队合并，于 1963 年组建了西南地区综合考察队，下设四川、贵州、川滇接壤地区、工矿交通及紫胶 5 个分队，对四川、云南、贵州三省进行了农业、水利、工业、交通和紫胶方面内容广泛的综合考察。提出的阶段性成果包括《四川盆地农业增产途径与潜力》《四川盆地农业分区》《四川西昌安宁河谷地区农业增产途径与潜力》《云南元谋盆地的水利化途径及方案》《云南楚雄州农业增产途径分区》《贵州西部地区农林牧综合发展问题》《川滇接壤地区铜、铅、锌资源开发条件与意见》等，为西南地区的资源开发和工农业发展及时地提供了科学依据，不少建设方案正付诸实践，产生了巨大的经济效益。后期总结工作因受到"文化大革命"冲击而被迫中断。

1967 ～ 1978 年，为使科学考察工作的宏观与微观相结合及强调典型的作用，选择了贵州石灰岩地区的一个大队进行农田改造的生产性试验，当年即取得增产一倍的效果。

从 1982 年开始的青藏高原综合科学考察第二阶段的工作范围也是在西南地区的川西和滇西北地区，部分专题延续到云南的南部边境进行。

1985 年，青藏高原综合科学考察队组织了由国际山地学会（International Mountain Society，IMS）主席艾维斯教授等中外学者参加、在云南丽江玉龙地区考察研究人为活动对山区生态环境变化和土壤侵蚀的影响考察，利用 20 世纪 20 年代拍摄的照片与现实情况进行对比，并在山体不同高度、坡度和植被条件下设立一系列观测样地，观测山区人类活动给水土流失带来的影响，提出防止水土流失的措施。

## 三、进军大西南

改革开放以来，由于国家的优惠政策和投资重点向沿海地区双重倾斜，西南地区的区位社会经济条件处于不利的地位，在全国市场经济竞争中的实力明显削弱，与东部地区的经济差距不断拉大，四川、云南、贵州、广西四省区的人均收入降至全国的末几位。面对严峻的挑战，西南地区四省区及重庆市于1984年以"自力更生、多方联合、国家支持、共谋振兴"为方针，开展横向经济联系和经济技术协作，组成跨省区、开放式、松散型的四省区五方经济协调会（后扩大到五省区七方）。在协调会第二次会议后向国务院提交的报告中，提出了进行国土资源考察和发展战备研究的请求。〔1985〕105号文件的批复中指出："开展川、滇、黔、桂地区的国土资源考察和发展战略研究，是开发大西南的一项很重要的前期准备工作，

1985年，参加西南四省区五方资源开发考察会议
左二为李文华

同意在'七五'科技经费中给予适当补助，请中国科学院牵头组织好这项工作，地方要积极配合，扎扎实实地做好重要建设项目的论证工作。"在中国科学院的历史上，这是第一次直接从国务院接受区域性综合科学考察任务。根据国务院的批复精神，中国科学院立即将本项目列为"七五"院重大研究课题，并在1986年8月召开的西南地区资源开发考察第一次工作会议上成立了以中国科学院副院长孙鸿烈为首的研究项目领导小组和以刘允中为首的专家顾问组，组成了由自然资源综合考察委员会主持的中国科学院西南资源开发考察队，院内有关研究所、中央有关部委和科研单位、地方科研单位与生产部门、有关高等院校等40多个单位共500余名科技工作者先后参与了此项考察研究工作。这次会议还确定了本研究项目的指导思想和总目标，进行了课题论证，并制定了实施方案和时序。同年10月开展野外考察工作，我也积极响应号召参与其中。

此次科学考察的研究涉及自然科学、社会科学和技术科学的广泛领域。通过各学科之间的相互融合与渗透，在对全区域或重点地区开发方案和重大建设项目的论证中博采众长，在多学科优势互补的基础上求得资源的优化配置，以实现经济、社会、生态最佳的综合效益，属于多层次、多目标、跨地区、跨行业的区域性大规模科学考察研究，为西南地区前所未有，是一项巨大且复杂的系统工程。

研究项目于1990年2月完成总体报告的编写工作并通过了专家顾问组的审定，全部成果于1990～1992年陆续完成，并于1992年9月通过了科学技术成果鉴定，鉴定委员会一致认为：该项研究成果已经达到国际同类研究的先进水平。研究项目于1993年获中国科学院科学技术进步奖二等奖，1995年获国家科学技术进步奖二等奖。

1985年，在成都流域管理会议上做报告

1985年，成都流域管理会议期间与印度代表交谈
左一为李文华

# 第四章

# 青山求索

"文化大革命"结束后，我国生态学研究获得了新生。在王战和阳含熙先生的带领下，我们到长白山区选择生态站的地址和固定样地。我们以长白山生态系统研究站为基地，对主要的森林类型、结构演替、功能特征进行定位研究，也正式开启了我个人的科研方向从科学考察到定位研究的转变。

# 第一节　东北森林：不解之缘

我和东北森林结下的是一段不解之缘。这里，是我追求心中绿色之梦的起点，也是我心灵的驿站。在从事林业研究 60 年的生涯中，我有机会到几十个国家和地区的森林进行参观和考察，科学研究的方向和地点也几经变迁，但我与东北森林的联系却是绵延不断的。除了对这里山山水水的热爱外，还有那人与人之间的情愫，每每提到长白山，总会让我联想起在自己科学道路上引我入门的师长、科学研究中亲密的伙伴、曾与我患难与共的学生以及当地给予我浓郁友情的淳朴的林业工作者。

我曾到过大兴安岭、小兴安岭、完达山和长白山等东北的各个山地进行森林考察和研究，应该说每个地方都有自己的特色，然而，最能引起我心灵震撼、发自内心热爱的还是长白山。

长白山是坐落于我国温带地区的一座享誉世界的名山，这里是欧亚大陆北半部最具代表性的典型自然综合体，是森林生态科研和教学的天然实验室，是进行环境保护和绿色宣传教育的自然博物馆。

长白山又是松花江、图们江、鸭绿江三江的发源地，在涵养水源、保持水土、净化水质和大气、改善区域气候等方面发挥着不可替代的生态服务作用。毕生在长白山地区进行科学研究，去世后将骨灰撒在长白山的著名植物分类学家、林学家和生态学家王战先生当年说过："长白山是一本读不完的'天书'。"的确，长白山孕育的宝藏是多方面和全方位的：地质学家关注这里的形成历史和火山遗迹，气象学家关注这里不同海拔气候条件的特点及在全球气候变化中的变化趋势，生物学家关注这里的物种分类与起源，社会学家可能更关心这里的社会经济条件以及人文、历史和文化遗产，来自各地的游客在这里可以找到人们所向往的"参天古树、遍地芳草、鸟语花香、泉飞鱼跃、呼啸鹿鸣"的风光……林学和生态学家则不仅关心这里生物与环境之间的相互关系，而且力图把自然、社会、经济作为一个整体，从系统的观点研究其间的相互关联及在时间和空间的变化，实现保护与利用协调发展的目标。

长白山生态学研究的历史与我国生态学的研究、国际生态学的进展以及我国社会发展的需要紧密联系。可以说，长白山的生态学研究是我国生态学发展的一个缩影。

长白山地区的生态学研究始于 20 世纪 50 年代，可分为以下三个阶段。

第一阶段的研究以个体生态与群落生态学研究和采伐更新为特点。对长白山森林的研究是新中国成立以后才陆续开展的，最初的工作是对森林群落的分布和物种组成与结构的定性描述。中国科学院林业土壤研究所（中国科学院应用生态研究所前身）、东北林业大学等科研院所和大专院校逐渐开展了对主要树种的个体生态和群体生态的研究，特别是对红松和落叶松的生态学进行了系统研究，取得了重要成果。另一项工作是对森林类型的划分。受当时苏联学派[①]

---

① 植物生态学的四大学派分别是：北欧学派（以注重群落结构分析为特点）；法瑞学派（强调植物群落调查和群落分析，注重群落生态外貌，强调特征种的作用）；英美学派（重视群落与环境的关系，尤其强调群落更替的研究，以动态和数量生态为特点）；苏联学派（重视群落研究与土壤的结合）。

的影响，东北地区的林型划分是以生物地理群落原理为基础的。后来，改革开放后曾试图应用法瑞学派的方法进行划分并与苏联学派进行比较，但发现由于我国森林的复杂性难以操作。在生产实践方面，由于当时新中国刚刚成立，百废待兴，急需木材，森林的采伐更新成为国家亟待解决的问题，也是当时的研究重点。在这方面，生态学家刘慎谔先生做出了突出贡献。他通过对长白山和小兴安岭等林区的考察，提出了阔叶红松林的演替规律，丰富了顶级学说的理论。

第二阶段的研究以生态系统（生物地理群落学）结构与功能为中心。20世纪70年代末，为了长期深入地进行多学科综合的定位研究，1978年7月以自然资源综合考察委员会阳含熙教授为首的十人考察组到长白山选点，我也有幸成为这支考察队伍中的一员。最后将站址选定在长白山北坡、长白山国家级自然保护区以及吉林省安图县二道白河镇。1979年中国科学院林业土壤研究所正式创建了长白山森林生态系统定位研究站，生态站的建立标志着对长白山森林生态系统的研究进入一个新的阶段。以著名生态学家王战、阳含熙教授为首的来自十几个科研和教学单位的近百位学者对生态系统的生物生产量、结构与功能进行了长期的综合性科学研究，并在国际合作、培训与交流方面有了长足的进展。

第三阶段的研究是当代生态学研究。随着世界上人口增加、资源消耗与环境污染造成的全球性生态问题日益激化，人们越来越认识到全球生态环境问题的解决需要有全球视野，以及各国共同努力与联合行动，可持续发展的理念也不断得到发展和社会认同。在此阶段，生物多样性、全球变化和可持续发展林业成为当代生态学研究的三大主攻方向。在生态学的研究理念、研究设备和研究方法以及研究组织上也发生了革命性的变革。长白山以其独特的区位优势、丰富的生物多样性和难得的原始性成为科学家关注的热点地区。长白山的研究也从观察走向实验，从定性走向定量，从孤立研究走向与国际联网，从生态系统的结构和功能研究向生态系统服务功能与过程发展。长白山的生态学研究越来越密切地结合我国社会发展过程中存在的生态学问题，并为国家的决策提供科学依据。

生态学是一门区域性、实践性很强的学科。只有走进自然、了解自然、敬畏自然，才能因势利导地把保护与发展结合起来，在这方面长白山为我们提供了无与伦比的天然实验室。这也是长白山如此受到世界关注的原因。

长白山是一个动植物间相互依存、运作的有机生态系统，无数生物在这里自由繁衍、生息。它就像一本读不完的"天书"，从地质、地貌到区系、生态系统，再到森林植被带，无论从哪个角度研究，它都可以提供在许多其他地方完全得不到的资源，特别是最本底的东西，只有在这种原始的地方才能获得，能完好地保留下来更是难能可贵。

长白山为生态研究者提供了取之不尽、用之不竭的资源，堪称生物宝库。人们能在和自然相互协调的过程中学到很多，从而了解自然、尊重自然，重视身边的生物宝库。

经过几代学者坚韧不拔的努力、持续不断的知识引进和创新，我国的生态学已经进入了一个历史上最好的发展时期。我们殷切地希望我国的生态学工作者，特别是工作在第一线的青年生态学人，不断开拓创新，扎扎实实做好基础研究工作。在科学研究与实践中，掌握翔实、准确的第一手资料，群策群力、协同攻关，勇攀科学高峰，为中国生态学事业的繁荣、为中国社会的可持续发展添砖加瓦，把长白山建设得更加美好。

1989 年参加长白山森林生态学术会议
左起：李文华、陶炎、王业遽、王战

2004 年考察东北林业可持续发展工作
左起：王明麻、李文华、马建章

2004 年中国工程院院士咨询项目组考察东北森林
左起：张象枢、李文华、刘兴土

2004 年考察东北林区
前排左起：王传宽、李文华、张象枢、何迺维

# 第二节　云冷杉林：魂牵梦绕

　　我非常庆幸有机会曾到欧亚大陆最北边的苏联北部泰加地带工作过，在那里完成了自己的副博士论文，也有机会在温带地区山地的大小兴安岭、长白山进行定位研究，后来又到了西南参加青藏高原科学考察工作，使我有机会对欧亚大陆的植被分布有了直观的体会与感受。

　　暗针叶林，一种以松科的云杉和冷杉为主组成的植被类型，广泛地分布在欧亚大陆的不同纬度地带。骤然看来，它们间断地分布似乎十分凌乱，但是当我们纵观其在欧亚大陆的分布格局时却不难发现，它们的分布是如此有序。站在青藏高原上，联想在欧亚大陆其他地区的暗针叶林出现的位置和生态因子，我试图寻找破译暗针叶林在欧亚大陆分布规律的密码。

　　我尝试用模型来计算植被的分布规律。在这个研究中，我收集了北半球云冷杉分布的大量记录，在我的老同学周沛村教授的帮助下，研制出了云冷杉林分布的温度界限和地理分布模型，并发表在国内外学术期刊上。那时中国生态学模型还比较少，至少在用模型推算和预测森林的分布方面还几乎没有前人进行过。这些规律引起我对森林分布和迁移规律及其驱动力的遐想。

带着这一问题我查阅了大量的文献，给我留下最深刻印象的是达尔文（Darwin）的《物种起源》中关于冰期和植被盐化与迁移的阐述，以及苏联著名植物地理学家托尔马乔夫（Tolmachev）关于泰加林起源方面的著作。联想到暗针叶林在北半球的分布及其从南到北物种组成的变化，我仿佛看到第四纪冰期到来时，大自然怎样把北方的植被往南推移，随着气温的升高，暗针叶林又向北退回山顶的迁移路线，以致形成现代在相隔比较远的山地出现相同的类型而不同高度分布的格局。达尔文在一个半世纪以前地质资料非常匮乏的时候，靠着敏锐的洞察力和非凡的悟性得出的假说与论断，成为对我来说迄今最能信服的解释。我甚至联想到中国冰期的覆盖范围，地质学家关于冰期规模存在争论，从森林分布的角度，我认为东部是有冰川发育的，现存的元宝山冷杉和资源冷杉就是过去冰川曾大量分布的残余。

特别是在云冷杉广阔的分布区中，我看到了云冷杉物种的分布与变异，尤其是在我国西南山区出现了世界上最丰富的云冷杉物种的分化，它们的起源究竟是在泰加分布最广的地区还是在我国南方的亚高山地区呢？植物分类学家根据传统的以形态为主要依据对云冷山区分出的物种，是否具有真正的科学性呢？此外，我们看到尽管森林上层的建群种有很大的差异，但在不同地理地带的云冷杉下的植物物种、属却呈现明显的共性，这是不是因为上层林冠的保护为林下植物创造了比较稳定的环境，从而使得林下植物在植被迁移的过程中得以保存呢？坦率地说，尽管我在长期的研究中自认为是认真和刻苦的，但没有哪一项研究让我所享受到科学的激情和探索的乐趣能与我对云冷杉林的研究相媲美。

在对暗针叶林的研究中，我发现当时的研究既缺乏宏观上的总体分布规律描述，又缺少根据已有数据开展的资源预测。为此，当时我们选择了暗针叶林作为研究对象，以我国和苏联各地分布的暗针叶林的数据资料为基础，研究其分布高度与地理位置相关的数学模型，为用定量方法研究植被分布的规律进行一次初步的探索和尝试。我们的工作为研究植被在宏观地域的分布规律提供了宝贵的资料，并指出暗针叶林分布在南北方向呈双曲线形，高峰大致与我国青藏高原所在的位置相接近。对暗针叶林和热量条件在欧亚大陆分布的数学模型的研究，让我们进一步看到青藏高原的巨大增温作用及其对周围环境的影响。暗针叶林是我国分布最广的森林植被类型之一，在森林资源中占有重要的地位。我们从宏观的角度总结其在欧亚大陆的分布规律，并尝试用数学形式进行表达。尽管这一工作在当时还存在不少缺陷，但我在这些方面的研究成为后来用定量方法研究分布规律的漫长征途的一个新的起点。

后来，我很荣幸参与到西藏资源科学考察中，利用这个机会，我也对西藏暗针叶林的情况进行了一定研究。西藏的暗针叶林分布很广，是欧亚大陆暗针叶林分布区的西南界线，主要由云杉属、冷杉属和铁杉属的树种组成，生长在喜马拉雅山脉、年轻的唐古拉山脉以及横断山脉的湿润山地，以其雄伟挺拔、苍绿幽暗的外貌给"世界屋脊"青藏高原点缀上一条充满盎然春意的绿色彩带，同时，西藏暗针叶林具有重要的经济、环保和理论研究价值。西藏暗针叶林下层植物种类较北方同类森林丰富，生产量很高，但对外界干扰和破坏的抵抗力比较脆弱，必须合理地开展暗针叶林的经营和利用。西藏暗针叶林还具有许多特殊的树种和类型，建议对其进行保护。

令人遗憾的是，正当我踌躇满志地想把云冷杉的研究作为终身事业时，国家的需求和工作的变动，使我失去了实现自己的这个理想的机会。但是我很高兴地看到，由于地质古生物学研究的不断深入和基因排序等现代技术手段的不断改进，上述的一些问题正在逐步得到解决。

# 第三节　定位研究：令人扼腕

对于东北森林，我还有一些特殊的感情，当时我和学生们一起在小兴安岭、长白山等地区对有关森林生态系统的结构、演替等方面的研究成果和资料进行汇总、整理与分析。现在还时常想起以前和学生们一起在东北森林进行科学考察和定位研究的情景，想起当年那批学生在艰苦的工作条件下认真而又执着地进行科学研究的情形。

1953年大学毕业后，我有幸到小兴安岭参加了为苏联专家赴东北调查进行的前期准备工作。1956年，我随着林业部第二调查大队到大兴安岭进行森林勘查。

1957年我去苏联学习，发现泰加和我国东北的森林有不少相似之处，在南泰加、中泰加、北泰加分布着辽阔的云冷杉林。但和我国东北的森林相比，我更加感到东北森林物种的丰富和植被类型的繁多。1961年回国后，我每年都带着学生去小兴安岭伊春地区的红旗林场实习，进行定位研究和森林更新调查。当时的红旗林场是保持着原始状态的林区。在这里，从低洼湿地上的沼泽落叶松林过渡到谷地云杉林再到陡坡的红松林，沿着这一剖面几乎可以看到小兴安岭所有森林类型的代表。经过实习，学生们对东北森林特别是阔叶红松林有了较全面的了解，许多学生的毕业论文也都是在这里完成的。

在东北原始森林里进行调查研究，蚊虫叮咬已是家常便饭。没有自动观测仪器，为了取得全天候的资料，我们天不亮就起床，蹚着挂满露水的灌木和野草跋涉 5000 米山麓赶到样地进行观测，到了晚上才赶回宿营地。特别是对地下根系的研究，老师和学生们一起顶着蚊虫叮咬，将大树的根系从土壤中剥离出来。尽管工作条件十分艰苦，但没有人叫苦，老师和学生团结一致地进行科研与教学工作，通过艰苦细致的工作取得大量的第一手基础资料。

然而，正当我们的工作向深层次发展的时候，"文化大革命"开始了，我们不得不中断了一些已经开始的科学研究。"文化大革命"结束以后，我们又回到红旗林场，但以前的原始森林已经荡然无存，这让我们感到无比惋惜。所幸的是，大自然以其固有的规律在人类的破坏还没有超过其自我恢复的阈值的情况下，又开始了一轮新的演替过程。我们看见了天然林逐渐恢复新的绿意，这让我们再次看到了希望。

"文化大革命"结束后，我国的生态学研究获得了新生。在王战和阳含熙先生的带领下，我们到长白山区选择生态站的地址和固定样地。当时参加调查的年轻同志还有中国科学院林业土壤研究所的徐振邦、崔启久和孙纪正等同志。长白山站（现为吉林长白山森林生态系统国家野外科学观测研究站）最初确定由中国科学院林业土壤研究所、自然资源综合考察委员会和动物研究所联合主办，当时阳含熙先生的第一批博士生（如伍业钢、潘裕德等），我的硕士生李飞、赵宪国、邵彬以及后来的博士生石培礼、杨丽韫等的论文研究都是在长白山站进行的。当时的工作和生活条件都十分简陋，我们的研究人员住在一间过去留下的工棚中，屋子两边各有一排土炕，每个炕是可睡六七人的大通铺，中间一个不大的过道上堆放着标本和杂物。尽管条件艰苦，但是我们人人都精神饱满，很少听到牢骚和怨言。我们以长白山站为基地，对主要的森林类型、结构演替、功能特征进行定位研究。长白山站的站长也几经轮换，我记得的担任站长的有徐振邦、赵士洞、戴宏才、代力民、韩士杰等。承蒙老一辈科学家的厚爱与支持，自 1992 年起，我担任了长白山站学术委员会的主任委员，王战和阳含熙先生担任顾问，王业遽、沈国舫、蒋有绪、周晓峰等先生都曾担任过委员。

1992 年长白山站学术委员会合影
前排右起：徐振邦、蒋有绪、沈国舫、王业遽、王战、李文华、高拯民、沈善敏等

　　如今东北森林的研究工作已经由过去的结构与更新的调查深入演替和过程的研究，由定性的线路调查向实验生态的高度攀登。研究理念也由单纯的自然规律向"自然－社会－经济"复合系统发展，研究视野从地区向全球变化方向发展，使用的精密仪器和设备已经逐渐与国际接轨，研究内容也展现出当代科学的前沿和国家的需要。看到新一代科技工作者在这片珍贵的土地上，在新的理念、技术和仪器的加持下，积极探索、不断创新，我既感到羡慕，更看到了希望。

　　我个人也十分荣幸地于 2013 年 9 月 15～17 日在吉林省长白山召开的首届长白山国际生态论坛上，获得了首次颁发的"中国人与生物圈保护奖"。在发言中，我说：

　　　　我国加入了蒙特利尔进程（森林可持续经营的国际准则），有 12 个成员，提出了 7 个方面的标准，包括生物多样性保护、生产力的维持、健康和活力、水土保持和维护、对全球碳循环贡献的保持、社会需求多重效益的好坏、法规政策体制，这些方面基本上可以作为我们森林可持续衡量的标准参考。我们希望在今后，在科学发展观的指引下，在建设生态文明的过程中，把长白山建设得更美，并为可持续林业树立样板和典型。

考察长白山天池
左起：吴刚、李松华、李文华、代力民、杨修

与傅伯杰（左）摄于长白山天池

与韩士杰（左）在长白山考察

2013 年，与韩世杰（左）调研长白山站

2019 年，在北京参加长白山站 2019 年学术委员会会议
左一为李文华

# 第四节 定量模拟：探索创新

自从植物地理学作为一门独立的学科出现在生物、地学的舞台上，一个多世纪以来，各国的科学工作者进行了大量的调查，积累了丰富且宝贵的资料。纵观过去的工作，我当时深感宏观视角在研究中的缺少，以及基于数据的规律性预测的缺乏。究其原因，显然与科学发展的一定阶段相联系。在学科发展初期，我们缺乏足够的植被分布的具体资料，另外，为了用数学模型表达植被分布的规律，需要进行大量的运算，没有电子计算机的帮助，很难完成这一任务。当时这方面的情况在国际范围内已经并正在迅速地得到改变。一场强大的革新风暴，正在猛烈地冲击着植物地理和地植物这类相对古老的学科的大门。因此，在工作之初，我就十分重视定量研究方法及新工具的引入与创新。

1956 年对大兴安岭进行森林勘查时，与调查队员的生死之交，让我们很快打成了一片，彼此成了很好的朋友。在那次调查工作中，我主要是从事森林经理和测树方面的工作，跟着苏联专家学习航测和目测判读，这段经历对我后来从事生态学研究有着很大的帮助。在那次调查中，我们发现之前的测树学方法存在一定的误差，我便和中国林业科学研究院的赵宗泽利用调查结果，对测树仪进行了改进，使它能够更加简单方便、定量化地实现测树目的。

生物生产量的研究是 20 世纪 60 年代以来生态学中出现的一个崭新的领域，随着生产的发展和对自然资源开发利用的需要，越来越引起了人们的注意，成为当代生物学研究的中心问题之一。当时，数理化等学科领域的先进理论和技术在生物学中得到广泛的应用，各种精确、快速、连续自记的测试仪器的研制，特别是遥感技术和电子计算机的广泛应用，为生物生产量的研究提供了有利的条件。然而，当时我国的科学技术相对落后，与国际在生物生产量方面的研究存在较大的差距，我在《自然资源》上率先介绍了生物生产力，包括生物生产量的基本概念和测算方法，以及森林第一性生物生产量的基本途径，并提出了森林生物生产量研究的现状及展望。

此外，翻开任何一本自然地理或地植物学的系统文献，我们几乎都可以遇到一个已经重复了多次的、被公认的事实，即同一种植被类型分布的海拔高度是随纬度的增加而递减的。然而，当我们想进一步了解这种递减的定量速率和不同地理位置出现某一种植被类型的可能性及其分布的海拔高度时，在当时的条件下尚不能得到任何满意的回答。这一问题不仅在研究植被分布规律中具有重要的理论意义，同时对在生产实践中预测不同地区应当发展的植被类型也有着重要的参考价值。为了解决这一问题，我决定选择在欧亚大陆分布很广、在森林资源中具有较大经济意义的一种植被类型——暗针叶林作为研究对象，并以我国和苏联各地分布的数据资料为基础，研究其分布高度与地理位置相关的数学模型，为用定量方法研究植被分布的规律进行一次初步的探索和尝试。通过这一研究，我与周沛村开展的"暗针叶林在欧亚大陆分布的基本规律及其数学模型的研究"取得了很好的成果。我们构建的暗针叶林分布规律模型是国内首次将数学模型用于研究植被分布，得到了广泛的肯定和应用，与此同时，我们的这一项研究获得了中国科学院科学技术进步奖三等奖。

进入20世纪60年代以来，随着全球性的粮食、人口、能源、环境等一系列社会问题日趋尖锐，相对古老并一度发展缓慢的生态学，在当地的社会背景和新的科学技术的渗透下，又获得了新生，成为生物科学中的"宠儿"，并具备边缘学科的特点。当时我与王德才了解到生态学的理论和概念方法，并希望利用电子计算机来自动编绘各种生态因子和自然资源分布图。当时科研资源和设备十分匮乏，我们所在单位并没有自己的计算机，我和王德才只能借助别人的计算机开展研究工作。因此，白天我们进行理论研究和准备工作，晚上在别人不使用计算机的时候抓紧时间通宵操作。我当时由于结婚只坚持通宵工作了一晚上，王德才坚持熬夜了几天终于绘制出了理想的分布图。此时的计算机十分落后，不能打印材料图片，我们就编制黑白符号图，通过分级打印印制出彩色图，并以此为基础，用电子计算机编制了西藏生物生产量和植被分布模拟图。尽管当时由于资料和人为因素的限制，在一定程度上影响到制图的效果，但是这次工作实践，初步肯定了制图方法是基本正确的，同时明确了今后继续开展定量化研究和改进的方向。我们利用电子计算机符号图在生态学和自然资源研究中的应用，在当时定量研究中具有一定的意义和价值，这一项研究也获得了中国科学院科学技术进步奖二等奖。

在定量研究方面，我们还进行了生态交错带的定量判断分析。地理边界过渡性是用于描述地理分类的重要特征，关于生态交错带的过渡是否显著仍是地理学、地植物学和土壤学领域争论的一个重要问题。后来，我和我的学生石培礼对交错带的定量断定技术进行了相关研究，并提出了新的解决方法。

# 第五节　林水之争：实事求是

森林生态系统具有水文生态功能，是森林和水相互作用后产生的综合功能的体现，对森林与水的相互作用研究始于 20 世纪初期。

截至目前，森林生态系统具有的涵养水源、净化水质、保持水土、减洪、滞洪及抵御旱涝灾害等水文效应已逐渐被人们所认识。然而森林与水分的关系极其复杂，不同自然地理环境或相同自然地理环境下不同结构类型的森林对大气降水的截留、林内雨的再分配、地表径流、地下径流以及蒸发散产生的影响不尽相同，由此产生各异的水分大循环、小循环和水量平衡的时空格局与过程。

20世纪后期，受苏联学派的影响，我国普遍认为森林具有涵养水源的作用。但随着20世纪末几大森林生态工程的上马，通过几年的实践，人们对在西北地区种树对水的影响有了一些模糊的不同的认识。当时，中国科学院地理研究所（现中国科学院地理科学与资源研究所）的黄秉维先生专门叫我到他家去，让我仔细阅读迪卡斯特里关于综合研究的重要文章。在他病重住院之前，出于对退耕还林效果的忧虑，他还专门嘱托我组织几位从事森林与水关系方面的专家研究森林对水的作用。当时中国科学院地理科学与资源研究所所长刘纪远特批了几十万元的所长基金进行相关研究。我们除了出版论文集之外，还在《自然资源学报》上出版了一个专刊，其中有几篇是我和学生们写的。这个专刊在当时很快被索取一空。我们得出的一个初步结论是，对森林生态系统水文功能的研究要根据具体条件进行分析，对不同情况下森林的水文功能要进行全面的综合比较，对在某一环境得出的结果不应作为普遍规律而在其他地区加以应用。

# 第六节　自然保护区：情之所钟

自然保护区在全球范围内的广泛建立，是当代自然资源保护和管理中的一件大事。自20世纪50年代开始，自然保护区在全世界广泛设立，不仅国家和政府建立了自然保护区，一些国家的私人团体和个人也开始建立自然保护区。从目前的发展趋势来看，全世界自然保护区的数量和面积仍在不断增加，"自然保护区"这个名词不仅为人们所熟知，而且几乎变成了一个国家文明与进步的象征。

严格来说，我与自然保护区的缘分始于20世纪70年代跟随侯学煜先生和李孝芳教授的美国考察之行。

通过这次考察，我们成了忘年之交。现在两位老师均已作古，每忆及此，我总是百感交集。这次访问不仅对我此后的生态学研究乃至科研生涯影响颇深，而且对我后来介入国际合作工作有着重要的影响，我总结有以下几点。

第一，作为中国生态学者改革开放以来首次赴美进行的科学考察，此次考察对帮助我国生态学者认识世界、汲取世界人民智慧的结晶具有重要意义。同时，通过国家间的科学交流，增进了友谊。

第二，通过实地考察46所高校及有关科研机构，并与一线科研工作者进行面对面交流，我们见识了美国在生态学研究的方向、内容、方法、设备等方面的先进性，以及研究工作的连续性和长期性。美国在生态学方面的研究基础扎实，对植被地理研究有着深厚的积累，其定位、微观、新技术等方面的研究和应用处于世界领先地位。

第三，我们实地考察了美国14座国家公园及自然保护区，目睹了美国对自然资源保护的重视程度和保护工作的规范性。考察所涉及的各个自然保护区和国家公园，园内解说人员的水平之高、参观群众的素养之高、展览室和纪念品的特色之鲜明令我印象深刻，值得我国的自然保护区学习和借鉴。

第四，对比我国与美国植被类型及其分布的差异和联系，我发现尽管在植物区系和种类上有所区别，但就植被带的类型、群系特点而言，两国有着众多相似之处。例如在美国的湿润地区，从北到南分布着冻原、寒温带针叶林、落叶林、热带森林，干旱地区则由多种荒漠构成；北卡罗来纳州分布有常绿针叶林、落叶阔叶林、草地、干旱花丛、荒漠、针阔混交林、太平洋岸森林、落基山森林、高山森林等。我国虽无典型的寒带和冻原，但由于山地的垂直带谱和喜马拉雅山脉的隆起形成了独特的亚热带常绿阔叶林，相比美国的植被类型更加丰富多样。令我感兴趣的是，尽管太平洋将中国和美国隔开，但考察过程中我却看到了许多共同的群系、群落、科属和物种。

第五，此次考察为我打开了一扇了解世界植物区系和种类的大门，结合后来的多次国际交流，加深了我对植物分类学的认识。回国后，我曾与赵宪英合作对我国温带山地的植物和美国北卡罗来纳地区的植物进行过粗略对比。后来到中美和南美地区，又补充认识了热带干旱森林的相关科属。同时，对北方针叶林带和干旱地区植物有了一定的认识，包括北方森林中较为常见但在中国尚未发现有分布的楝科桃花心木属的桃花心木（*Swietenia mahagoni*）和杉科巨杉属的巨杉（*Sequoiadendron giganteum*）等。

2007 年考察黄河三角洲湿地保护区
左起：李国胜、李文华、陈百明、于秀波

2015 年考察云南德宏自然保护区

2019 年在北京参加有关国家公园建设的咨询讨论会议
左二为李文华

# 第五章
# 持续发展

可持续发展的理念和朴素的实践在我国自古早有萌芽。20世纪50年代起自然资源综合考察委员会在全国开展的多项资源综合考察和区域开发研究中，也体现出可持续发展的理念。

20世纪70~90年代是国际上可持续发展概念的孕育和发展时期，这段时期也是我参与国际交往最活跃的时期，使我有机会涉足这一领域。通过在联合国教科文组织人与生物圈计划和国际自然与自然资源保护联盟（IUCN）领导机构的工作，我有机会与联合国开发规划署（UNDP）、联合国粮食及农业组织（FAO）、世界自然基金会（WWF）以及国际科学理事会（ICSU）保持较为密切的联系，这些都是当时对环境问题具有重要影响的组织。通过参与有关工作，我开阔了生态学研究的视野，认识到要解决当前面临的生态环境问题必须走可持续发展的道路。

另外，我国著名生态学家马世骏先生提出的社会－经济－自然复合生态系统（social-economic-natural complex ecosystem，SENCE）理论及其在农业生态工程方面的应用给了我很大的启发。特别是马世骏和李松华主编的《中国的农业生态工程》，对我从单纯的自然规律研究向可持续发展领域转型起了很大的影响作用。这种可持续发展的理念贯穿于我后来一系列的科学研究、国际合作和区域发展的咨询工作中。

1992年，我结束了在联合国粮食及农业组织的工作回到国内，恰逢联合国环境与发展大会在巴西里约热内卢召开，以可持续发展为目标的《21世纪议程》正在全球产生深刻影响。我回国后在中国自然资源学会年会上做的第一个报告就是结合我在国际合作和交往过程中的体会，介绍我对可持续发展的理解，以及我国在自然资源管理方面面临的挑战与机遇。

同一时期，我与中国科学院生态环境研究中心的王如松同志在可持续发展领域有着十分密切的合作。王如松同志继承并发展了马世骏先生的社会－经济－自然复合生态系统理论，是我国城市生态研究的奠基人之一。共同的理念和志趣让我们很自然地走到了一起，当时我们共同参与中国生态学学会的工作，我还兼任中国科学院生态环境研究中心系统生态研究室的学术委员会主任。我们一起参与《中国 21 世纪议程》的准备工作，承担了为该议程制定总体框架的任务，当时参与这一任务的还有欧阳志云和赵景柱等同志，他们现在都是生态建设和可持续发展领域的骨干。

# 第一节　推动生态文明：可持续理念

## 一、倡导生态"保育"概念

回顾我国天然林资源经营的历史可以发现，我国主要林区天然林资源面积不断减少，林分质量不断下降，生态系统服务功能降低，加剧了生态环境的恶化和自然灾害的频发，并已成为制约我国社会经济发展的重要因素。

新中国成立以来，我国森林资源的发展与变化经历了曲折的过程，曾出现三次比较大规模的森林采伐与破坏。第一次是 20 世纪 50 年代"大跃进"和"大炼钢铁"运动；第二次是 20 世纪 60 年代国家进行"三线"建设、"文化大革命"以及大面积集中毁林开垦；第三次是 20 世纪 80 年代南方集体林区进行的改革，虽然活跃了林区经济，改善了林农生活，但由于在林业改革中某些具体政策失调和存在漏洞，林政资源管理不严，致使超量采伐普遍存在，乱砍滥伐屡禁不止，一些国有林场和自然保护区的林木也遭到盗伐哄抢。在一个相当长的时期内，我国森林蓄积年消耗量大于年生长量，出现了"森林赤字"现象。

　　总体而言，我国天然林资源面临总量不足、分布不均、结构不合理、生态功能下降、生物多样性受到威胁等问题。因此，如何有效实现森林的可持续性经营成为生态学工作者关注的重点。

　　20世纪60年代，我国提出了"以营林为基础"的林业发展方针，制定了多项森林资源培育及木材生产的规程，对不同类型的森林培育积累了一些有益的经验。1998年我国在重点国有林区开始了天然林资源保护工程的试点工作，并于2000年10月全面启动了全国的天然林资源保护工程。天然林资源保护工程作为一项长期的利国利民的宏大工程，在改善局部地区生态环境、保护生物多样性、调整林区经济结构、安置富余人员等方面具有积极意义。但天然林资源保护工程的实施，对工程区的经济和社会发展产生了一定的影响：一方面，对当地以木材生产为主要收入来源的林农和以木材为支撑的森工企业及地方财政产生影响；另一方面，工程实施所带来的林区富余劳动力就业问题愈加突出。同时，我国正处于经济社会快速发展的阶段，木材类产品需求巨大，木材的供需长期处于供不应求的状况。因此，对天然林的经营管理应当从传统的"保护（preservation）"逐渐转向具有可持续性的"保育（conservation）"。

　　传统的天然林保护主要是对天然林生态系统进行人为约束性管理，避免其进一步破坏和继续退化，如封山、禁伐、禁猎和建立自然保护区等。与传统的天然林保护不同，天然林保育的总体目标是：通过严格保护，休养生息，积极培育，保育结合，加快天然林从以木材利用为主向以生态利用为主转移的步伐，实现天然林资源有效保护与合理利用的良性循环。天然林保育工作的重点是实现天然林的分类经营和分区管理。具体而言，对生态公益林要严管，坚决杜绝商业性采伐和人为破坏，使森林资源得以休养生息和恢复发展；

对宜林地和林中空地，要按照公益林的建设标准，采取有效措施，宜封则封，宜造则造，尽快恢复森林植被；对生态功能低下的疏林地，要进行合理补植和严格封育，改善林分结构，逐步增强生态功能。

## 二、推动生态文明理念

文明是人类文化发展的成果，是人类改造世界的物质成果和精神成果的总和，是人类社会进步的标志。从生产方式角度来看，人类社会经历了原始文明、农业文明和工业文明。由于在生产力水平很低或比较低的情况下，人类对物质生活的追求总是占第一位的，因而这些阶段的着眼点主要是物质生产能力的提高与人类物质生活的改善。然而，随着生产力的巨大发展、人类物质生活水平的提高，特别是工业文明造成了环境污染、资源破坏、生态退化等全球性问题的产生和发展，人类越来越深刻地认识到，发展生产力是必要的，但不能破坏生态；人类不能一味地向自然索取，而是必须保护生态平衡。

近代工业文明时期，随着技术的进步和生产力的提高，人类对自然界的利用和改造达到了前所未有的高度，创造了灿烂的物质文化。但与此同时，人类对自然界的干扰也超出了自然生态环境的承受能力，引起了严重的生态和环境问题。历史学家指出，衰落的人类文明，尤其是那些已经消亡的人类文明，都直接或间接地与人与自然关系的不协调有关，由于人口膨胀、盲目开垦、过度砍伐森林等造成的对资源的破坏性使用是其中的主要原因。严酷的现实告诉我们，人与自然都是生态系统中不可或缺的重要组成部分。人与自然不存在统治与被统治、征服与被征服的关系，而是相互依存、和谐共处、共同促进的关系。人类的发展应该是人与社会、人与环境、当代人与后代人的协调发展。

20世纪七八十年代，随着各种全球性问题的加剧以及能源危机的冲击，世界范围内开始了关于"增长的极限"的讨论，各种环保运动逐渐兴起。1972年6月，联合国在斯德哥尔摩召开了第一次人类与环境会议，讨论并通过了著名的《联合国人类环境会议宣言》，从而掀开了全人类共同保护环境的序幕，也意味着环保运动由群众性活动上升到政府行为。伴随着人们对公平（代际公平与代内公平）作为社会发展目标认识的加深以及对一系列全球性环境问题达成共识，可持续发展的思想随之形成。1983年11月，联合国成立了世界环境与发展委员会，1987年在其报告《我们共同的未来》中正式提出了可持续发展模式。1992年联合国环境与发展大会通过的《21世纪议程》，更是高度凝聚了当代人对可持续发展理论的认识。

生态文明是党中央顺应中国经济社会发展的需要适时提出的发展战略。20世纪初，中国经济增长迅速，但经济的发展是以环境和资源消耗为代价的。严重的环境问题已经影响到经济发展的质量，影响到广大人民群众的生活和身体健康。针对经济发展中片面追求国内生产总值（GDP）的快速增长、过分依赖能源资源的消耗以及环境污染日益加重等问题，党中央及时提出生态文明战略，这是中国政府总结多年来经济社会发展经验和教训得出的正确结论，是对可持续发展问题认识深化的必然结果，是立足现实、着眼长远做出的必然选择。

2005～2015年，在国家多个部委和各级政府的邀请下，我做过许多场与生态文明有关的报告。

当时我提出生态文明是物质文明与精神文明在自然和社会生态关系上的具体表现，是生态建设的原动力。具体表现在管理体制、政策法规、价值观念、道德规范、生产方式及消费行为等方面的体制合理性、决策科学性、资源节约性、环境友好性、生活俭朴性、行为自觉性、公众参与性和系统和谐性。其核心是如何影响人的价值取向和行为模式，启迪一种融合东方天人合一思想的生态境界，引导一种健康、文明的生产和消费方式。

生态文明不是返朴文明，它在扬弃当今工业文明弊病的同时，也强调发展的力度和速度、资源利用的效率和效益，强调竞争、共生与自生机制，特别是自组织、自调节的活力，强调人类文明的连续性。生态文明不同于传统文明之处在于其综合性、持续性、适应性、俭朴性和历史的延续性。

生态文明是人与环境和谐共处、持续生存、稳定发展的文明，是对人与自然关系历史的总结和升华。生态文明的内涵具体包括以下几个方面。

一是人与自然和谐的文化价值观。树立符合自然生态法则的文化价值需求，体悟自然是人类生命的依托，自然的消亡必然导致人类生命系统的消亡，尊重生命、爱护生命并不是人类对其他生命存在物的施舍，而是人类自身进步的需要，把对自然的爱护提升为一种不同于人类中心主义的宇宙情怀和内在精神信念。

二是生态系统可持续前提下的生产观。遵循生态系统是有限的、有弹性的和不可完全预测的原则，人类的生产劳动要节约和综合利用自然资源，形成生态化的产业体系，使生态产业成为经济增长的主要源泉。物质产品的生产在原料开采、制造、使用至废弃的整个生命周期中，对资源和能源的消耗最少、对环境的影响最小、再生循环利用率最高。

三是既满足自身需要又不损害自然的消费观。人们的追求不再是对物质财富的过度享受，而是一种既满足自身需要又不损害自然，既满足当代人的需要又不损害后代人的需要的生活。这种公平和共享的道德，成为人与自然、人与人之间和谐发展的规范。

当时我也提出生态文明建设不是一蹴而就的，而是一个非常复杂和艰巨的长期性工作。从原始文明、农业文明、工业文明到生态文明，这是一个巨大的改变，不仅包括物质的改变，还包括精神和思想的改变。此外，我们处在一个全球化的时代，国际环境和形势会对我们产生极大的影响。发达国家不愿放弃既得利益，转嫁污染，掠夺资源，不实现承诺义务。一些发展中国家为了生存和发展的需要，以及短期的利益驱动，对生态保护和建设缺乏热情。最后，生态环境问题存在弹性、外部性和滞后性。这些错综复杂的形势都使得中国在进行生态文明建设的过程中面临极大的困难和挑战，我们一定要认识到工作的艰巨性、复杂性和长期性。

1994年，主持持续发展的生态技术国际学术研讨会
面朝前排右二为李文华

# 第二节　开拓研究领域：
# 可持续理论

## 一、发起了我国生态系统服务研究

生态学在参与社会变革的过程中也促进了学科自身的发展，为更好地解决当前社会－经济－复合－生态系统中的问题，生态学与

经济学的交叉研究成为必然。20世纪90年代后期，美国生态经济学家戴利（Daily）和罗伯特·科斯坦萨对生态系统服务功能价值评估的定量研究在科学界与决策层中引起了很大的反响。

2001年，国家自然科学基金委员会和科技部等部门注意到了生态系统服务功能研究的重要性，并将其列为今后研究的重点之一。为了进行前期工作，在科技部有关项目、中国科学院知识创新工程项目以及国家自然科学基金的支持下，我组织国内相关同志开展了生态系统服务功能的预研究，系统总结国内外在一些典型生态系统方面所开展的工作及研究成果。参与这项工作的有中国科学院生态环境研究中心、中国科学院地理科学与资源研究所、中国科学院沈阳应用生态研究所、中国科学院·水利部成都山地灾害与环境研究所、中国科学院东北地理与农业生态研究所、生态环境部南京环境科学研究所以及东北林业大学等单位的专家，大家探讨了国际上有关生态系统服务功能评价的方法、发展现状及趋势，全面总结了我国典型森林、草地、湿地、水域、防护林带等生态系统服务功能的评价方法与最新研究成果，出版了《生态系统服务功能研究》，这也成为该领域国内较早的一份科研文献。

为更好地促进中国生态系统服务功能领域的科学研究与国际交流，我和中国科学院地理科学与资源研究所的谢高地一起，与美国佛蒙特大学冈德（Gund）生态经济研究所所长罗伯特·科斯坦萨教授合作，筹建了中美生态系统服务研究中心。2006年罗伯特·科斯坦萨教授访问中国科学院地理科学与资源研究所期间，我们通过讨论协商，明确了双方合作的研究方向，提出了由美国佛蒙特大学和中国科学院地理科学与资源研究所共同成立中美生态系统服务研究中心的设想，为中国和美国生态系统服务研究学者提供一个学术交流平台。2007年第三届世界生态高峰会期间，我们商定了中美生态系统服务研究中心的任务与目标：就生态系统服务研究的关键问题申请相关合作研究项目，促进研究成果通过联合出版物、国际研讨会等进行发布，通过学术交流、培训和访问增强研究能力。2008 年 10 月 13～18 日在中国召开了中美生态系统服务国际会议，同时为中美生态系统服务研究中心揭幕。中美生态系统服务研究中心组织以我和科斯坦萨教授为中心的中美两方负责人，谢高地研究员和乔希·法尔利（Josh Farley）教授作为中心的首席科学家，邀请国内和国际知名生态学家参与，同时还包括若干中美双方的研究人员、学生等在内，参与中心的科学研究和学术交流活动。该中心是在中美双方科研人员充分互信和坚实合作的基础上提出建立的，并已有了初步的合作成果。相信该中心将促进中美学者在生态系统服务研究领域的学术交流，推动国际生态系统服务研究的发展，发挥中国科学院地理科学与资源研究所在生态系统服务研究领域的作用。同时，该中心的建立将为我国研究人员和学生提供一个与国内及国际生态系统服务研究领域专家学者交流的平台、一个开阔眼界和拓展合作研究范围的机会。

2008 年建立中美生态系统服务研究中心
左起：李文华、科斯坦萨教授

2011年中美生态系统服务研究中心工作人员合影

此外，我们还十分注重将生态系统服务功能研究应用于管理。受北京市园林绿化局的委托，我和谢高地等接受了北京市森林生态资产与生态系统服务功能测算的研究任务，肖玉以及我的学生张彪、刘某承等参与了该项工作。北京市有关领导高度评价，把我们的计算结果作为森林生态效益补偿等的重要依据。

在当时的发展阶段，我国的生态系统服务研究和实践还存在一些突出问题。

第一，生态功能测算缺乏可靠的研究基础。生态系统的服务功能与生态系统的结构与过程有关，依赖于具体的生态系统，而且受不同区域的地理、生态、气候等条件的影响。目前我国的生态系统服务研究大多建立在相对不完全的具体生态系统研究基础上，没有对生态系统的结构、生态过程与服务功能的关系进行深入分析，而且多数地区缺乏必要的生态监测数据以支持生态系统服务功能及其变化的评价，这使得我国当前的生态系统服务功能及其价值评价缺乏可靠的生态学基础。

第二，评估指标选取具有任意性。不同类型的生态系统服务之间存在相互依赖性，将其硬性分成互不联系的指标十分困难，而且生态系统服务功能与价值之间并非全部一一对应，因此在生态系统服务研究实践中对评估指标的选择往往具有较大的主观性。

第三，服务功能的赋值标准的机械套用。由于基础研究的缺乏，计算中往往使用统一的标准机械地应用于自然条件和社会条件相差很大的区域，或将国外的评价指标和单位价值量直接应用于国内生态系统服务的价值评估中。在生态系统服务研究的初期阶段，这种做法可以理解。但是随着生态系统服务研究的不断深入，考虑到国内外社会经济状况的巨大差距，以及对生态系统服务功能的认识差异，国外评价标准在中国的适用性普遍引起质疑。

第四，价值评估方法的不一致性与重复计算。尽管国内已开展大量的生态系统服务价值评估研究，但是由于不同研究者对生态系统服务功能的理解不同，对于同一种生态服务功能采用不同的评价方法，会导致评价结果差异很大；有些服务功能（如土壤形成、初级生产、营养循环、水循环等），不能直接被人类利用，但是将对其他服务功能产生间接影响，如果评价中考虑了这些间接影响，是否会导致重复计算的问题也值得考虑。

第五，非市场部分价值的不确定性。绝大多数生态系统服务具有公共物品的特性，难以通过市场价格反映其真实价值，从而导致以市场价格为基础的价值评估结果不能真实地反映人们的支付意愿。多数生态系统服务功能（如污染净化、水土保持、洪水控制、传粉等），不能进行市场交易，加上市场不完备和信息不对称，如何确定非市场部分的生态服务价值亟须深入研究。

第六，价值评估结果与现实经济政策和支付间的矛盾。由于大多数生态系统服务是公共品或准公共品，只有一小部分能够进入市场，因而生态系统服务价值评估的结果难以市场化，往往陷入无人买单的尴尬境地；价值评估结果一般是其现实交易价值的几倍甚至几十倍以上，最后仅能作为用以提高公众生态意识的天文数字，而在影响政府决策、企业和公众行为等现实中的作用比较有限。

因此，我也在当时提出了如下一些针对我国生态系统服务研究与实践的观点和建议。

一是，加强生态系统功能的基础研究。生态系统服务研究理论和评估方法的发展与完善，有赖于人类对生态系统的结构与过程及其功能机制的深入了解，有赖于对生态系统与经济系统之间复杂和隐含关系的有效整合。因此，需要重点加强我国的生态学理论基础研究，全面开展生态系统服务功能定位观测和试验，对各种生态服务功能的形成、变化以及人类影响的机制进行研究，从而为我国生态系统服务研究提供翔实可靠的生态学基础资料作为支撑。

二是，指标体系与评估方法的标准化。生态系统服务功能是多样的，并随着社会的发展与科学的进步而变化，我们不可能对每种功能都一一计量，而且对各项指标的核算方法也存在不同认识。如果在生态系统服务分类与经济价值评估方法的标准化方面不能有所突破，就不可能有一个公认的评估结果。国外学者对不同生态服务功能类型价值评估所适用的评价方法进行了分析探讨，为我国生态系统服务评价指标体系与方法的标准化工作提供了参照。因此，在我国下一阶段生态系统服务研究过程中，建立一个统一的、成熟的生态系统服务价值指标体系，并制定一套完善的、规范的生态系统服务价值评估方法需要重点关注。

三是，价值动态评估模型研究。生态系统服务功能价值评估不仅需要考虑生态系统的现状和构成，还需要评价其时空变化与对外来压力的敏感性，以及运用动态模拟模型预测价值的变化，从而准确计量人类行为对生态系统服务功能影响的成本、效益和损失。然而，目前的评价研究都是基于静态模型得出的结论，对评估结果缺乏深入分析。国外研究已经意识到这一点，并开始注重研究开发生态系统服务的综合动态评估模型，比如多尺度生态系统服务综合模型（Multi-scale Integrated Models of Ecosystem Services, MIMES）。因此，我国今后的研究需要通过生态系统的长期定位观测和模拟实验，深入了解生态系统服务功能的内部机制和演变规律以及影响其变化的因素，构建把生态与经济联系在一起的区域动态模型，通过情景分析和动态模型的模拟，对生态系统服务功能及其价值变化做出预测与回顾评价，并将生态系统服务价值存量的计算转向其数量和质量的边际变化对人类福利损失的影响。

四是，生态系统服务价值评估的应用研究。国内外的研究实践证明，生态系统服务功能价值评估可以应用于政策、计划和规划的各个层次，同时能对传统的观点、工作方法及人类行为产生深远的影响。但是由于受到传统价值观和评估结果准确程度的影响，这一工作在具体实施过程中存在一定困难。如何促进生态系统服务价值评估在环境影响评价制度中的应用，逐步将评价结果科学合理地纳入生产、生活及政府决策中的各个方面，并使之制度化和规范化；如何把生态系统服务功能价值评估结果融入核算体系，建立包含生态系统服务与自然资本价值核算在内的综合核算体系，将是生态系统服务应用研究的重要内容。

五是，生态系统服务市场化机制研究。生态系统服务的外部性和公共物品属性，决定了生态系统服务功能存在市场失灵，未能准确地反映生态系统服务价值的市场价格。因而在生态系统服务与自然资本市场发育程度不高的情况下，现有的各种生态系统服务的价值评估方法都存在一定的局限性。随着全球经济一体化、市场化时代的到来，生态系统服务的市场化也是大势所趋。因此，随着环境管理经济手段的日益广泛应用，剖析生态系统服务市场化的潜力与可行性，探索适合我国国情的生态系统服务市场化机制具有重要的现实意义。

## 二、发起了我国的生态补偿研究

在资源环境问题演变为中国全面建设小康社会的硬约束和中国全面落实科学发展观的新形势下，研究和建立生态补偿机制具有特殊意义。它不仅是促进中国生态环境保护的有效手段，而且是解决社会公平等重大社会问题的重要途径，已经引起国家的高度重视。

2005年，我作为中方主席，与日本名古屋大学的木村秀文（Hidefumi Kimura）教授共同承担了中国环境与发展国际合作委员会（CCICED）的国际合作项目"中国生态补偿机制与政策研究"。我和中国人民大学的张象枢教授、国家环境保护总局的任勇、环境规划院的王金南研究员、中国矿业大学的胡振琪教授以及我的学生闵庆文研究员6位国内专家，世界自然保护联盟的麦克尼利·杰弗里（McNeely Jeffery）博士、德国科隆大学的赫尔曼·沃尔冈夫·格罗斯（Hermann Wolfgang Grosse）教授、联合国环境规划署的盛馥来先生、日本京都大学的森晃久（Akihisa Mori）教授、美国密歇根州立大学的刘建国教授以及德国的弗里德里希·威廉·维辛（Friedrich Wilhelm Wissing）先生6位外方专家组成课题专家组。课题组下设生态补偿的国家战略框架设计、理论方法，以及流域、矿产资源开发、森林和自然保护区生态补偿6个研究专题。

2006年参加中国环境与发展国际合作委员会会议汇报生态补偿研究成果

其间，我们于2005年8月、2006年8月先后组织召开了两次较大规模的生态补偿国际研讨会，国家环境保护总局副局长、中国环境与发展国际合作委员会秘书长祝光耀先生，第九届全国人大环境与资源保护委员会副主任委员叶如棠，中国环境与发展国际合作委员会委员石坂匡身（Masami Ishizaka）先生，中国工程院副院长沈国舫院士，中国环境与发展国际合作委员会副秘书长徐庆华先生，森林趋势（Forest Trend）总裁迈克尔·詹金斯（Michael Jenkins）先生等参加了会议。我的学生闵庆文、李世东、杨光梅、李芬、刘某承、张丹等都参与了这项工作。2007年出版了专著《中国生态补偿机制与政策研究》，成为该领域研究的重要参考和依据。

我高兴地看到，国家有关部门已经高度重视生态补偿问题。2010年国家发展和改革委员会开始组织多部门讨论起草《生态保护补偿条例》，我也有幸应邀担任专家组副组长。在实践中，我深感由于我国部门的多样性和具体补偿问题的特殊性，这一工作尚待在实践中不断完善和更深入地研究。

当时在生态补偿的实践过程中，生态保护方面存在结构性政策缺位，特别是缺乏生态补偿方面的具体政策与实施指南，已经影响到生态保护长效机制的建立。造成生态效益及相关的经济效益在保护者与受益者、破坏者与受害者之间的不公平分配，导致受益者无偿占有生态效益，保护者得不到应有的经济激励；破坏者未能承担破坏生态的责任和恢复的成本，受害者得不到应有的经济赔偿。这种生态保护与经济利益关系的扭曲，不仅使生态保护与建设向更高层次的推进面临很大困难，而且影响了地区之间以及利益相关者之间的和谐。因此，我当时针对我国生态补偿机制建设提出了几点建议。

（1）统一生态补偿内涵，逐步完善我国生态补偿总体框架。学界在生态补偿内涵理解上的不尽一致，造成了具体实施的困难。建议明确并统一生态补偿的内涵，进一步整合一些已经开展的具有生态补偿意义的生态工程项目，并逐步将其纳入生态补偿的框架范围。在统一指导思想和方针的指导下，鼓励各级政府、有关各部门结合实际情况广泛进行生态补偿的试点。只有通过广泛的实践，才能真正建立起适合我国复杂情况的生态补偿框架和系统。

（2）分区指导，分类实施。主体功能区的划分为建立区域生态补偿机制提供了基础。在重点开发区和优先开发区内，在财政与环保部门的监管下，企业设立环境污染治理与生态恢复的保证金，企业所有，专户管理，专项使用。对限制开发区域、禁止开发区域，则应通过政策倾斜和增加财政转移支付等手段，进一步增加用于公共服务和生态环境补偿的支持，逐步使当地居民在教育、医疗、社会保障、公共管理、生态保护与建设等方面享有均等化的基本公共服务，实施生态优先的政绩考核体系。以生态功能保护区为平台，统筹整合各项生态建设项目，以保护生态功能区主导生态功能为目标，各部门相互协调、互相配合，共同促进生态功能区建设。

（3）完善生态补偿的财政政策体系，积极探索多渠道的融资机制。一是加大中央政府财政转移支付力度。财政转移支付是生态补偿最直接的手段，也是最容易实施的手段。建议在财政转移支付中增加生态环境影响因子权重，加大对生态脆弱和生态保护重点地区的支持力度，按照平等的公共服务原则，增加对中西部地区的财政转移支付，对重要的生态区域（如自然保护区）或生态要素（如国家生态公益林）实施国家购买等，建立长效投入机制。二是加强地方政府对生态补偿的支持与合作。地方政府除了负责辖区内生态补偿机制的建立之外，在一些主要依靠财政支持的生态补偿中，应根据自身财力情况给予支持和合作，以发挥中央和地方财政的双重作用。三是积极探索多渠道的融资机制。生态补偿不能单靠政府补贴，要建立补偿制度，健全补偿途径。应加大拉动人们对生态服务的需求，抓住公众的支付意愿；加大对私人企业的激励，采取积极鼓励政策；加强同财政金融部门的联系，寻求相关专家的帮助和技术支持；建立生态补偿基金，积极寻求国外非政府组织的捐赠支持等，促进补偿主体多元化与补偿方式多样化。

（4）处理好生态补偿政策实施中的几个重要关系。一是中央与地方的关系。中央政府主要是为建立生态补偿机制提供政策导向、法规基础和一定的财力支持，同时负责建立全国性和区域性的生态补偿机制。地方政府是生态补偿机制的实施主体，一方面，生态受益地区应该对生态环境服务功能提供者支付相应的费用；另一方面，具有重点生态功能的区域由于其保护生态系统和环境质量而丧失了一定的发展机会，应获得补偿以激励其开展生态环境保护的行为。二是政府与市场的关系。就目前我国生态保护和市场发育的实际情况而言，政府在建立生态补偿中的作用是主要的，政府不仅要制定生态补偿的政策与法规，引导市场的形成和发育，而且需要支付大尺度的生态补偿。今后应在一些主客体十分明确的情况下，充分发挥市场的调节作用。三是"造血"补偿与"输血"补偿的关系。应当努力创造"造血"补偿的条件，将补偿转化为地方生态保护或提升地方发展能力的项目。四是新账与旧账的关系。制定生态补偿政策的优先序应该是先解决新账问题，只有控制住了新账的增长，才能解决旧账的问题。新账的责任主要在地方和企业，旧账则需要国家给予更多的支持。

（5）营造生态补偿的法治环境，完善管理机制。可考虑出台《国务院关于生态补偿若干政策措施的指导意见》，将生态补偿的范围、对象、方式、标准、实施、监督等以法律形式确立下来。目前来看，应加强部门内部和行政地域内的生态补偿工作，整合有关生态补偿的内容；对于跨部门和跨行政地区的生态补偿工作，上级部门应给予协调和指导。长远来看，建议国务院设立生态补偿领导小组，负责国家生态补偿的协调管理，行使生态补偿工作的协调、监督、仲裁、奖惩等相关职责。同时建立一个由专家组成的技术咨询委员会，负责相关政策和技术咨询。

（6）加强生态补偿的科学研究和试点工作。生态补偿是一个新的研究领域，生态补偿机制的建立是一项复杂且长期的系统工程，涉及生态保护和建设、资金筹措和使用等各个方面。建议将生态补偿问题列入国家重点科研计划，进一步加强生态补偿关键问题的科学研究，如生态系统服务功能的价值核算，生态补偿的对象、标准、途径与方法，以及资源开发和重大工程活动的生态影响评价等。

在开展理论研究的同时，应尽快开展生态补偿的试点工作。在实践中发现问题，通过研究解决问题并不断总结经验，反过来再促进实践工作。各部门在之前工作的基础上，根据其工作的重点，选择具有一定基础的地区和类型进行试点示范，积极推进生态补偿机制的建立和相关政策措施的完善。

2011年在江西参加生态补偿立法与湿地生态补偿国际研讨会

2000年参加在北京举行的有关生态系统服务的国际会议

# 第三节　促进生态农业发展：可持续实践

## 一、促进生态农业的研究与实践

中国自古就有保护自然的优良传统，并在长期的实践中积累了朴素且丰富的经验，传统生态农业就是其中的精华，对现代生态农业和农业可持续发展依然具有重要的指导作用。系统总结中国传统生态农业的精华，并与现代技术相结合，推进现代生态农业的发展，是一项十分重要的工作。20世纪80年代中期至今，我一直参与相关工作，我的学生刘金勋、娄安如、杨修、闵庆文、卢兵友等均以这一领域的相关内容为题完成了学位论文或研究报告。

江西千烟洲农业生态工程就是我参与组织开展的一个成功案例。1988～1990年，我和程彤等以江西千烟洲为基地，创办了千烟洲农业生态试验站，我兼任第一任站长。我们改变了当地过去的单一种植方式，发展了以生态经济原理为指导的"丘上林草丘间塘，河谷滩地果鱼粮"的多组分农业生态工程，取得了显著的生态效益、经济效益和社会效益，为退化红壤丘陵的恢复开拓了有效的途径。在此期间，我提出用科研发展、示范和推广相结合的"3D"（development，demonstration and diffusion）模式促进科学技术的转化，现在"千烟洲模式"已成为江西省山江湖综合发展的样板和国家山地生态农业发展的典范，在国内外产生了良好的社会影响，有30多个国家和国际组织的专家先后到千烟洲访问考察，并成为《中国21世纪议程》第一个国际资助项目的组成部分，受到了联合国开发计划署、欧洲经济共同体（EEC）等国际组织的支持和表彰。李家永、成升魁、于秀波、王绍强、王辉民等，以及我的学生李飞等先后在此工作，为千烟洲站的发展做出了重要贡献。

1985年考察江西千烟洲
左四为李文华

关于生态农业，值得提及的还有以下几方面的工作。

一是农业部联合有关部委开展的生态农业县试点工作，1994年启动了第一批，2000年启动了第二批，先后有100多个县参与其中，全国4000多个县、乡镇、村参加，我参与了该项工作并担任专家组成员。在2006年我与王如松、颜京松等联合组织的国际生态工程大会上，中国生态农业与农业生态工程建设成果广受关注。

二是为对我国农业生态工程从理论、实践到技术进步进行系统的总结，我先后组织了一系列论著的编写出版工作。

早在1990年担任联合国教科文组织人与生物圈计划国际协调委员会主席并负责中国人与生物圈计划的常务工作时，我已把生态农业列为我国人与生物圈计划的重点之一，并决定组织人力编写一本系统介绍我国农林复合经营的系统著作。当时曾组织赖世登、王英芳、顾连宏、廖俊国等做了大量的调研和资料收集工作，并着手开始《中国农林复合经营》的编写。由于我 1990～1993 年受聘于苏黎世联邦理工学院、联合国粮食及农业组织，故书稿的编写工作进展得不够迅速。我在国外工作期间，特别是当我接触到东南亚一些发展中国家的农林综合发展工作时，更感到中国的经验不仅对我国有实际意义，而且对世界其他国家的农业综合发展也具有重要的借鉴作用。因此，回国后我进一步扩大编写人员的组成范围，按照新的提纲，重新开始书稿编著工作。经过一年多的共同努力，1994 年，由我和赖世登编写的我国第一部农林复合系统的专著《中国农林复合经营》终于出版。该书以可持续发展的观点为指导思想，以生态经济学的原理为依据，对农林复合系统的发生历史、理论基础、分类系统、分区特点，以及调查设计和评价方法进行了系统的总结，同时以我国分布最广泛且具有代表性的 15 种典型的农林复合经营类型作为案例，进行了重点介绍。在《中国农林复合经营》一书的编写过程中，我们得到了联合国教科文组织人与生物圈计划国际协调理事会副主席、中国人与生物圈国家委员会秘书长赵献英女士及其领导下的秘书处的大力支持。在该书写作过程中，我们得到吴征镒院士的鼓励与支持并为该书作序。该书的出版得到联合国教科文组织的资助。

此外，1993 年我在瑞士出版了 *Integrated Farming System in China*，2001 年我主编的 *Agro-Ecological Farming System in China* 被列入联合国教科文组织生态学系列丛书出版。其中后者的编著得到了中国科学院地理科学与资源研究所的韩群力、上海植物生理研究所[①]的王天铎先生和我的学生闵庆文、石培礼的帮助。书中以可持续发展理念为指导，对我国的传统经验和该领域近期的研究成果进行了全面阐述，并对 15 种典型生态农业工程类型进行了重点剖析。

① 1999 年与中国科学院上海昆虫研究所整合为中国科学院上海生命科学研究院植物生理生态研究所（中国科学院分子植物科学卓越创新中心）。

联合国教科文组织生态学部主任皮埃尔·拉塞尔（Pierre Lassere）博士在来信中指出："我们愿意与您和您的同事们共同合作……将中国在这方面进行的具有先锋作用的重要工作，传播并试用于不同的生态地理地带的持续农业中。"

为了生态农业这一具有数千年传统、曾经在农村社会经济发展与农村生态环境建设中发挥了巨大作用、符合我国现实国情的农业发展模式得到更好的发展，我们联合了国内曾经或仍在从事生态农业理论研究、生产实践与组织管理的一批专家，系统整理并不断完善我国生态农业的理论与方法，认真总结过去 20 年来生态农业发展的成功经验和存在的问题，分析生态农业发展所面临的新问题，找出新时期生态农业发展的突破口。2003 年，由我组织编写的专著《生态农业——中国可持续农业的理论与实践》出版，以期为中国农村经济发展与全面建设小康社会做出贡献，同时为国际可持续农业发展提供借鉴。值得说明的是，这部 180 万字的专著是在没有较大项目支持的情况下启动并完成的，9 位副主编各司其职，对各篇内容分别严格把关，特别是张壬午同志和我的学生闵庆文同志，更是直接参与拟定提纲，几度通读全稿，并对有关内容进行直接修改与调整，我的学生许中旗也承担了大量的日常工作。来自不同部门的 94 位作者，均以促进我国生态农业的发展为己任，没有人提出任何条件，大家克服各种困难，很好地完成了写作任务。一批我国现代生态农业研究的开拓者与生态农业建设的实践者，像王兆骞、郭书田、张象枢、闻大中、云正明、沈亨理等先生，尽管年事已高，但都怀着"抢救"与振兴中国生态农业的满腔热情，克服年老多病、事务繁忙等诸多困难，对这本书的成稿做出了积极的贡献。一批中青年生态农业工作者，如骆世明、程序、王树清、卞有生、吴文良等，积极参与并做出了重要贡献。正如该书一位作者所说的那样："我们所进行的不仅是一本书的编写，而是在抢救中国生态农业的历史文化遗产。"这本书获得了第十四届中国图书奖。

2001 年考察南方生态农业发展工作

左一至左四依次为：李文华、孙鸿烈、赵其国、刘昌明

2010 年与骆世明（左）考察甘肃省甘南藏族自治州农业生态

随着新时期经济社会的发展面临资源环境瓶颈约束，为实现农业可持续发展的目标，我认为中国生态农业应继续创新，适应社会

经济发展的新形势，并在当时提出了如下一些建议。

（1）坚持以生态文明建设为指导。在生态文明建设纳入经济建设、政治建设、文化建设、社会建设和生态文明建设"五位一体"的中国特色社会主义事业总体布局的背景下，生态农业不仅要坚持尊重自然、顺应自然、保护自然的生态文明建设理念，而且要充分考虑农业系统中环境因素、经济因素、政策因素、文化因素和社会因素的协调与发展，最终实现我国农业的可持续发展目标。

（2）完善基本概念，建立评价体系。应统一认识，明晰生态农业系统边界与目标，完善中国生态农业的定义与内涵，明确生态农业与非农部门的关系；建立适应多维、多目标、多层次生态系统的综合分类系统；探索生态农业建设的评价体系、检验标准与技术规范；制定生态农业与生产产品的标准、技术规范，为生态农业的发展与推广打下基础。

（3）融合传统精髓与现代高新技术。首先，要重视对传统农业模式的挖掘，如以活态性为重要特点的农业文化遗产的研究，能够为生态农业发展提供新的思路。其次，要重视总结和推广业已取得成效的多种多样的生态农业技术，如沼气和废弃物资源综合利用技术、病虫害生物防治技术、立体种养技术等。最后，要重视高新技术在生态农业发展中的应用，如利用地理信息系统，逐步实现生态农业的合理布局；利用互联网技术与农业生产、加工、销售等产业链环节结合，实现农业发展科技化、智能化、信息化等。

（4）实现产业融合。现代生态农业应从传统的种植业逐渐扩展到农林牧副渔的"大农业"系统，积极发展林下经济、农林复合经营等。应逐步改变自给性生产理念，延长农业产业链和价值链，以农产品加工为纽带，实行产加销一体化的第一、第二、第三产业网络型链条。此外，依托生态农业的资源优势，大力发展休闲农业、创意农业等农业新业态，构建农业与第二、第三产业交叉融合的现代产业体系。

（5）拓展农业的多种功能。农业的功能不在于单纯地向人类提供食物，而且在传承人类文化和维持生态环境方面都发挥着重要作用。生态农业的发展应当重视农业的多种功能。在绿色 GDP、自然资产评估等新型经济核算体系的基础上，逐步认识农业的非生产功能在国民经济发展中的重要性；通过发展健康养殖业、休闲观光农业和农产品精深加工业，实现农业多种功能的经济价值。

（6）重视组织管理和政策激励。随着市场的发展，鼓励发展农民专业合作社和农产品行业协会，提高农业产业化、农户组织化水平，有效组织分散的农户适应市场多样化的要求。建立科学、健全、公平的生态效益补偿机制；建立生态农业产品的认证机制和监督机制，加大政策扶持，实现生态农业产品的无害化和市场化发展，形成各种部门和利益主体积极参与的多元经营机制。

（7）深入开展科学研究。生态学中的一些基本概念与原理，如整体性观点、系统性方法、能量流动和物质循环原理、生态位理论、多样性理论、稳定性理论和可持续性理论等，在以前的生态农业发展中起到了重要作用，但还需要进一步发展。进一步开展不同生态农业类型的结构与功能的研究，利用定量分析和模拟手段，通过长期生态定位观测进行验证，提出适应不同地区特点的优化设计方案。

（8）加强能力建设。一是加强决策层的能力建设，以制定促进生态农业发展的适宜政策；二是加强业务人员的能力建设，使得生态农业的管理人员逐步成为掌握生态农业基本理论、方法并具有管理技能和所涉及各门学科知识的通才；三是加强技术人员的能力建设，使广大技术人员迅速获得生态农业发展中的最新技术和知识；四是加强农民的能力建设，通过示范、培训和经验交流，促进生态农业知识和技术的传播。

（9）推进国际合作。从信息与人员交流到合作进行培训与研讨，合作进行研究与开发，都应当进一步得到发展。许多国家政府和国际组织（如联合国粮食及农业组织、联合国开发计划署、联合国环境规划署、联合国教科文组织、联合国大学等）都已经并将会继续在这方面发挥积极的作用。

## 二、引领重要农业文化遗产的挖掘和保护

世界各地劳动人民在长期的历史发展过程中，根据各地的自然生态条件，创造并发展的传统农业生产系统和景观，被农民世代传承并不断发展，保持了当地的生物多样性，适应了当地的自然条件，产生了具有独创性的管理实践与技术的结合，深刻反映了人与自然的和谐进化，持续不断地提供了丰富多样的产品和服务，保障了食物安全，提高了生活质量。这些农业文化遗产系统既具有重要的文化价值、景观价值，又具有显著的生态效益、经济效益和社会效益，特别是对于当今人类社会协调人与自然的关系、促进经济社会可持续发展弥足珍贵。

农业文化遗产的挖掘与保护示范是生态农业研究和应用示范的进一步深化。我认为生态农业和农业文化遗产的理念结合得非常好，生态农业把它核心的一些指导思想、技术、模式提出来了。现在我们提出的遗产候选地，如稻鱼共生系统、农林复合、农牧复合、淤地坝、坎儿井、基塘系统等，很多都是在我国长期的实践中保留下来的一些典型，对于人类的可持续发展具有重要意义。

2014 年在黑龙江调研粮食安全问题

左三为李文华

20世纪以来，随着科技革命和石油农业的发展，农业发展在保障粮食安全等方面取得巨大进步的同时，也带来了全球性的环境问题。面对这种情况，人们开始反思农业发展的政策、技术与模式，并陆续提出了各种替代农业发展新思路。人们提出了许多新概念，比如有机农业、生物农业、自然农业、生态农业、复合农业、循环农业、可持续农业，尽管它们的内涵不尽相同，但是都反映了一种适应时代变革的迫切愿望和探索农业可持续发展的强烈要求。现在看来，要真正解决这些问题，需要思想方面的转变。第一，要把目光对准整个生态系统，目标不能只盯着粮食产量，不然就会因为倾向于增产而带来一些问题，我们必须采取一个综合的评价；第二，要把新技术和传统技术充分利用与结合，既要利用现代人的智慧，又要借鉴过去人们长期以来的智慧结晶，两者要紧密地结合而不是互相排斥；第三，要让农民参与到整个保护与发展工作中来；第四，要在农村建立一些示范区，并充分重视土壤问题，让科学家和公众很好地结合起来；等等。

联合国粮食及农业组织于1991年在荷兰召开的农业与环境国际会议上，确定了可持续农业的三大目标：积极增加粮食产量，确保粮食安全，消除饥荒；促进农村综合发展，增加农民收入，消除贫困；合理利用、保护和改善自然资源，创造良好的自然环境，以利于子孙后代生存和发展。2002年在南非约翰内斯堡召开的第一届可持续发展世界首脑会议（World Summit on Sustainable Development, WSSD）上，联合国秘书长安南（Annan）把当代环境问题归纳为水（W）、能源（E）、健康（H）、农业（A）和生物多样性（B），简称WEHAB。所有这些都与农业有着直接的联系。

1992年的联合国世界环境保护与发展大会明确提出可持续发展并成为各国政府的共识。在农业方面提出了可持续农业的观点，为实现这一目标提出要加强技术的创新、常规技术的推广以及传统技术的挖掘和提高。

在这样的形势和背景下，2002 年在世界可持续发展高峰论坛上，联合国粮食及农业组织提出"全球重要农业文化遗产"（Globally Important Agricultural Heritage Systems，GIAHS）的概念和动态保护的理念。随后，联合国粮食及农业组织、联合国开发计划署、全球环境基金（GEF）、联合国教科文组织、国际文化财产保护与修复研究中心（ICCROM）、国际自然与自然资源保护联盟、联合国大学等10 余家国际组织开始 GIAHS 项目的准备工作。2005 年确定了首批试点名单并编写了项目建议书，2007 年 6 月得到全球环境基金理事会批准并于 2009 年正式实施。项目的目的是建立全球重要农业文化遗产及其有关的景观、生物多样性、知识和文化保护体系，并在世界范围内得到认可与保护，使之成为可持续管理的基础。GIAHS 将努力促进地区和全球范围内当地农民与少数民族对自然和环境的传统知识及管理经验的更好认识，并运用这些知识和经验来应对当代农业发展所面临的挑战，特别是促进可持续农业的振兴和农村发展目标的实现。

2015 年在意大利罗马与 FAO 总干事达席尔瓦（右二）、副总干事玛丽亚·赛梅朵（左二）主持 GIAHS 指导委员会会议（李文华位于正中）

按照联合国粮食及农业组织的定义，全球重要农业文化遗产是农村与其所处环境长期协同进化和动态适应下所形成的独特的土地利用系统和农业景观，这种系统与景观具有丰富的生物多样性，而且可以满足当地社会经济与文化发展的需要，有利于促进区域可持续发展。基于这个概念，衍生出几项入选标准：第一，提供保障当地居民食物安全、生计安全和社会福祉的物质基础；第二，具有遗传资源与生物多样性保护、水土保持、水源涵养等多种生态服务功能与景观生态价值；第三，蕴涵生物资源利用、农业生产、水土资源管理、景观保持等方面的本土知识和适应性技术；第四，拥有深厚的历史积淀和丰富的文化多样性，在社会组织、精神、宗教信仰和艺术等方面具有文化传承的价值；第五，体现人与自然和谐演进的生态智慧。

农业文化遗产涵盖的范围很广，从物种、栽培技术到建筑、村落、工艺、民俗、历史，都可以说是遗产。但是GIAHS的着重点是在一个地区一种可持续的农业发展模式。它从生态系统的观点来评估这个地方能否被评为农业文化遗产，是由各个方面所构成的一个系统，这个系统能够保证人们的生计，提供各种必需的产品和保护环境。农业文化遗产不同于物质遗产保持原样的保护，它是一种强调动态、与时俱进的保护。

农业文化遗产具有复合性、活态性和战略性。它是一种复合的农业生态系统，重点强调对人类未来生存和发展具有重要意义的传统农业系统，具有复合系统性。它是一种"活态的"遗产，系统中的人是非常重要的组成部分。因此，必须考虑到系统中农民有不断发展的需要，他们要提高生活水平，改善生活质量，不能因为农业文化遗产的保护而剥夺他们发展的权利。另外，农业文化遗产是关乎人类未来发展的遗产。我们保护农业文化遗产，不仅仅是为了保护过去的传统，更重要的是保护人类未来生存和发展的机会。从这个意义上来讲，农业文化遗产是一种战略性遗产，是人类未来的重要财富。

农业文化遗产是活态的、有人参与其中的遗产系统，是随社会的发展而不断变化的特殊遗产类型，因此不能像保护一般的自然和文化遗产那样采用较为封闭的方式，而必须采取一种动态的保护方式。不仅要保护遗产的各个要素，而且要保护遗产各要素的发展过程，还要对遗产的各个组成要素实行适应性管理，结合不同遗产地的自然和文化特征，采取最适合该地区的保护方式，即所谓"动态保护"与"适应性管理"。当然，最重要的还是要保证农业文化遗产地的可持续发展，只有通过动态保护和适应性管理，建立农业文化遗产地的自我维持和持续发展机制，才能更好地实现农业文化遗产的保护和农业文化遗产地的可持续发展。

GIAHS项目的发展经历了四个阶段：2002～2004年为项目准备阶段，确定了项目的基本框架与GIAHS试点选择标准；2005～2008年为项目申请阶段，得到了联合国开发计划署、联合国教科文组织等国际组织及荷兰政府的支持，确定了"中国浙江青田稻鱼共生系统""阿尔及利亚埃尔韦德绿洲农业系统""突尼斯加法萨绿洲农业系统""智利智鲁岛屿农业系统""秘鲁安第斯高原农业系统""菲律宾伊富高稻作梯田系统"等传统农业系统为项目示范点，即第一批GIAHS保护试点，并于2008年获得了全球环境基金理事会的批准；2009～2014年为GIAHS项目实施阶段，建立了GIAHS项目指导委员会和科学委员会，完善了遴选标准和程序，开展了农业文化遗产的多功能评估、保护与管理机制等方面的研究，在首批试点地区开展了动态保护与可持续管理途径探索，通过各种方式进行了能力建设活动，并将试点经验进行推广；2015年，GIAHS被列入联合国粮食及农业组织的常规预算，标志着GIAHS由一个短期项目变成一个长期运行的计划。

中国是世界上几大农业起源中心之一，农业文明是华夏文明的重要组成部分，有着深厚的文化底蕴。因此，在这个方面我们能起到一个引领作用。我们的祖先提出了关于阴阳、五行、中庸、风水以及天人合一、以人为本、与时俱进、因地制宜、效法自然等哲学思想，并且贯穿于整个农业的生产过程之中。除了这些渗透在方方面面的哲学思想外，一个重要的事实是，中国的自然条件特别复杂，尤其是山区，很多地方由于交通不便，适应当地自然、社会、经济发展的一些好模式被保留下来，形成了各种各样的农业类型。这些都是中国人的智慧。

中国是很多物种的起源地。例如"万年稻"，它实际上是几千年之前就保留下来的稻种，是在一个特殊生境之下培育的特殊品种，对今

2013 年调研江西万年稻作文化系统

后的发展有着不可估量的价值。另外，中国在农肥的使用以及间作和轮作方面也有着久远的历史。早在春秋战国之际，就已经出现了轮作复种。1750 年前，中国农民就使用苕草、绿豆、红花草、土萝卜等做绿肥，今天这些实践还在进行。在农田多样化的配置中，间作和套种有着悠久的历史，然而遗憾的是，在一些国际机构及一些经典著作中，却很少谈及中国的农业复合经营。据统计，中国农业复合经营至少有 190 个物种在农业中应用，有着丰富的经验。

在干旱地区，当地人用石头将土地覆盖，让水从暗处流过来节省水源，这就是著名的"坎儿井"；在农田水利方面，公元前 200 多年就修建了都江堰，虽然在 2008 年地震中受到一定程度的破坏，但在保护四川粮仓方面仍然起着重要的作用；梯田，公元前 700 多年就有记载；大家熟悉的桑基鱼塘则最早形成于明末清初南海县的九江，顺德县的龙山、龙江，高鹤县的坡山等地，也有着久远的历史；关于稻田养鱼的最早记载出现于《吴越春秋》中，古人将鱼池开在会稽山，与稻田灌溉用的人工陂池结合在一起，现在对它的研究发现，其中包含着深刻的生态学和经济学的内容。此外还有一些理念，比如神山、神树以及神湖等，典型地把生物多样性和整个小流域的治理很好地结合了起来。

2015 年考察湖州桑基鱼塘

我们在强调这些传统农耕智慧的同时，更应当看到农村与农业发展所面临的严峻问题，主要表现在自然资源（特别是水土资源）短缺、农业生产效益低下、抵御自然灾害能力不强、农田生态环境趋于恶化、农村经济发展相对缓慢等方面。特别是进入 21 世纪，西部大开发战略的实施和我国加入世界贸易组织，日益全球化的国际形势和生态环境保护与建设的巨大压力，使得我国农业与生态农业的发展都面临新的挑战。在当前的条件下，中国的生态农业应该如何发展，在理论、技术、管理、政策方面都提出了一系列新问题，需要我们认真地去总结和思考。当然，这也是我们积极倡导农业文化遗产保护的主要原因之一。

中国的农业文化遗产是世界农业文化遗产的重要组成部分，中国也是最早响应并积极参与 GIAHS 项目的国家之一。在 GIAHS 项目秘书处、联合国粮食及农业组织驻华代表处（北京），以及有关地方政府的积极配合、相关学科专家和遗产地民众的积极参与下，农业部国际合作司和中国科学院地理科学与资源研究所积极参与了项目的准备、申请与实施工作。GIAHS 项目在中国的实施也可以分为四个阶段。2004～2005 年为项目准备阶段。通过实地调查、组织研讨、培训等活动，完成了试点（"中国浙江青田稻鱼共生系统"）的基线调查、申报材料准备等工作，调动了遗产地干部和群众参与项目的积极性。2006～2008年为项目申请和初步探索阶段。根据GIAHS秘书处的要求，进一步完善中国试点的材料准备工作，明确了打造一个具有国际示范作用的GIAHS保护点、申报成功10个GIAHS保护试点、开展中国重要农业文化遗产系统（China-NIAHS）保护认定20个左右、开展农业文化遗产的系统研究、促进农业文化遗产学科发展等，并以"中国浙江青田稻鱼共生系统"为基础初步探索农业文化遗产保护与区域经济社会协调发展的途径。2009～2014年为项目实施阶段。2009年2月在北京召开了全球重要农业文化遗产保护中国项目启动会，标志着GIAHS项目在中国的正式启动。随后按照项目计划，成立了项目专家委员会，重点在保护途径探索与试点经验推广、GIAHS的选择与推荐、管理机制建设、科学研究与科学普及、公众宣传与能力建设、国际合作等方面全面开展相关工作，顺利完成了项目设定的目标，取得了极好的成效。2012年农业部开始中国重要农业文化遗产的挖掘、保护和可持续利用工作。2015年农业部颁布实施《重要农业文化遗产管理办法》，标志着重要农业文化遗产工作进入新的阶段。

参加农业文化遗产保护与乡村文化发展座谈会暨CIAHS中国项目专家委员会
2011年度工作会议
前排左起：徐进、骆世明、于贵瑞、朱有勇、任继周、李文华、阮宝君、曹幸穗、戴卫东

为了加强农业文化遗产地示范点的能力建设和保护发展模式的探索，以青田稻鱼共生全球重要农业文化遗产示范点为例，我们配合当地政府编制了《青田稻鱼共生系统农业文化遗产保护与发展规划》，组织了培训和研讨学习班，改善了遗产地基础设施条件，积极宣传 GIAHS 保护经验，鼓励适当发展休闲农业和乡村旅游等，产生了良好的生态效益、经济效益和社会效益。同时，在总结传统技术并结合现代农业管理技术的基础上，编制了《青田稻鱼共生技术规范》，并将其推广到其他地区，为当地农业经济发展发挥了重要作用。目前，青田已成为国内外农业文化遗产地保护与发展最具影响力与示范作用的地区。

我们搞科学研究，一定要实事求是，要客观。该总结成绩就要总结，但是不能只说好的方面，存在的困难、需要解决的问题一定要点出来，这样才能令人信服。遗产保护不能停留在奖牌上，一定要看最后的实效。

农业文化遗产的研究和保护工作，应该说起步还不错，但是需要做的事情还有很多。我们过去搞生态系统研究，应该说是有成绩的，但是后来大家没有一直重视生态系统，是因为我们自己的短板。突出表现为重系统的生产功能轻生态功能。由于以前我国农业生产的主要目的是解决人们的吃饭问题，粮食安全主要表现为数量保障的安全，所以在以前的生态农业发展过程中，也以追求生产数量为主，而对农业的多种生态环境服务功能没有给予充分的重视。这种问题在农业文化遗产保护中应该特别注意。从过去到现在，我们将对农业的注意力全放在提高产量上，但在这个过程中要用多少水、多少肥、多少防止病虫害的东西都不谈，农业是难以持续的。我们的农业过去几千年产量比较低，但是基本保持了土地的肥力，在这种情况下依然养活了这么多的人口。它需要改进，但是一定不要脱离系统的观点和群落的观点，要加入生态功能来进行整体评价，不能只盯着产量来搞，我们先民是很注意全面的评价和整个生态平衡的问题的。过去就是因为只注重产量，致使老的品种消失，很多基因系统都没有了。再有就是环境污染的问题、水土流失的问题以及土壤的退化问题等，这些问题越来越显现出来。所以我们必须算一个大账，算一个长远的账，既要学习古人管理生态系统的经验，保留合理的内核，又要与时俱进，不断地去改变落后的东西。

我们在从事农业文化遗产保护的过程中，也在不断地反思我们对生态农业的研究与实践。为适应不同地区的自然条件与社会经济条件，在过去20多年的生态农业发展过程中，我们开发了许多以物种组合为特色的生态农业模式，却并没有发展出多少具有推广价值的真正意义上的生态农业配套技术，一些成套的能够符合生态发展规律的管理技术、农业技术没有跟上去。这种"重模式，轻技术"的问题，在农业文化遗产保护中是要着力克服的。

除了这些问题之外，虽然我们过去的研究也十分强调综合，但仍存在一个严重的问题，就是我们没有把文化的内涵考虑进去，现在回想起来，就是没有从根本上改变人们对农业的认识。农业文化遗产的概念提出来以后，我们有点恍然大悟，在这个方面我们确实有缺陷。作为农业系统的遗产地，当地人的生产、生活、观念、信仰都整合于其中。比如他们在劳动的时候会唱歌，唱歌是跟劳动结合起来的；他们庆丰收的长街宴，是跟农业经验的交流结合起来的；他们的泼水活动，是跟当地人所能接受的水利分配结合的，还与对山上的树的保护相关。这些与生产生活直接相关的活动，都包含着多年积累下来的传统知识。对这些老百姓生活文化的忽视，是我们过去搞生态农业的一个短板。从这些方面考虑，我感觉我们对生态农业的认识和对农业文化遗产的保护，从理论、技术、方法和组织上，都还有很长的路要走，可谓任重道远。

作为学者，我们要去研究、去呼吁、去解决现实问题。要解决农业文化遗产保护的问题必须是综合的，不只是要自然科学的，也包括社会科学的，还包括当地领导和政府的支持。过去出现问题的原因就在于没有打破学科之间的壁垒。搞自然科学如果不把社会科学、社会政策结合起来还是不好办，社会科学与自然科学在实践中非结合不可。农业文化遗产的问题如果不和城镇化的问题结合起来，不和土地流转问题、规模化、机械化这些问题结合起来，怎能把农民留在这个地方？不了解真正的情况或者找不到正确的路子，社会问题是无法解决的。

另外，要想把样板系统维持下去，还需要一些制度帮助。作为一种样板，人家非要保留下来不可，由此受到的损失，也就是丢失的机会成本，政府是要给补偿的。样板设立了以后，要进行监测、跟踪，要十分扎实，用当代认识和科学去总结。这些东西真正做出来是很有意义的，但是难度也不小。有时候我参加一些地区的区域规划，规划本子越写越好，但是写是一回事，真正做到思想观念的改变和落实到地方是另一回事，也是最重要的。所以推动这些工作，要有一整套支持系统，如果配套跟不上，最后还是要失败的。我们在动态保护中创造出的好模式和方法，不应该是摆在那个地方，而是应该展示它，让更多的人来参观，把其中的内核宣传出去，最后还应该创新和推广。过去我们提过"4D"模式，先发现（discover）它，之后要有所创新（develop），让大家作为一个模式来学习（demonstration），然后把这个经验扩散出去（diffusion），让它能够在更多的地方逐渐形成可持续的模式。

农业文化遗产工作最初并不为人所理解，我们也遇到了经费上和渠道上的多重困难。但是由于这一事业本身的重要性和从事这方面研究者的大力支持，特别是我们这个小而精的团队的不懈努力，已取得了很好的进展，在国内外产生了良好的影响。在实践方面，2013年，我们协助农业部组织制定了《中国重要农业文化遗产申报书编写导则》和《农业文化遗产保护与发展规划编写导则》，规范并有效指导农业文化遗产的申报与保护和发展工作。2014年1月和3月，农业部分别成立了全球重要农业文化遗产专家委员会和中国重要农业文化遗产专家委员会，我被聘为主任委员；10月，我倡议筹建的中国农学会农业文化遗产分会正式成立。在研究方面，为从战略层面深刻认识农业文化遗产及其保护的意义，分析当前农业文化遗产保护与发展中存在的问题，系统规划未来中国农业文化遗产发掘与保护、利用与传承的方向，由我牵头的中国工程院重点咨询项目"中国重要农业文化遗产保护与发展战略研究"得到批准，并于2013年正式启动。通过实地调研、专家咨询等多种方式，从种植业、林果业、畜牧业、水产业，以及资源与环境五个方面展开了研究。完成了研究报告《中国重要农业文化遗产保护与发展战略》并正式出版；撰写了多篇咨询报告并得到了国家和地方领导人的批示，其中《关于加强中国农业文化遗产研究与保护工作的建议》于2014年12月得到了刘延东副总理的批示，《关于加快山东夏津黄河故道古桑树群农业文化遗产保护与发展的建议》于2014年8月得到山东省委书记姜异康、省长郭树清和副省长赵润田的批示。

2014年考察江苏兴化垛田

推动农业文化遗产工作时我已年逾八十，对能够率领团队推进农业文化遗产保护工作并在国际舞台上发出我们的声音，也是聊以慰藉的一件事。

2017 年考察某珍珠博物院
左起：杨安全、李文华、沈荣志

# 第四节　助力区域生态建设：
# 　　　可持续实践

从 20 世纪 90 年代初开始，我国政府把可持续发展战略作为一项基本国策，在国际上率先颁布国家级的 21 世纪议程——《中国 21 世纪议程》，随后各省（自治区、直辖市）及有关行业部门相继颁布地区性或行业性的 21 世纪议程，开始了实施可持续发展战略的有益探索。

1999 年海南省率先提出建设生态省，国家环境保护总局对此给予高度重视和积极推动，制定了生态省建设的标准与规范，提出了相应的生态省、生态市建设要求；各地也对生态省、生态市建设进行了积极的响应。可以说，以生态省、生态市建设为标志，我国进入了可持续发展战略实践新的发展时期，充分反映了各级政府和广大群众在可持续发展战略指导下，积极探索在不同区域水平上保护生态环境、发展生态经济和创建生态文明的新型社会的强烈愿望。特别是后来党和政府又提出"生态文明建设"和"科学发展观"，更为区域可持续发展丰富了内容。

随着我个人研究领域的不断拓展，我也越来越体会到，当生态学介入社会问题时，可持续发展的问题需要从一个区域的平台，从系统的观点和视角出发才有可能找到出路。

在与国家部委的联系中，在参加地方的评审工作中，我在不同场合通过演讲、报告、讲座、讲话等不同的方式传播可持续发展的理念，为推进我国生态建设和可持续发展战略的实施做了一点应有的贡献。

## 一、助力生态省、生态市建设

我国的生态省、生态市建设在前进中探索，在发展中提高，展现出强大的生命力，同时我们也积累了宝贵的经验，可以总结为以下四个方面。

一是明确指导思想。我们在进行生态省、生态市建设的筹备和评价工作中，发现明确的指导思想是生态省、生态市建设取得成果的前提和基础。生态省、生态市建设必须有正确的思想指导，树立科学的资源观、消费观、发展观。为此，必须以生态学、生态经济学原理为指针，以创新理念、体制、机制为动力，以区域可持续发展为目标，坚持持续发展、重视协调的原则，科教支撑、不断创新的原则，统筹规划、法治保障的原则，政府调控、市场调节的原则，公众参与、开放合作的原则。

二是科学区划与规划。基于创建工作的系统性、长期性和艰巨性，生态省、生态市建设必须总体规划、科学布局、规划管理。首先，要搞好生态功能区划。在全民进行生态环境现状调查的基础上，根据区域内不同地域的生态环境敏感度和生态系统的服务功能，按照空间分布规律划定生态功能区。其次，要完善建设总体规划。根据区域现有经济社会发展水平，在科学生态功能区划的基础上，研究和编制好建设规划，明确工作目标，确定基本工作思路，提出具体建设任务。要注意的是，创建规划应与近期和中期经济社会发展规划相衔接，抓住经济、社会、环境建设中的重点行业、产业，以及重点区域、流域及重大环境问题，把分散在部门、条块间的财力、物力、人力资源统筹起来，组织好重点工程、重点项目的攻关。

三是实施途径。大力发展生态产业，重视经济发展模式的转变，强调循环经济和产业结构调整，建设可持续利用的自然资源保障体系；大力改善生态环境，建立稳定、和谐、高质的生态环境体系，重视人与自然和谐的人口生态体系，推进生态人居建设，努力建设优美舒适、协调和谐的人居体系；大力倡导生态文化，建设现代、文明、各具特色的生态文化体系，重视先进的生态文化理念，加强科技教育支撑。再者，生态省、生态市建设规划的实施还须依托一系列的项目，才能将各种措施落到实处。

四是加强组织与管理。生态省、生态市建设涉及面广，协调难度大，从某种意义上讲是对现有发展理念、管理体制和投入机制的一种变革与优化，必须切实加强组织领导，创新工作体制，重视财政倾斜和市场化运作，完善政策法规、标准制度，严格依法监管，加强舆论引导，重视科技，并扩大国际国内交流合作。建设规划应广泛征求各领域专家的意见，科学规划，民主决策。建设规划经政府审批通过后，应提请同级人民代表大会常务委员会审议，颁布实施，成为法定文件，确保工作不会因领导注意力的改变而改变，也不会因领导的变动而变动，一任一任地抓下去。要建立政府负总责、有关部门分工负责、发展和改革委与环保部门组织协调与统一监管的工作机制。要以重点地区、重点产业行业和重大环境问题为切入点，以各届政府任期和各年度为重点，集中力量重点突破，把宏伟目标转化为全社会的现实行动。

2010 年出席黔东南生态文明建设试验区研讨会并做大会发言

2011 年出席浙江省生态文明建设高层论坛

2012 年参加第三届中国（天津滨海）国际生态城市论坛暨博览会

当然，在当时看来，生态省、生态市建设是一个新生事物，关于生态省、生态市建设的理论、规划、设计和管理机制还不够成熟，许多问题还处于探索阶段。我也经常谈到一些有关生态省、生态市建设的建议，以为我国的区域生态建设实践添砖加瓦。

一是生态建设指标的刚性与柔性。生态省、生态市建设是一种发展模式。无论发达地区还是贫穷地区都可以建设生态省、生态市，差别只是发展的道路不同。指标的设定无论是对基础好的区域还是对基础弱的区域都应是切实可行、适度提高的，能促进进一步发展的。我国在生态建设指标体系的制定方面做了大量工作。但是，中国幅员辽阔，自然、社会、经济状况非常复杂，各地发展不平衡，在制定规划时往往难以兼顾所有地区。现行指标体系分为约束性指标和参考性指标两大类，一定要把刚性指标与柔性指标很好地结合起来。在今后的工作中，我建议约束性指标不要太多，要给地方更多的自由，使其能够依据自身实际情况做出合理规划。

二是正确看待 GDP 的作用。GDP 使人们能够看到社会的经济运行状况。GDP 账户的使用以及数据资料是核心经济信息，对我们理解人类的经济活动起到了重要作用。全世界都依靠 GDP 来辨别我们所处的经济周期阶段，并对长期的经济增长做出估计，同时能够为以后世界经济的运行提供重要的支持作用。但是，我们应该看到，GDP 也存在一定的缺陷，如资源、环境的代价没有合理扣除，生态建设经济效益的外部性没有正确估计，生态系统效应的非市场部分缺乏科学估算，生态破坏和环境污染的旧债没有还清，产业转型后所带来的潜在效益估计不足，等等。令人欣慰的是，近来听闻我国科学家提出的生态系统生产总值（Gross Ecosystem Product，GEP）的概念已经被联合国统计司（the United Nations Statistics Division，UNSD）纳入统计指标。

三是重视自然资本的消耗。近年来，中国政府高度重视节能减排和循环经济等方面的工作，然而在自然资本的消耗方面仍存在一些不足，尤其是在如何度量不可更新资源和可更新资源，以及如何计算它们在发展中的成本方面，我们的工作做得还不够，资源无价或资源廉价的问题还没有得到解决。对于可更新资源，除了产品功能之外，还有调节功能、文化功能和支持功能，需要我们进一步去研究。可更新资源对生态系统服务功能的定量研究，比如水资源被污染之后，需要付出多大的成本去治理和补偿，或者保护资源环境会产生多大的直接效益或间接效益，这方面的工作应该成为我们下一步的工作重点之一。科斯坦萨等于 1997 年提出全球生态系统的服务功能价值是当年国民生产总值（Gross National Product，GNP）的1.8 倍，而现在，60% 的生态系统服务功能都在退化。因此，在生态省、生态市建设过程中，对生态服务系统功能退化与生态保护收益之间的对比也需要我们有足够清醒的认识。

四是公平性与生态补偿。环境及其经济利益关系的扭曲，使生态保护缺乏激励，也威胁着地区间和人群间的和谐发展：保护者得不到应有的经济回报，破坏者未能承担破坏环境的责任和成本，受害者得不到应有的经济赔偿，生态系统服务功能未进入经济核算体系。生态补偿以保护和可持续利用生态系统服务为目的，以经济手段为主调节相关者利益关系的制度安排。

## 二、助力森林城市建设

进入 21 世纪以来，全球气候变化问题成为人类社会面临的严峻挑战之一。随着多届联合国气候变化大会的召开，人们逐渐认识到，全球气候变化是在自然变化和人为活动的双重影响下形成的。控制大气温室气体浓度和防止全球气候继续恶化成为目前各界关注的热点，并从多方面探索有效应对的措施。森林和草地是陆地生态系统的两大碳汇，毫无疑义，提高森林土壤和草地土壤碳截获能力，是抑制全球气候变化蔓延的有效途径。在此背景下，国际社会思潮涌动，人类的城市发展进入了"生态觉醒"的新阶段。

城市产生和发展的进程是人类文明的表现。一方面，城市化是社会发展的必然趋势，并为技术的聚集，资源利用效率的提高，就业、教育、保健和社会服务的增加等创造了必要的条件和不可替代的机遇；另一方面，城市化的聚集效应造成了城市人口的高度集中和持续增长，人类对自然的强烈干预使自然环境发生剧烈的变化，形成特殊的人工环境和城市系统独特的物质与能量代谢过程，并带来资源耗竭、环境污染和生态破坏等一系列问题，直接威胁到人类自身的健康和持续发展。

一般认为，"生态城市（eco-city）"最早在联合国教科文组织于1972 年发起的人与生物圈计划中提出，并选择了日本东京、中国香港等多个城市作为试点。基于生态学原则的生态城市理论从其诞生之时就受到广泛重视，被认为是能够实现可持续发展的未来城市模式。随后，生态城市的理念迅速发展，成为一种城市发展的新概念。

我国是宣布实施可持续发展战略最早的一个发展中国家，各级政府也都进行了有益的探索。比较有代表性的是各种类型的生态示范区建设，如建设部（住房和城乡建设部前身）先后启动的国家园林城市、国家生态园林城市建设，农业部（农业农村部前身）等六部委开展的生态农业示范县建设，环境保护部（生态环境部前身）开展的生态示范区建设，科技部开展的可持续发展综合试验区建设等。这些名称虽有不同，但内涵与根本目的相同，都对我国社会经济的可持续发展进行了积极探索，在国际上反响良好。

我国的城市森林建设起步于 20 世纪 80 年代末期，在各级政府和有关部门的积极推动下，城市森林生态服务功能的研究与实践取得了积极的进展和显著的成效。首先，我国城市森林建设理论得到初步完善。彭镇华等首次提出了林网化和水网化的现代城市森林建设理念，促进了相关理论的发展。其次，城市森林功能的转变由过去注重视觉效果转向注重生态效益和人类的身心健康，突出了以林为主，乔、灌、草结合，林水结合，以人为本的城市森林建设原则。最后，我国大量城市森林开展了建设实践。2007 年，我所在的中国科学院地理科学与资源研究所根据北京市第六次森林资源二类调查数据，采用替代成本法、市场价值法、影子工程法等生态经济学方法，对森林的28 项生态效益进行了评估，结果显示，2004 年北京市森林的总价值为 231 亿元。可见，城市森林作为城市生态系统中具有自净功能的重要组成部分，在保护人体健康、维持生态平衡、改善环境质量、美化城市景观等方面具有城市其他基础设施不可替代的作用。它不仅有助于解决城市的生态环境问题、提高城市居民的生活质量，而且能够进一步提升城市形象与竞争力，同时也是城市生态文明建设的重要载体。

2010 年参加《广西柳州市国家森林城市建设总体规划》评审会
左起：张志强、蔡登谷、李文华、叶智、马大轶

2009 年考察湖北省武汉市的城市森林建设工作
前排右起：彭镇华、李文华、涂勇、叶智等

2008～2015 年，由于工作需要，我参与了我国城市森林的建设工作。总的来看，当时我国城市森林生态服务功能的研究与实践已经取得了明显成效，但也存在一些不足和问题。一是缺乏整体性、连续性与和谐性；二是城市绿化人为矮化现象严重，生态功能不高；三是城市森林结构单一，生物多样性低；四是盲目模仿，缺乏地方特色；五是对综合效益的重视不足，绿化体系有待完善。

林业建设是一个包括育种、造林、抚育、利用等一系列林业技术与政策、法令、文化等一系列社会因素的复合系统工程。为了推动我国城市森林建设的健康发展，促进生态城市建设和可持续发展，实现人与自然和谐发展的目标，我建议未来我国城市森林建设实践与生态服务功能研究应重点加强以下几个方面。

一是将城市森林纳入生态城市建设的总体框架之中。城市森林作为城市的一部分，应当将城市森林的规划和建设放到生态城市建设的整体中，充分发挥城市森林生态系统的服务功能，与生态城市建设的各环节有机组合在一起，不断完善和发展。

二是遵循自然规律，集约管理和调控。①突出乡土植被在城市森林建设中的地位和作用；②关注植物组合的多样性和稳定性，形成自然或近自然式的森林结构和环境；同时依地就势，在对城市森林建设用地原有地形、地貌条件利用基础上建设城市森林；③要源于自然而高于自然，模仿效益最大、稳定性最强、景观效果最好的森林类型，以及要尽量保持城市森林的自然属性，实行近自然的管护，帮助城市的人工植被建立自稳定维持机制。

三是生态与经济协调发展，保护与培育相结合。城市森林的基本目的不是提供直接的产品，而是为城市居民提供服务，发挥其生态效益来改善城市的环境质量和居民的居住条件。如何评价城市森林直接关系到城市森林建设模式，影响其生态功能、系统稳定、投入与经营成本等综合效益。

四是空间、时间，物种、结构合理搭配。在空间上，注重城市内部不同区域绿化建设的搭配与结合；在高度上，可以开发屋顶绿化、阳台绿化、廊架绿化等模式，丰富绿化的垂直结构；在时间上，可采用落叶树种与常绿树种混交的模式；在群落结构上，可采用乔、灌、草、花结合，丰富景观视觉并提高生态效益。

五是加强科学研究、能力建设和群众参与。城市森林生态效益对国民经济和社会发展具有重要意义，城市森林生态补偿具有复杂性和长期性，城市森林建设必须得到全社会的关心和支持，因此，应注重城市森林的科学研究、科普教育和大众宣传，提高群众的生态意识，使公众积极主动参与到生态保护和建设中，并对管护人员进行专业培训，提高其保护森林的效率和能力。

六是完善立法，逐步实施生态补偿。城市树木的价值通过其功能得到体现，并已受到人们的重视。例如，树木具有显著的生态功能、景观功能，影响居民的心理和生理功能等，这些都能够通过货币的形式表现出来。因此，我国应借鉴国外经济发达国家的模式，使城市森林发展走政府与市场相结合的道路，政府通过对林业的补贴和对受益部门收取生态效益补偿费等办法，使森林经营进入一种良性循环状态。

我始终认为，城市林业建设是可持续发展的重要组成部分。在科学发展观的指导下，以人与自然和谐共生为理念，了解、重视和科学管理生态系统，发挥其综合效益和服务功能，对我国区域生态安全保障体系的建立和可持续发展战略的实施具有重要意义。

# 第五节　领导中国当代生态学研究：理论总结

实现可持续发展需要多学科的共同努力和各阶层的广泛参与，

需要有正确的发展理念和科学理论指导，更需要有技术系统的保障。传统生态学作为生物学科分支主要是研究生物与环境的关系，当代生态学则把解决人类生存发展中的生态环境问题视为己任，开始更多地关注人类福祉与生态系统的相互关系，甚至是人类种群与地球生态系统的相互关系。

我国朴素的生态学理念与实践虽有悠久的历史，但是生态学作为一门学科建立起来却时间不长。我国的生态学科建立大约是在1978年开始的，并且从传统生态学向现代生态学的转型也比西方落后20余年，从20世纪80年代才开始可持续发展、生物多样性和全球变化等现代生态学研究工作。

我国的自然环境复杂，生态系统类型十分丰富，几千年的文化传统蕴涵着深邃的生态学思想，这些都为我国生态学者提供了独有的科研舞台和视角。快速的经济发展在对生态环境造成一定影响的同时，也对生态学工作者提出了更高的要求。中华民族正处于一个伟大变革和伟大复兴的过程中，生态文明建设为生态学界提出了空前强烈的科技需求，实现中华民族伟大复兴的雄心壮志激励着我们一代代学人奋斗不息。半个世纪的学科发展、知识储备和科技创新，为我国生态学的发展并走向国际舞台奠定了雄厚的基础，全球经济一体化和生态环境问题也成为我国生态学研究走向世界的机遇与挑战。由此可以预见，我国的生态学研究必将会在一个新的历史机遇期实现再度崛起的生态梦，为实现中华民族伟大复兴的中国梦和构建和谐世界做出新的贡献。但是，在这一关键的历史时期，需要我们深刻地思考生态学科和生态学工作者的社会责任与历史使命，需要勇敢地去应对社会发展和生态环境问题带来的挑战与考验，更需要我们冷静地思考现代生态学研究为社会发展做出了哪些贡献，现在和未来还能够为中国和世界做些什么，应该优先做些什么。

在这样的历史、社会和学科背景下，我们有责任将近二三十年来围绕国家发展战略和重大需求所开展的生态学理论与应用研究进行系统总结。既为未来生态学研究和生态保护实践提供借鉴，也从一个侧面向世界展示我国生态学研究与应用取得的成果。在中国科学院生态系统网络观测与模拟重点实验室和城市与区域生态国家重点实验室的大力支持下，我牵头组织了国内在此领域卓有成就的近二十位院士和近百位生态学者撰写了"中国当代生态学研究"系列专著，包括《生物多样性保育卷》《生态系统管理卷》《生态系统恢复卷》《全球变化生态学卷》《可持续发展生态学》共5卷。

这套书稿的编写没有功利的驱动，更多的是源于我们之间的友谊、共同的兴趣以及献身科学的精神。在出版过程中，我邀请了薛达元和欧阳志云对《生物多样性保育卷》、刘世荣和吕宪国对《生态系统管理卷》、彭少麟和包维楷对《生态系统恢复卷》、于贵瑞和李秀彬对《全球变化生态学卷》、谢高地和闵庆文对《可持续发展生态学》进行了审稿，同时邀请王如松、于贵瑞、刘世荣、彭少麟、闵庆文、王祥荣等对"中国当代生态学研究"的前言进行了修改，闵庆文和刘某承在"中国当代生态学研究"的组织和出版过程中付出了大量劳动。

我认为，当代生态学的学科定位、研究内容及其研究对象和方法是在当前的社会、经济、科学技术背景下，为了解决现实的生态变化问题所形成的，它具有以下几个方面的突出特点。

第一是研究对象的重新定位。当代生态学的一个突出特点就是把人类社会与自然环境的关系包括在其研究范畴之内，用社会－经济－自然复合生态系统的观点，研究社会面临的问题，越来越注重与群众、与社会发展和生产实际的需要相结合，为政府的决策和行动提供服务。

第二是研究范围和时空的扩展。生态学研究在空间尺度上朝宏观和微观两个方向不断扩宽。宏观方向上逐渐形成了景观生态学、区域生态学和全球生态学，微观方向上与分子生物学、基因工程和生物工程相结合形成分子生态学。现代生态学的研究范围和时空朝更宏观、更长期的方向扩展，在空间上由典型生态系统向全球尺度扩展，在时间尺度上由短期调查研究向更长时段的地质历史回溯和长期未来预测扩展。

第三是研究设施和手段的现代化。生态学研究的手段正在发生新的变化，除了一些能准确地获取信息的手段，如遥感（Remote Sensing）、地理信息系统（Geographic Information System，GIS）、全球定位系统（Global Position System，GPS）（"3S"系统）的应用以及连续、精密观测仪器的使用外，还强调应用模拟和模型方法来研究大尺度、多因素的大系统。例如，通过建立自由大气富集（Free-Air $CO_2$ Enrichment，FACE）实验系统模拟研究大气中的二氧化碳浓度升高对森林、草地和农田生态系统的影响；利用遥感卫星探测区域温室气体浓度变化，利用激光雷达测定大气气溶胶浓度，以及利用遥感反演模型反演陆地碳循环收支，等等。这些现代化装备和技术的不断完善，为使生态学从定性走向定量、从短期考察走向长期定位、从描述走向实验奠定了坚实的基础。

第四是研究平台从孤立走向网络化。随着生态学的发展和全球生态问题的出现，世界各国和全球的生态学正在从相对孤立的局部地区研究逐渐向区域化和全球化发展，并形成网络进行综合与对比的研究。全球观测系统（GOS）、全球陆地观测系统（GTOS）、全球海洋观测系统（GOOS）、全球气候观测系统（GCOS）以及国际长期生态研究（ILTER）和全球长期通量观测网络（FLUXNET）都是这方面的标志性生态系统网络。我国已经建立了中国特色的生态系统网络，把我国生态学的研究提高到一个新的水平，不仅可以为宏观生态学研究提供网络化的长期科学观测和实验研究平台，而且促进了我国生态学研究的观测仪器和技术手段的现代化进程。

第五是研究内容从结构、功能向过程和预测发展。生态系统生态学自诞生之日就提出了有关生态系统结构、功能和动态过程等诸多方面的研究内容。在发展的初期，由于历史条件的限制，其侧重于对个体的生态学特征和系统的组成、生物生产力和结构的描述和分析。随着人类活动的频繁，生态环境发生了巨大的改变，并成为当前全球性生态环境危机的根源之一。生态系统服务功能定量化和如何进入环境–经济核算体系是当前亟须解决的问题。20 世纪 70 年代以来，生态系统服务开始成为一个科学术语及生态学与生态经济学研究的热点。特别是 1997 年科斯坦萨等在《自然》(*Nature*) 发表的论文《全球生态系统服务与自然资本的价值》("The value of the world's ecosystem service and natural capital") 在世界上引起了巨大的反响。2001 年在《生物多样性公约》、《防治荒漠化公约》、《关于特别是作为水禽栖息地的国际重要湿地公约》(简称《湿地公约》)、《保护野生动物迁徙物种公约》的支持下启动了新千年生态系统评估 (Millennium Assessment，MA)，其目标在于了解生态系统服务现状和变化及其对人类的影响，满足决策者对生态系统与人类福祉之间相互联系方面科学信息的要求。这方面的研究将生态系统服务价值化的研究推向了高潮。

第六是学科发展的分化与融合。生态学研究是在相对孤立的局部地区研究基础上逐步向区域化和全球化发展的。在此发展过程中，生态学与数学、化学、物理等基础学科交叉促进了数学生态、化学生态及物理生态等的发展，与生产部门结合形成了农业生态、林业生态、草原生态、海洋生态、湖泽生态及湿地生态。与此同时，生态学在解决当代生态环境问题的过程中形成了环境生态学、污染生态学、生态毒理学，并在向工农业领域渗透的过程中发展了工业生态或产业生态学 (industry ecology)、生态技术、生态工程 (ecological engineering)，在与社会科学交叉中发展了人类生态学、生态伦理学、生态经济学、城市生态学等。

# 第六章

# 国际交流

回望自己走出国门和参加国际活动的一些情况，今天来看这样的活动实在有些平凡和普通，但在当时却是很不寻常的，我确实得到了许多其他人没有得到的机遇。虽然我很努力，也按部就班地完成了本职工作，但我始终认为没有充分发挥好自己应有的作用。

造成这些遗憾的原因，从主观方面来说是自己准备不足，不论是国际交往的经验还是外语水平和业务水平，均未达到与那个职务相应的水平；我的性格，不大适应各种交际场合，也不感兴趣；当时我还担任自然资源综合考察委员会的领导工作，需要完成一些科研任务。现在回想起来，参加各个组织的会议之前，我对文件的研究和准备都略显不足，与国内相关领导部门的汇报、沟通和联系不够。当然，当时国门刚刚打开，由于部门业务分割和一些相关人员对科学研究的国际合作重视不够，从而使本应发挥国家作用的事业变成了个人的奋斗。

不过，我很高兴地看到这种情况正在发生积极的变化，越来越多的中国科学家加入了国际科研组织，有些人还在其中担任了重要的职务，国际科研组织中"朝内无人"的状况正在改变。这在环境和经济日益全球化和中国大国崛起的过程中都具有举足轻重的作用。

# 第一节　跟随大师出国

改革开放后，我作为新中国第一批走向国际舞台的生态学工作者，得到了侯学煜、阳含熙、吴征镒等一批老先生的大力指导和帮助，包括陪同侯学煜和李孝芳先生出访美国，在阳含熙先生的率领下参加中国人与生物圈代表团对欧洲四国进行访问，以及陪同吴征镒院士参加中国自然保护区代表团到英国进行访问。这些外事活动是在我国刚刚实行改革开放初期进行的，据我所知，也是我国在封闭了多年后最早的几批到国外访问的代表团。在这几次出国访问的过程中，我有幸能与我国生态学和林学界的几位大师级前辈近距离接触，并聆听他们的教诲，使我终生难忘。

## 一、跟随侯学煜先生出访美国

1978 年 3 月 23 日，侯学煜先生收到美国得克萨斯大学古丁（Goodin）教授的邀请，希望他组织中国学者参加在美国得克萨斯州拉伯克（Lubbock）举行的国际干旱地区植物资源利用大会。这可能是改革开放后中国生态学工作者最早参加的一次国际学术会议。中国科学院外事局对这次访问高度重视，派我国著名生态学家和地理学家侯学煜、李孝芳教授参加，考虑到两位教授年事已高，外事局决定选派一名年轻的科学人员，除参加会议外兼顾两位老科学家的生活，这一幸运的机会落到了我的头上。会议非常顺利，会后我们参加了横穿美国干旱区的野外考察，还到美国著名的生态学研究单位参观访问。

我们从得克萨斯州出发，横穿新墨西哥州、亚利桑那州，在加利福尼亚州旧金山结束了会议统一组织的野外考察，并开始了美方为我们单独安排的访问旅程，包括加利福尼亚州、科罗拉多州、堪萨斯州和佛罗里达州。之后，我们兵分三路，侯学煜和李孝芳先生分别回到母校宾夕法尼亚大学与芝加哥大学访问。侯先生让我单独去北卡罗来纳大学访问，他认为这对我是一次很好的锻炼。感谢当时在美国国家科学基金会工作的佐治亚大学的格雷戈里（Gregory）教授为我们的整个参观做了非常周密的安排。我们不仅与生态学方面的组织管理机构进行了接触，还访问了美国知名的大学、研究所和试验站。其中包括美国国家科学基金会、华盛顿国家树木园和多所大学的植物园，以及加利福尼亚大学伯克利分校林业和自然保护实验室、组织培养实验室；与斯坦福大学的数学生态专家进行了交流；参观了国际生物学计划（International Biological Programme，IBP）

中著名的鲍妮（Pownisite）草地试验站；在佐治亚大学，我们与著名生态学泰斗奥德姆（Odum）教授所在的生态学研究所的同行们进行了学术交流；在佛罗里达州参观了有着百年历史的科威特水文实验站，目睹了不同管理条件下的小流域森林水文试验站，不仅纠正了我对森林水文功能理解的片面性，同时他们长期定位观测和保存完好的科研记录让我看到我们在生态学领域的研究差距。我们还参观了美国著名的湿地——奥克弗诺基沼泽和佛罗里达国际大学，了解了海岸带的研究情况，并与北卡罗来纳大学和杜克大学的生态学家进行了学术交流。在这一访问的过程中，我们沿路参观了美国的许多自然保护区，其中包括我在中学时就向往的美洲杉国家公园、大峡谷，也路过世界闻名的"赌城"拉斯维加斯。

这次在美国的访问对我来说是一个难得的机遇。作为当时第一个到美国访问的生态学研究组，美国同行对我们的接待十分热情，为我们的行程做了周密的安排。另外，他们也有着强烈的好奇心希望多了解中国的情况。侯学煜、李孝芳教授早年留学美国，回国后在本领域做了大量的工作，特别是关于中国植被和土地利用方面的研究给美国同行留下了深刻的印象。我也介绍了我国在自然资源综合考察方面的成就，对于能组织这样大规模的多学科综合考察，美国同行感到十分惊讶和敬佩。

能有幸陪同侯学煜和李孝芳两位老先生出国考察，跟他们学习到如此多知识和国际交流方面的经验，实属三生有幸。在去美国之前，我的印象里他们两位是十分有个性的科学家，在接触中我感到他们不仅知识丰富，而且刚直不阿，待人诚恳，细致入微。侯学煜先生对这次访问非常满意，他多次说过这次访问不论是人员的组成还是数量都是最优的。通过这次考察，我们成了忘年交。这次出访不仅对我的学业，而且对我后来介入国际合作工作都有着重要的影响。现在两位老师均已作古，每忆及此，我总是百感交集。在这里回忆这段人生经历，也是表达我对他们的思念之情。

1978年随侯学煜先生（左二）第一次出访美国
摄于得克萨斯大学，右一为李文华

1978年，参加在拉伯克召开的干旱地区植物资源利用大会
左起：李孝芳、古丁、李文华

访问杜克大学
右一为李文华

摄于佛罗里达州红树林

中间站立者为李文华

摄于美国大峡谷

右二为李文华

在美国巨杉保护区与志愿讲解员合影

右为李文华

## 二、跟随阳含熙先生出访欧洲

阳含熙先生是我国著名生态学家，早在 20 世纪 60 年代我们就已相识，调到自然资源综合考察委员会后有较多的机会接触和一起工作。但是真正密切的合作则是因为联合国教科文组织人与生物圈计划的工作。我国早在人与生物圈计划成立的初期，就派代表参加相关会议和活动，但那时中国还处于"文化大革命"期间。"文化大革命"结束后，自然资源综合考察委员会一批从事资源和生态学研究的同事积极倡导进一步加强与该计划的联系，并提出筹建中国人与生物圈计划委员会的事宜。1978 年，在中国科学院的大力协助和联合国教科文组织全国委员会的大力支持下，终于成立了由 10 个部委代表参加的人与生物圈国家委员会，秘书处挂靠在中国科学院。中国成立人与生物圈国家委员会的消息传到联合国教科文组织后，他们非常重视，并派遣英国生态技术中心（ETC）主任杰弗斯（Jeffers）教授和牛津大学林学院院长珀尔（Poor）教授来中国介绍人与生物圈计划的进展情况，并考察中国的生态试验站。第二年（1979 年），人与生物圈计划秘书处邀请中国代表团参加在法国巴黎召开的人与生物圈计划协调理事会，还特意资助我们在会前到荷兰、英国、联邦德国和法国等地参观访问，了解各国人与生物圈计划的实施情况。

代表团由 5 人组成，阳含熙先生任团长，参加人员还有北京大学生物系主任陈阅增、甘肃农业大学任继周（中国工程院院士，曾任甘肃农业大学草原系系主任、副校长等）和中国科学院水生生物研究所刘建康（中国科学院院士，曾任中国科学院水生生物研究所所长），我也有幸加入考察团的工作。考察从 1979 年 10 月 15 日至 11 月 5 日共 20 多天，人与生物圈计划秘书处做了非常细致且周密的安排，不仅让我们参观所到国家最具有代表性的研究机构和野外基地，而且邀请了各国的知名学者进行接待并介绍情况。这次考察参观对中国人与生物圈计划的发展是一件大事，不仅让我们了解了世界各国人与生物圈计划是怎样运行的，同时也做了一次中外生态学研究的国际交流。考察期间，我们与国际著名的生态学研究机构及研究人员建立了良好的合作关系，拓展了中国生态学研究国际合作的渠道，创造了国际合作的良好开端，对中国生态学发展的意义重大。

1979 年受联合国教科文组织人与生物圈计划邀请
随阳含熙先生（前排右四）访问欧洲四国期间与荷兰
国际航天测量与地球科学研究院（ITC）专家合影
前排右二为李文华

考察荷兰草原保护区

在国际生物学计划索灵山（Solling）项目试验地与联邦德国专家合影

左二为李文华

考察英国试验站

左一为任继周，左二为阳含熙，右一为李文华

1979年参观法国蒙彼利埃大学时，与法瑞学派奠基人

J. 布朗－布兰柯（左二）合影

左三为阳含熙，左一为李文华

## 三、跟随吴征镒先生出访英国

1983 年 5 月 30 日～6 月 10 日，作为英国自然保护考察团 1982 年 4 月来华考察的回访，中国科学院组织了以吴征镒教授为团长的中国自然保护考察团，吴先生特别邀我参加。英中文化交流中心（Britain-China Cultural Communication Centre）安排了此次考察，主要接待的是英国自然保护委员会（Nature Conservancy Council，NCC）及其所属的英格兰、苏格兰及威尔士的地方组织和自然保护区。

1983 年随吴征镒先生（左）访问英国时合影

英国有关方面十分重视这次考察。他们周密地安排了考察的时间、路线及地点，使我们在短短的两周内考察了苏格兰、英格兰及威尔士 3 个国家的 12 个自然保护区和 7 个有关单位。我们实地考察了英国的森林、疏林、湿地、沼泽、湖泊、河流、海洋及海岸等多样化的自然环境，实地考察了保护区里的各种野生植物、兽类、鸟类等的分布、生长及繁殖情况，考察了各个自然保护区对野生生物所采取的种种保护措施和进行有关研究的情况。此外，考察团的成员分别参观了英国的自然历史博物馆（Natural History Museum）、伦敦的生态公园（Ecological Park）、伦敦动物园（London Zoo）、爱丽丝·霍尔特林业试验站（Alice Holt Forest Research Station）、陆地生态研究所（Institute of Terrestrial Ecology）的蒙克斯森林试验站（Monks Wood Experimental Station）和皇家植物园（Royal Botanical Garden）等单位。

野外工作合影

考察工矿旁的自然保护情况

英中文化交流中心主任伊丽莎白·赖特（Elizabeth Wright）、副主任彭妮·布鲁克（Penny Brooke）始终陪同考察团到英国各地考察，英国自然保护委员会的主要负责人及专家，如总主任 R. C. 斯蒂尔（R. C. Steele）先生、N. E. D. 普尔（N. E. D. Poore）教授、唐·杰弗里斯（Don Joffries）博士、外事局副主任帕里（Slenys Parry）女士以及约翰·菲尼（John Finnie）先生也分别陪同考察团到各地考察。考察团所到之处均有英国自然保护委员会的地方官员及自然保护区的负责人、专家及护林官等陪同和介绍情况，并赠送了我们有关自然保护区的介绍资料及研究著作。考察团在外地的考察中也会见了英国自然保护委员会主席威尔金森（William Wilkinson）先生、前主席拉尔夫·弗尼（Ralph Verney）爵士、首席科学家 D. A. 拉特克夫（D. A. Ratcliff）博士、前总主任布特（R. S. Boote）先生等，并与他们进行了亲切的交谈。整个考察期间，我们共接触英国自然保护委员会及有关地区、单位的官员、专家 90 多人。

听取英国专家介绍
右二为李文华

在英国考察期间，我们也参加了一些社交活动，如应邀参加了有英国王太子（HRH Prince Charles Philip Arthur George）发表演说的"联合王国自然保护和发展计划——对于世界自然保护战略的反应"讨论会的开幕式（The Launch of Conservation and Development Programme for the UK—A Response to the World Conservation

Strategy）。英国环境部常务秘书彼得·哈洛普（Peter Harrop）先生在白金汉宫负有盛名的兰开斯特宫（Lancaster House）以政府的名义设宴招待了考察团的全体成员，并发表了热情洋溢的讲话，参加宴会的有英国自然保护的名流，我国驻英国大使、一秘、科技参赞等也应邀参加了宴会。在威尔士考察中，西格拉摩根郡议会（West Glamorgan County Council）主席 P. J. 琼斯（P. J. Jones）设午宴招待了考察团。英国自然保护委员会前主席弗尼爵士邀请考察团到他的家做客，并参观了他那陈列有英国中世纪以来的文物的克莱登庄园（Claydon House），旧宅中还有一个大厅，是按马可·波罗（Marco Polo）访问中国时所见的人物的雕塑和家具进行摆设的（中国带去的）。英国广播公司（BBC）及地方新闻媒体也采访并报道了考察团的活动，包括吴征镒教授和我的录音讲话。

总之，在英国有关方面的重视与大力支持下，考察团对英国自然保护的方针政策、教育以及实施情况有了较多的了解，收获较大。这次考察，加强了中英两国在自然保护方面的相互了解，促进了学术交流与合作。

中国代表团与英国专家合影

# 第二节　出任人与生物圈国际协调理事会主席

　　人与生物圈计划是联合国教科文组织自 1971 年起在全世界范围内开展的一项具有深远影响的大型国际科学合作项目。目的在于通过全球性的科学研究、培训及信息交流，为生物圈自然资源的合理利用与保护提供科学依据，同时为各国的自然资源管理培养合格的专门人才。我从 1978 年成立中华人民共和国人与生物圈国家委员会伊始就参与其中，1986～1990 年曾担任过两届联合国教科文组织人与生物圈计划国际协调理事会主席和执行局主席，1990 年在中华人民共和国人与生物圈国家委员会秘书处兼任秘书长，至今仍是国家委员会的委员。回想起来，人与生物圈计划不仅对我国生态学的发展具有重要影响，在人与生物圈计划工作的这段经历也对我个人的成长起到非常重要的作用。

　　20 世纪 50 年代以来，世界上人口、经济与资源环境的不协调发展造成的全球性问题日益严峻，国际上开展了一系列大规模生态学方面的研究计划，以探索解决危机的途径。其中最具代表性的是国际科学理事会的国际生物学计划和联合国教科文组织的人与生物圈计划。国际生物学计划（1964～1974 年）是第一个在全球范围内开展的大型生态学合作项目，主旨在于动员全球生态学研究人员使用有效且先进的技术手段，对全球生态系统的组成、生产力和综合功能进行基础性研究，特别是对冻土带、湖泊和沙漠、针叶林和阔叶林、草原和温带草原等生态系统的生物生产力的研究，对了解全世界生态系统的生产力和地球承载力的有限性奠定了基础。国际生物学计划推动了生态学研究设备以及研究方法的发展，使生态学研究进入一个新的历史阶段。然而国际生物学计划有其弱点，首先研究工作非常复杂，执行费用高昂，尤其是在没有制订相应专家培训计划的情况下，多数发展中国家无法参加；其次，该计划强调收集资料，但是并没有处理大量信息的能力；最后，由于国际生物学计划仅是在科学组织的支持下立足于自然科学的研究，因而难以解决当时全球性的错综复杂的生态环境问题。

人与生物圈计划正是在这样的社会背景和科学发展水平下，在充分总结国际生物学计划经验与教训的基础上，在全球范围内开展的一项政府间综合性生态学研究计划。该计划体现了保护与发展相结合的理念；改变了生态学研究中把人置于生态系统之外的地位，将人看成是生物圈的重要组成部分；强调多学科合作，尤其是自然科学与社会科学的结合；强调政府在解决当前生态环境问题中的重要作用以及当地生产者和决策者参与的重要性；在全球尺度上，将分散的研究构成网络，并且把研究和培训、教育结合起来。人与生物圈计划希望改变长期以来生态学中存在的纠缠于名词术语之争和纯自然主义的倾向，提出了生态学研究的综合性途径，培养了科学技术人员，把生态学推到解决当前生态与环境问题的前沿。这些观点和理念以及在执行过程中采用的组织大型生态学科研的管理办法都已经成为世界自然资源研究的宝贵经验和共识，并使生态学这门学科以崭新的面貌出现于当代先进科学之林。人与生物圈计划不是一个简单的研究计划，而是一个完整的理念以及研究技术和管理系统，起到了引导生态学新潮流的作用，并对中国生态学的研究和发展有着至关重要的意义。

早在中华人民共和国人与生物圈国家委员会成立之前，中国曾派代表参加过人与生物圈计划的理事会会议。联合国教科文组织希望人与生物圈计划成员成立国家一级的永久联络点，负责在本国实施人与生物圈计划，建立和保持地区间与国际的联系，并提出了建立人与生物圈国家委员会的五项原则：由国家和国际公认的科学家组成；是多学科的，并且要和人与生物圈计划的主要工作内容有关；应确保国家能全面参与，不仅要有大学和科研机构的代表，还要有不同政府部门的代表；应与其他政府和非政府计划的国家委员会建立联系；应考虑国家的重点以及实际可能和国际的需要，就国家的需要向政府提出建议。

　　1978年，经相关部门研究，我国决定成立中国的人与生物圈国家委员会，并将这一筹建任务委托中国科学院进行。由于自然资源综合考察委员会具有自然资源研究的基础，又有组织多学科协调攻关的优势，所以筹建任务由自然资源综合考察委员会具体承担。那时候"文化大革命"刚刚结束，迫切需要探索国际合作的渠道和学习国际合作的经验，人与生物圈计划无疑为我们提供了一个很好的渠道。于是，阳含熙（时任自然资源综合考察委员会学术委员会主席）、孙鸿烈（时任自然资源综合考察委员会主任）和我（时任自然资源综合考察委员会副主任）就开始积极准备。1978年，经国务院批准，来自中国科学院、国家科学技术委员会、国家教育委员会、国家自然科学基金委员会、林业部、农业部、水电部、国家环保局、中国气象局和国家海洋局10个部委的34名委员组成了中华人民共和国人与生物圈国家委员会，主席为童第周（时任中国科学院副院

2005年出席人与生物圈国家委员会会议，左起：李文华、许智宏、赵献英等

长），秘书长为阳含熙，我是副秘书长，协助阳先生开展日常工作。

人与生物圈计划的最高权力机构是国际协调理事会，由联合国教科文组织大会选举出的理事组成，其主要职责是负责指导和监督人与生物圈计划的实施，向成员推荐研究项目，并提出有关地区间或国际的合作建议，协调参与人与生物圈计划的成员之间或与其他国际计划间的关系，对人与生物圈计划国际秘书处的工作进行评议等。理事会设执行局，负责休会期间人与生物圈计划的常务工作，由一个主席、四个副主席和一个报告员组成，主要职责是审批新提名的生物圈保护区，审批青年科学奖及其他有关的奖项，评议人与生物圈计划的进展情况和活动计划，并对任何认为是必要的调整进行审议，与人与生物圈计划国际秘书处商讨下一届国际协调理事会会议事宜。国际协调理事会一般每两年选举一次，除了联合国教科文组织，还邀请联合国环境规划署、联合国粮食及农业组织、联合国开发计划署、世界气象组织、世界卫生组织以及其他非政府组织的代表参加会议。

1979 年，阳含熙先生当选为人与生物圈计划国际协调理事会执行局副主席。同年，人与生物圈计划国际秘书处特意邀请中国人与生物圈国家委员会到荷兰、英国、联邦德国和法国等地参观访问，以了解各国人与生物圈计划的实施情况。中国人与生物圈国家委员会代表团由五人组成，阳含熙先生任团长，成员包括陈阅增、任继周、刘建康和我。考察从 1979 年 10 月 15 日到 11 月 5 日共 20 多天，国际人与生物圈计划秘书处做了非常细致且周密的安排，不仅让我们参观每个国家最具代表性的研究机构和野外基地，而且邀请了各国著名的学者进行接待并介绍情况。这次考察参观对中国人与生物圈计划的发展是一件大事，让我们了解了世界各国人与生物圈计划是怎样运行的，同时也做了一次中外生态学研究的国际交流。我们与国际著名的生态学研究机构及研究人员建立了良好的合作关系，拓展了我国生态学研究国际合作的渠道，创造了国际合作的良好开端，对中国生态学发展的意义重大。

　　1986年换届时，本来计划由我接替阳含熙先生竞选人与生物圈计划国际协调理事会执行局的副主席，但秘书处与有关国家代表协商后建议我竞选主席，并得到全票通过。我能获此殊荣，是由于中国的国际地位越来越高，对生态学的研究很重视，具有综合研究的实力和经验。同时，在前期交往过程中，我们和国际人与生物圈计划秘书处以及有关国家建立了良好的合作关系，本着科学研究的目的，让国际方感受到中国对生态环境的真切关心和对联合国工作的真正支持。执行局主席一届两年，我在第十届换届时连选连任。

1986～1990年担任人与生物圈计划国际协调理事会执行局主席

左起：日本代表团团长、李文华、秦力生

　　1989年6月14～16日，联合国教科文组织在巴黎总部举办了一次主题为"未来的科学与技术：国际合作的新面貌"的学术研讨会，各科技领域的权威专家、重要国际组织的官员以及国家或地区科学院的院长等84位卓有成就的个人和代表参加了此次会议。我担任陆地生态系统研究小组主席，参加的成员还有迪卡斯特里（法国国家科研中心主任，人与生物圈计划前主任），圣·埃夫捷夫（S.Evteev，联合国环境规划署常务助理总干事）、比尔·郎（Bill Long，欧共体环境部经济合作与发展组织主任，联合国教科文组织执行局副主席）等。我们经过讨论最终形成统一意见，提出了陆地生态系统研究在未来一段时间内面临的三大挑战，即全球变化（global change）、生物多样性保护（conservation of biological diversity）和可持续发展（sustainable development）。这三方面挑战的提出，对整个世界的生态学研究产生了极大影响，美国生态学会在 1990 年的年会上也肯定了这三方面的重要性，直到现在其仍是生态学领域研究的重点和热点问题。

1989 年，执行人与生物圈计划期间合影
左二为李文华

1990 年参加日本人与生物圈计划专家会议
左二：联合国教科文组织特别顾问冯·德罗斯特；右一：李文华

我在任人与生物圈计划国际协调理事会执行局主席期间，着力推动人与生物圈计划在中国的推广和实施。

一是国际示范项目，比如长白山温带森林生态系统研究、江西千烟洲生态农业研究等；二是双边合作项目，比如20世纪80年代末开展的中美生物圈保护区研究计划（Biosphere Reserve Programme，BRP），通过对比中国东部和美国东北部地区相似的地理条件与阔叶林生态系统，在森林生态系统的养分循环、森林的增长与演替数学模型及倒木功能等方面取得了重要成果；三是多边合作计划，其中由中国、联邦德国和联合国教科文组织共同主持的生态研究合作计划（Cooperative Ecological Research Project，CERP）就是一个突出的代表。该合作计划包括森林生态系统、水生生态系统和城市系统等8个课题，在此基础上形成诸多研究成果。

### 生态研究合作计划开展的课题

| 序号 | 课题名称 | 研究所在地 | 课题协调单位 | 课题协调人 |
| --- | --- | --- | --- | --- |
| 1 | 霸王岭热带雨林生态系统研究 | 海南省 | 中山大学 | 罗进贤 |
| 2 | 小良热带生态系统的恢复 | 广东省 | 中国科学院 | 王铸豪 |
| 3 | 西双版纳热带森林生态系统的研究 | 云南省 | 中国科学院昆明生态研究所 | 冯耀宗 |
| 4 | 长白山温带森林生态系统及改进长白山生物圈保护区经营管理工作的研究 | 吉林省 | 中国科学院沈阳应用生态研究所 | 赵士洞 |
| 5 | 巢湖污染的生态学影响 | 安徽省 | 中国科学院生态环境研究中心 | 尹澄清 |
| 6 | 德兴铜矿区重金属污染的生态学影响 | 江西省 | 中国科学院生态环境研究中心 | 刘静宜 |
| 7 | 沈阳城市污水的生态学管理 | 辽宁省 | 中国科学院沈阳应用生态研究所 | 高拯民 |
| 8 | 天津市城市发展的生态学对策 | 天津市 | 中国科学院生态环境中心 | 王如松 |

在三年的合作期间（1987～1990年），联邦德国研究和技术部通过联合国教科文组织以信托基金方式，为此项目提供了248万美元的经费，生态研究合作计划的规模无论在中德以往的合作项目中还是国际人与生物圈计划中都是最大的。与一般小型合作项目不同的是，该计划包括了研究、互访、召开研讨会、培训人员、提供仪器设备等多种合作方式。通过这一计划的实施，中德双方取长补短，

共同受益，除科学上的收获外，双方科学家和管理人员还获得了参加、组织和协调大型国际合作项目的经验。这对今后各国之间开展成功的协作，以共同应对全球性生态问题是一次颇有意义的实践。

中国有7个单位100多名科研人员参加了这一计划，他们通过以上各种途径提高了自身的现代化生态学研究手段和能力，还获得参加、组织和协调大型国际合作项目的经验，其中不少人现已成为中国城市生态、森林生态、湖泊生态、污染生态等生态学研究领域的领军人物和骨干。此外，我们还推荐中国青年学者在国际人与生物圈计划秘书处进行学习和锻炼，后来他们都取得了很大成绩。

虽然离开人与生物圈计划的工作已有多年，但是在人与生物圈计划工作的这段经历却仍然深深地留在我的记忆之中。在我接触的许多国家中，我也曾有机会了解到他们的人与生物圈计划进展情况。从国家层面比较，我感觉中国在人与生物圈计划的实施方面无疑是发展中国家中最好的。我衷心希望国际人与生物圈计划能一如既往地保持活力和创新性，可以成为国际合作的窗口、人才培育的摇篮、创新思维的智库和成果交流的平台，为解决当代人类面临的生态问题探索新的途径。同时，也希望我国通过人与生物圈计划的开展，不仅能促进中国的生态建设以及生物多样性保育，而且能为国际人与生物圈计划的发展做出更大的贡献！

与赵献英（右一）、郑红英（左一）陪同外国专家考察长白山
中为李文华

2013 年获"中国人与生物圈保护奖"
左一为李文华

2018 年，在北京出席中国加入联合国教科文组织人与生物圈计划 45 周年暨
中国人与生物圈国家委员会成立 40 周年纪念活动

# 第三节　筹建国际山地综合开发中心

国际山地综合开发中心是一个国际性的山地科学研究机构，由

联合国教科文组织倡议，得到了联邦德国、瑞士和尼泊尔等国家的资助与支持，经过近 10 年的筹备，于 1983 年 12 月在尼泊尔首都加德满都创建。国际山地综合开发中心研究的重点地区为兴都库什—喜马拉雅山地，宗旨是分析资源开发中面临的一些生态、环境等问题，探索利用综合方法来合理管理自然资源，以改善山地及其毗邻地区居民的生活质量。

我与国际山地综合开发中心的接触差不多有 10 年之久，其中1990～1992 年常驻尼泊尔的首都加德满都。在这期间，我曾担任轮值副主席、理事成员，亲历了国际山地综合开发中心的成立以及频繁的换届。此外，在卸任理事会成员之后，我还应邀担任国际山地综合开发中心五年评估（Quinquennium Assessment）的专家，对其五年发展情况进行了总结与评价。

1993 年，出席国际山地综合开发中心成立十周年庆典中国代表团合影
右一为李文华

联合国教科文组织人与生物圈计划是联合国开展的一项十分活跃的国际性研究项目。该计划包括 14 个方面的研究课题，其中人类活动对山地环境的影响是一个重要方面。当代山地研究有三个重点地区，即欧洲的阿尔卑斯山地、南美洲的安第斯山地和亚洲的喜马拉雅山地。这三个山地的特点和问题虽各有不同，但不论从山地条件的多样性、环境问题的严重性还是从研究的薄弱性来看，兴都库

什一喜马拉雅山地均较前两者有过之而无不及。

当时，兴都库什一喜马拉雅地区人口不断增长，给土地利用和环境带来了很大的压力。耕地和畜牧业用地的面积不断扩大，草地的利用超过了草地的负荷能力；山地的森林遭到采伐和破坏，加上山高坡陡、基岩松散，生态平衡的破坏往往造成水土流失等一系列严重问题。因此，必须从长远考虑，建立一种新的平衡，以满足当地的社会、经济发展需要。为此，一方面要尽可能开发利用资源，另一方面要注意生态合理性，并使资源保持持续的生产能力。由于环境条件与社会、经济、文化、生态等因素都处于相互联系、相互制约之中，因此，只靠个别部门在局部地区采取某项措施是无法解决面临的复杂问题的，往往需要把各个学科和各种措施加以协调与综合。例如，乡村发展必须与城市发展联系起来进行考虑，农业发展必须与能源、运输、建筑、工业、财贸、教育、卫生以及人口等问题联系起来进行考虑，并要求把局部地区的开发与整个地区的开发联系起来考虑。

1973 年（人与生物圈计划开展的初期）在挪威利勒哈默尔（Lillehammer）举行的人与生物圈计划预备会议，以及 1974 年在联邦德国慕尼黑举行的国际山地环境讨论会上，都已提出了这方面的问题。1975 年由联合国教科文组织和尼泊尔主持在加德满都召开的南亚山系（特别是兴都库什一喜马拉雅山地）综合生态研究和培训会议上，第一次提出要建立一个中心（当时称为"地区中心"，还没有称"国际中心"）。此山区的大多数国家派代表参加了这次会议，与会者强烈要求建立一个研究机构，以便搜集文献，开展培训和科研，并对资源的合理开发利用进行技术咨询。尼泊尔表示欢迎在加德满都建立此机构，并准备为此尽地主之谊。

1976 年，联合国教科文组织举行了一次可行性论证会，并对建立次地区性中心的具体措施提出了建议。同年，在肯尼亚首都内罗毕举行的联合国教科文组织第 19 次大会上，肯定了论证会的意见，并通过了建立此中心的决议。此后，联合国教科文组织第 20 次大会决定在尼泊尔建立开发中心，并通过了 1979～1980 年的财政预算。联邦德国和瑞士认为，建立开发中心具有重要的意义，并决定给予经济资助。再后，南亚合作环境规划署（South Asia Co-operative Environment Programme，SACEP）政府级会议以及 1982 年在马尼拉举行的联合国教科文组织第 2 次会议上，都对开发中心的建立表示支持。尼泊尔也成立了一个由高级人员组成的筹备委员会，以研究开发中心的创建事宜。

1979～1981 年，联合国教科文组织，以及联邦德国、瑞士和尼泊尔曾召开过一系列的会议，并确定了开发中心的名称、章程和财政预算。联邦德国决定每年提供 50 万马克、瑞士提供 7 万美元、尼泊尔提供 130 万卢比作为活动经费。此外，还决定由联合国教科文组织的格拉泽（Glaser）博士、瑞士的赫格尔（Hoegger）博士、联邦德国的兰佩（Lampe）博士、尼泊尔的拉娜（Rana）博士和塔帕（Thapa）博士作为筹委会的成员。为了开展日常工作，特聘请居勒（Gueller）先生作为中心的执行主任。

1983 年 5 月，准备召开有关 8 个国家的理事会（包括中国、尼泊尔、泰国、巴基斯坦、印度、缅甸、阿富汗和孟加拉国），希望能够联合起来，通过国际资助，更好地保护和发展兴都库什—喜马拉雅山地。在此之前，并没有中国科学院系统的相关专家前往参会。当时，我担任自然资源综合考察委员会常务副主任，并主要负责外事活动，因此作为代表前往。我们先从北京飞往缅甸，等待 5 个小时之后，转机到达加德满都。现在已经基本不再走这条路线了。到达加德满都的时候，已经是凌晨时间，我们只能前往大使馆借宿，第二天由当地人员接过去。当天，在加德满都游览时，我们对所有的事情都觉得十分新鲜，这里古迹特别多，是一个十分有历史文化底蕴的国家。

1983 年 8 月 29 日至 9 月 1 日，我代表中国参加了在加德满都举行的国际山地综合开发中心第一次理事会，参加这次理事会的还有尼泊尔、印度、巴基斯坦、联邦德国、瑞士，以及联合国教科文组织等国家和国际组织的 10 名代表。会议听取了筹委会的工作报告，讨论了理事会的职能，任命罗塞（Rosser）教授为国际山地综合开发中心第一届主任，并对 12 月即将举行的开发中心成立大会和第一次国际学术讨论会问题进行磋商。我当时的初步想法是，通过国际合作，共同研究喜马拉雅山地区的生态和环境问题，以期更好地开展综合开发利用。然而，在会议召开期间，我发现各个国家都有自己的考虑，存在很多矛盾。本来作为科研人员，我在国际谈判方面有些力不从心，但面对复杂问题，我始终将国家利益放在第一位。经过多次的商谈之后，各方逐渐去掉戒心，达成共同协议，这一中心最终得以成立。

1983 年 12 月 1～9 日，于加德满都召开了国际山地综合开发中心成立大会。应邀参加会议的除世界上从事山地研究的知名学者近 100 人以外，兴都库什—喜马拉雅地区有关国家也都派代表团出席了会议。此外，各国驻尼泊尔使节也应邀参加了成立大会。联合国教科文组织总干事阿杜马 - 马赫塔尔·姆博（Amadou-Mahtar M' Bow）先生出席了会议并讲话。

1983 年，国际山地综合开发中心筹建人员合影

左三为李文华

1983 年，国际山地综合开发中心成立大会相关人员合影

与此同时，国际山地综合开发中心召开了第一次国际学术讨论会，讨论会的总题目是"展望 2000 年的山地开发"。各国代表在会上介绍了本国山地的自然条件、开发利用中存在的问题和采取的措施。来自世界各地的专家在会上宣读了论文和学术报告，并展开了讨论。讨论的重点问题有三个：① 2000 年兴都库什—喜马拉雅地区的资源开发、环境退化和人类福利的展望及解决问题的途径；②讨论并明确山地综合开发的概念；③确定国际山地综合开发中心的作用和任务。

学术讨论会结束后，组织了两天的现场旅游参观。在此期间，国际山地综合开发中心举行了第二次理事会。参加代表除各方面的理事外，还有缅甸和不丹派出的观察员。会议对国际山地综合开发中心 1984～1985 年的工作计划进行了审核，通过了 1984 年度财务预算，并决定成立理事会的下属机构，以协助理事会开展工作，同时对开发中心的实体结构与职能进行了讨论。

国际山地综合开发中心的最高权力机构是理事会。章程规定：开发中心的理事会应由 11 名理事组成，其中尼泊尔作为东道国出三名理事，中国、印度、巴基斯坦和联合国教科文组织各出一名理事，资助国（凡提供资金超过年度预算 15% 者，取得资助国资格）出四名理事。当资助国超过四个时，则要选举其中的四人作为理事。

理事每年至少要召开一次例会，并可根据需要召集特别会议。凡开发中心重要的决策问题（如章程的审查和修订、研究计划的制订、财务预算和重要人选的任命等）均应在理事会上加以讨论和通过。

理事会休会期间，开发中心由主任和副主任负责处理一切日常事务。主任的人选通过公开招聘的方式，由世界各国学者提出申请，然后由评选委员会根据申请人的学历、工作经验、语言能力、业务能力、组织管理能力等八个方面进行评分，按所得分数排出名次，再由理事会批准任命。副主任由尼泊尔代表担任，其遴选手续与主任相同。主任和副主任一般任期四年，但在工作满两年后，要对理事会进行一次全面汇报，如理事会认为满意，则自动续约至第四年，否则在第三年就需要提交离职。

开发中心有一个实体（研究所），由 15～20 人组成，其中包括资源管理、农学、林学、自然地理、土壤、水温、区划、工程、情报文献等方面的专家，以及辅助人员。这些人员大体可分为四类：①长期专职的高级人员；②参加某个研究项目的科研人员；③行政、技术、秘书和办事人员；④辅助人员。这些人员的人选由该实体的所长决定。按其工作期限，又可分为固定工作人员、长期合同人员（一年以上）和短期合同人员（少于一年的）三类。

计划委员会的职能包括：①为理事会提供初步计划，并制订具体方案；②对开发中心各项计划的执行情况进行监督，并给以审查；③为开发中心对科研项目的资助提供方案；④提出援助的方式和方法。执行委员会按照理事会意见筹备理事会年会，并监督开发中心的财务事宜。提名委员会负责决定各种候选人人选，特别是正副所长的人选。

上述三个委员会各由五名委员组成，每年要召开一两次会议，与理事会会议同时召开。开发中心的研究内容包括：①文献的收集与传播；②组织学术讨论会、专题讨论会和旅行性研究；③训练；④应用研究；⑤专家咨询与评价。

国际山地综合开发中心成立之后，我作为理事会成员，每年都前往尼泊尔参加一次理事会会议。每年除了参加一次理事会会议之外，我们还在当地举办了一些学术会议，包括自然保护区和小流域质量方面的内容。在国际山地综合开发中心工作期间，我有机会深入地了解国际组织在管理和运行方面的内容。与中国科学院不同，国际山地综合开发中心有很多组织方面的工作，同时在国际信息交流方面发挥着重要作用。由于不同国家都会派遣研究人员，因此，国际山地综合开发中心在开展国际合作方面也提供了很好的机会。中国科学院在最初阶段每年向国际山地综合开发中心提供5万美元的费用，用以支持中心的正常运转，随后资助费用逐渐增加。因此，中国科学院可以直接派人前往国际山地综合开发中心进行工作，在我卸任理事之后，刘东生和孙鸿烈还曾是国际山地综合开发中心的理事会成员。此外，我们还派出了大量研究人员在当地开展工作，包括刘燕华、裴盛基、欧阳华、唐亚、陈光伟、吕荣森、孙继正、李天池、许建初等。

1983年，主持"展望2000年的山地开发"国际学术讨论会的分论坛
坐者为李文华

1997 年，国际山地综合开发中心主任佩林格（Peling，左）
赠送纪念品

1997 年，刘东生（中）当选国际山地综合开发中心理事
右为李文华

# 第四节　担任联合国粮食及农业
# 组织南亚十国小流域治理首席顾问

在结束担任国际山地综合开发中心理事会成员之后，我第二次

与尼泊尔深入接触是担任联合国粮食及农业组织南亚十国小流域治理首席顾问。

从尼泊尔回国之后，在成都召开的国际小流域治理国际会议上，我担任主席，详细地介绍了我国在小流域治理方面所取得的成绩。此后，我前往苏黎世联邦理工学院进行访问交流，在此期间，应联合国粮食及农业组织邀请，担任亚洲流域治理高级培训顾问，并兼任尼泊尔流域综合治理首席顾问。1991年2月至1992年12月，我再次前往尼泊尔，故地重游，但身份却与之前不同。

在此期间，我较好地完成了以下任务：针对亚洲地区流域综合治理的关键问题组织了三个地区性的培训班暨学术讨论会，为亚洲10个国家培训了一大批山地综合开发治理方面的人才；建立了亚洲的流域综合治理网络系统（包括亚洲10个国家），进行了经验交流和区域内的合作；组织编著了9本流域综合治理方面的专著、会议论文集、培训教材等，系统介绍了"可持续发展"理论及我国自然资源综合开发的模式和复合生态系统在流域治理中的经验；收集整理了地区性流域治理的一套幻灯片、照片、录像带和影片等，为今后开展流域的综合治理积累了大量资料和数据。

此外，培训班学习期间，我们组织了到多个国家进行参观学习，将不同国家的经验进行推广，包括中国、印度、巴基斯坦、缅甸、孟加拉国、泰国等；我们还邀请了来自美国的专家和苏黎世联邦理工学院的专家进行授课，介绍国际在小流域治理方面的宝贵经验和成熟做法。

1992年8月下旬，联合国粮食及农业组织与荷兰组织的评审组对上述第一阶段工作进行了检查，认为我较好地完成了计划规定的各项任务，并建立了10个国家的地区网络系统，不仅直接为成员国流域的综合治理及人才培训做出了显著成绩，而且为今后开展后续项目及更大规模的区域性流域的综合治理积累了经验，奠定了良好的基础，扩大了中国在国际上的影响。我由此得到了联合国粮食及农业组织"高效和出色工作"的赞赏。

1991年在北京参加联合国粮食及农业组织会议
前排右三为李文华

访问斯里兰卡
左六为李文华

1992年尼泊尔培训班学员合影
前排右四为李文华

1992 年尼泊尔培训班期间留影

1988 年乘直升机考察珠穆朗玛峰

访问印度，与印度环境与森林部官员合影
右一为李文华

# 第五节　最早介入自然保护联盟的中国委员

## 一、IUCN 的产生与使命

自然保护与人类文明是一对不可分割的孪生姐妹。过去看似无穷无尽的土地、森林、河流和海洋在近现代不断加速消失，这种对自然资源的消耗必然限制人类对未来生产生活方式的选择，引发世界范围内兴起许多关心自然和自然资源保护的政府组织及非政府组织。联合国教科文组织第一任总干事朱利安·赫胥黎（Julian Huxley）希望为联合国教科文组织在自然保护方面提供一个更加学术化的平台，决定发起一个大会来倡导建立新的环境机构。1948 年 10 月 5 日，在联合国教科文组织的赞助下，18 个国家政府、7 个国际组织和 108 家地方性组织在东道主法国的枫丹白露（Fontainebleau）召开会议，宣布成立国际自然保护联盟（International Union for the Protection of Nature，IUPN）；1956 年在爱丁堡全体会议期间，国际自然保护联盟易名为国际自然与自然资源保护联盟（International Union for Conservation of Nature and Natural Resources，IUCN）；1990～2008 年又改称世界自然保护联盟（World Conservation Union）。

IUCN 现已成为一个在自然和生物多样性保护方面全球最古老、最有影响力的组织，目前其会员有近 1300 个政府和非政府组织，并在 185 个国家拥有超过 15 000 名专家志愿者。IUCN 的宗旨是对世界上自然整体及其多样性的保护发挥影响、鼓励和支持的作用，以保证平等且可持续地利用自然资源。联盟及下属的所有机构都致力于满足并解决各国、各群体和居民的需求，并将其作为联盟的首要行动准则，这样才能使国家、群体和居民更好地肩负起对未来长期性自然保护目标的责任。

## 二、我在 IUCN 参加的活动

### （一）成为最早进入 IUCN 理事会的中国委员

IUCN 是一个独立的国际性组织，以《世界自然资源保护大纲》为行动基础，以全体会员组成的联盟大会作为最高权力机构。大会每三年召开一次，制定并通过联盟的规划和未来三年的预算，并选出一个人数不多的联盟理事会作为其常设机构。理事会一般共有30多名理事，其中包括世界 8 个大区的代表和 6 个专业委员会的主席，在会员大会闭幕期间行使职权，是联盟实际的最高权力机构。我有幸于 1984～1992 年通过国家的推荐和大会的选举，进入该组织的理事会，担任该组织东亚区的理事（1988 年 2 月，在哥斯达黎加首都圣约瑟举行的 IUCN 第 17 届会员大会上，我有幸作为东亚地区的代表当选为该联盟的理事），成为我国第一个与 IUCN 有这样密切接触并直接进入该组织最高决策层的人。这不仅是我的荣誉，也是当时我国国际地位提高的表现。

除了会员大会、理事会以外，IUCN 还内设 1 个秘书处和 6 个专业委员会。总部设在瑞士日内瓦附近的格兰（Glan）小镇，与世界自然基金会同署办公。秘书处为联盟全体成员服务，并负责贯彻落实联盟的各项政策和项目。下设的六个委员会包括生态委员会、教育委员会、环境规划委员会、环境政策法律和管理委员会、国家公园和保护区委员会以及物种管理委员会。理事会的成员一般都在这六个委员会中担任领导或委员。我当时参加了该组织的生态委员会、国家公园和保护区委员会的工作。IUCN 每年组织许多国际会议，我们也根据专业的特点被邀请参加，同署办公的世界自然基金会和国际重要湿地公约（Ramsar Convention）的代表也经常参加会议。

## （二）参加 IUCN 总部搬迁开幕式

随着自然保护事业的发展、活动的扩大以及人员的增加，原来与世界自然基金会同署办公的地方不再适应事业发展的需要，因此IUCN 决定搬迁，单独成立总部。一开始瑞士方面迟迟未能解决搬迁经费问题，后来荷兰政府建议 IUCN 搬到荷兰，并答应提供一切经费及建筑设施，瑞士政府才认真考虑 IUCN 搬迁到荷兰，并在格朗（Gland）另选新址，理事会经过多次讨论决定接受瑞士的建议，新建地址自 1991 年 11 月破土动工，于 1992 年 10 月建成。1992 年第 34 届理事会期间举行了总部办公楼开幕式暨学术报告会，参加开幕式的除了 IUCN 的理事、全体工作人员外，还邀请了许多贵宾，其中包括瑞士总统勒内·费尔贝（René Felber）、当地政府首脑及驻瑞士的多国使节。开幕式持续了一上午时间，下午举行了学术研讨会，中心议题是探讨环境及自然保护的现状及 IUCN 的任务，会议举办得很成功。

## （三）争取 IUCN 对中国的经费支持

我参与 IUCN 工作的那几年，随着自然保护问题越来越受到关注与重视，IUCN 的会员与所获得的经费逐年增加，到 1992 年总经费已达 62 994 000 瑞士法郎，其中用于研究和开发项目的约占 60%。在各项开支中，占比最高的是地区性项目，经费一部分来源于会员所交的会费，另一部分是双边、多边和国际组织的专款支持。虽然用于支持研究和发展的经费所占比例较高，但分配到每个国家的经费仍是有限的，而且分配情况很不平衡。一般来说，凡是 IUCN 设有代表处的国家和地区的项目都较多，反之则较少。我国属于项目较少的国家。为加强我国与 IUCN 的联系，我曾建议中国科学院领导在时任 IUCN 总干事霍尔盖特（Holdgate）访华期间找机会与其适当接触，以便加强有关合作问题的探讨。当时 IUCN 研究和支持的重点在生物群落（biome）、生物多样性（biodiversity）及可持续发展（sustainable development）三个方面，其发展战略主要体现在《关怀地球》（*Caring for the Earth*）一书中，为争取项目的需要应准备较好的建议，有的放矢地探讨今后的合作才能奏效。

### （四）反对"国际律师西藏委员会"加入 IUCN

在我任 IUCN 理事期间，有个名叫"国际律师西藏委员会"的组织曾多次申请加入 IUCN，一开始因有争议未获通过，后来会员审查委员会根据其补充的材料，证明该组织对自然保护是有兴趣的，而且不违反 IUCN 吸收会员的三条标准，因此作为一个非政府组织（NGO）单位被批准通过（我未参加通过其申请的理事会）。

了解到这种情况以后，我立即查阅了有关材料，发现我国有关部门曾多次给 IUCN 提出书面意见，反对这一组织加入 IUCN，但均未能奏效。我又仔细看了这个组织的介绍材料，认为这个组织纯属打着自然保护的幌子，以达到其所谓西藏"人权"与"自由"的政治目的。于是我找了 IUCN 总干事霍尔盖特、副总干事戈德布姆（Goldbeu）、两位法律顾问、会员资格审查委员会组长以及有关理事，并发表了我的意见，但他们大都认为难以挽回局面，只有到 1994 年全体会员大会期间提出提案，在有 2/3 会员支持的情况下，才能开除一个会员组织。之后我又在理事会上就此问题做了一个发言，我根据这一组织的性质，并利用自己多年在西藏考察的经验，系统地驳斥了这一组织提出的"西藏环境危机"的谎言及其真实目的，同时也指出该组织所计划的活动（如监测环境、"立法"等）是直接对一个主权国家的侵犯。遗憾的是，大会主席并未就此问题进行讨论，仍然以审查委员会认定的该组织对自然保护是有兴趣的，如有不同意见，只能等到 1994 年的会员大会上去表决，这实际上是一种推诿之词。我表示希望理事会讨论，并保留意见。

此事在那次理事会的第二天出现了转机。美国的一个重要组织"狩猎协会"申请加入 IUCN，它是美国大自然保护协会的资助者和主要财源。理事会主席要大家重新考虑这个已经通过的决议，作为 IUCN 副主席的美国代表提出了意见，希望大会能允许他提供材料在下次理事会再重新讨论。利用这一时机，我立刻提出要求同等对待。此要求得到与会代表的支持，并做出决定，但是由于已通知了该委员会，而且为了避免事态扩大，以保密的形式对这一事件进行了处理。美国代表也立即表态说要按 IUCN 的原则认真对待此事。此局面也是经过艰苦斗争的结果，实为不易。

## （五）建议孙鸿烈同志竞选 IUCN 副主席

在国际组织中，人员的新旧接替是不可避免的。在 IUCN 任职的后期，我曾根据自己的经验和体会上书国家与中国科学院，推举合适的同志竞选 IUCN 理事会职位。当时的背景是 IUCN 将于 1994 年 1 月举行第 19 届会员大会，会上要重新选举地区理事。IUCN 理事会是一个层次更高的决策性机构，我身居其中，深感力不从心，因此建议一定要早在人选上做好准备，而且要选在国内和国际上有声望、有权威的人。我个人认为，最好是由中国科学院副院长一级的同志参加竞选为宜，如果孙鸿烈同志能参加下届理事的竞选是很合适的。因为他在国内、国际上都有一定的知名度，在学术领域和外事工作方面也有丰富的经验，进入理事会的希望非常大，且可竞争 IUCN 理事会副主席的职务，从而有助于扩大我国在自然保护领域的国际影响与作用。

## （六）与 IUCN 在中国再次相聚

离开 IUCN 多年后，我与它又在中国相逢。2015 年 10 月 25 日，由 IUCN、中国国家林业局、北京市政府和亚太森林组织共同主办的首届世界生态系统治理论坛在北京召开，出席的有 IUCN 总干事英格尔·安德森（Inger Andersen）、IUCN 理事会主席章新胜、联合国森林论坛秘书长等各个国家和国际组织代表 99 人，加上中国有关机构的代表约 33 人出席了会议，IUCN 中国代表处的朱金泉也出席了会议。我作为主要嘉宾应邀出席，陪同外宾一起接受国务院副总理汪洋的接见，并作为嘉宾在由英格尔·安德森主持的"生态系统治理与可持续发展"嘉宾访谈中首先发言。虽然由于时间的限制，面对全球许多著名的学者和领导有言犹未尽之感，但听到会上总干事和章新胜主席多次提到我的名字与我当年在 IUCN 的工作，却让我感慨万分。一方面，这使我回忆起 30 年前的往事和与 IUCN 的友情；另一方面，感到世事的变迁和国家的强盛，特别是我国对自然保护的重视在许多方面已经处于领先地位。这让我感到作一个中国人的骄傲和自豪，也算是为我和 IUCN 的这段关系画上了一个圆满的句号。

## 三、IUCN 对我影响深刻的人和事

在我担任理事期间，除了参加例会听取并讨论六个专业委员会的年度报告外，有几件重要活动给我留下了深刻的印象。因为当时恰值可持续发展的概念形成时期，IUCN 的活动有很多与可持续发展的概念及实践模式探索有关。据我所知，1980 年由 IUCN、UNEP、WWF 共同完成的《世界自然资源保护大纲》中最早提出了可持续发展的定义："人类利用生物圈要加以管理，以便在能使当代人获得最大和持久利益的同时，又能维持其潜力以满足后代人的需要与期望。"这一观点在其后的报告《布伦特兰报告：我们的共同

未来》中得到进一步的肯定和发挥，形成现在公认的可持续发展的定义。另一件事就是于 1988 年 10 月 5～7 日在枫丹白露召开的庆祝 IUCN 成立 40 周年大会，同时召开座谈会讨论今后 40 年（即到 2030 年时）人、社会和自然关系的远景，并发表了《枫丹白露》宣言。尽管活动隆重，参加的人也都来自高层，但是会议的成果和宣言并未曾在社会上达到预期的效果。

在 IUCN 理事会期间，我也认识了一些知名专家，比如曾担任 IUCN 理事会主席的斯瓦米纳坦（Swaminathan）教授。他是印度著名的农业科学家，曾经担任国际水稻研究所所长，不仅在世界自然保护领域享有很高的威信，而且为人谦虚和蔼，对中国十分友好。由我担任主编的英文杂志 *Journal of Resources and Ecology* 特邀他作为科学顾问，得到他的慨然允诺。另外还有时任 IUCN 总干事霍尔盖特，我在 1983 年随吴征镒先生访问英国时与其相识。他曾多次到中国访问，并与我国政府的资源环境部门探讨有关自然保护的问题。在中国科学院中国生态系统研究网络（CERN）初建时期，他曾被聘担任该网络咨询顾问组的成员，对我国生态定位研究网络的发展和国际合作提出了许多宝贵建议。他们两个人在工作中有不同的风格。如果说斯瓦米纳坦是以受人尊敬的长者之风和崇高的学术威望在协调理事会的工作，那么霍尔盖特则是以其干练的组织才能和极高的工作效率来处理 IUCN 的领导与具体事务。

除此之外，还有一位好朋友麦克尼利博士，他是一位自然保护方面真正的专家，有大量的著述。他很欣赏我国在农业方面的生态学思想和这方面的文化遗产，并曾说过，如果我能把这方面的内容形成文字，他很愿意在翻译和校对方面给予协助，这句话给我留下了很深的印象。后来我编著 *Integrated Farming System in China* 固然是有其他的原因，但是我们之间的那次谈话也起到了一定的作用。

IUCN 会后在瑞士与麦克尼利（左）合影

1997 年摄于印度、巴基斯坦、中国交界处

1998 年在日本东京农业大学做访问学者
右二为李文华

1998 年在瑞典皇家科学院与赵士洞（左）合影

与罗马俱乐部米都斯（Meadows）（左）合影

与孙九林院士（左一）在匈牙利巴拉顿会议期间合影

右一为李文华

# 第六节　共同发起"零排放"运动

我与中国科学院生态环境研究中心的王如松同志在可持续发展领域有着很密切的合作。王如松同志继承并发展了马世骏先生的社会－经济－自然复合生态系统理论，是我国城市生态研究的奠基人之一。我们曾在联合国大学的支持下，与瑞典皇家科学院院士 C. 赫登（C. Heden）以及冈特·鲍利（Gunter Pauli）博士共同发起组织了以可持续发展原理为基础的"工－农－养殖零排放系统工程（ZERI-BAG）"，并以啤酒厂作为试点开展了系统研究。

零排放，就其内容而言，一方面，是要控制生产过程中不得已产生的废弃物排放，将其减少到零；另一方面，是将不得已排放的废弃物充分利用，最终提高不可再生资源和能源利用的效率。就其过程来讲，是指将一种产业生产过程中排放的废弃物变为另一种产业的原料或燃料，从而通过循环利用使相关产业形成产业生态系统。20 世纪 70 年代个别工业部门就开始摸索"零排放"，那时主要指没有废水从工厂排出，所有废水经过二级或三级污水处理后，除了回用就只剩下转化为固体的废渣。一般认为，自 1994 年我们发起"工－农－养殖零排放系统工程"开始，才把"零排放"从个别分散的活动上升到一种理论体系。

当然，"零排放"只是一种理想的、永远追求但很难达到的状态。从技术角度讲，在产业生产过程中，能量、能源、资源的转化都遵循一定的自然规律，资源转化为各种能量、各种能量相互转化、原材料转化为产品，都不可能实现 100% 的转化。根据能量守恒定律，其损失的部分最终会以水、气、声、渣、热等形式排入环境。

我国的环保工作起步较晚，以现有的技术、经济条件，真正做到将不得已排放的废弃物减少到零，可谓是难上加难。有些企业通过对不得已排放废弃物的充分利用，实现了所谓的"零排放"，也只是改变了污染物排放的方式、渠道和节点，一些污染物最终还是要进入环境。从这个意义上讲，真正的"零排放"只是一种理论上的、理想的状态。

为此，我们在中国组织过两次国际研讨会。该计划在联合国大学的支持下在日本、坦桑尼亚、纳米比亚、斐济、印度等国家得到推广。我们还创建了全球可持续发展生态技术网络（Eco-tech-Network），我还被推选为该网络第一届顾问委员会主席。通过这方面的工作，我于1994年应邀出席了美国总统可持续发展委员会在生态工程示范市查塔努加市（Chattanooga）举行的年会，并被授予该市"荣誉公民奖"。

遗憾的是，由于专业条件的限制，以及我们本身缺乏与行政方面的沟通和把理念落到实处的坚韧不拔的精神，"零排放"等当时在我国并未形成应有的影响。可喜的是，我们始终没有放弃当时"零排放"计划中所包含的节能减排和循环经济的思路萌芽，并在此后的生态农业、生态示范区建设等的研究中不断贯彻。

1994年参加"零排放"计划筹备会议，
与瑞典皇家科学院赫登院士（左）在瑞典斯德哥尔摩合影

2004 年在纪念"零排放"计划 10 周年年会上做报告（日本东京）

1994 年访问日本千叶大学，与日本生态学会前主席沼田真（Numata）教授合影
前排右二为李文华

1996 年访问南美
左起：郑度、孙鸿烈、冯雪华、李文华、周兴民

1996 年在玻利维亚参观废旧矿井
右三为李文华

# 第七节　创建东亚生态学会联盟

在我担任中国生态学学会理事长期间，中国生态学学会与日本生态学会、韩国生态学会达成共识，即建立一个区域性的生态学会联盟机构，有效组织中国、韩国、日本的生态学者开展学术交流与合作，以推动东亚生态学的发展。

为此，2002 年我带领中国生态学学会有关人员前往日本，与日本、韩国两国生态学会的相关人员进行商谈，达成了建立东亚生态学会联盟（East Asian Federation of Ecological Societies，EAFES）的共识并商谈了相关细节，包括每两年举办一届东亚生态学会联盟国际学术研讨会，为东亚各国生态学工作者开展学术研讨和促进相互合作搭建交流平台。

2003 年 1 月，由中国生态学学会、日本生态学会和韩国生态学会共同发起的东亚生态学会联盟于北京成立，我被推举为第一届联盟主席。

2004 年 10 月 19～23 日，第一届东亚生态学会联盟国际学术研讨会在韩国国立木浦大学（Mokpo National University）召开。这次会议的主题是"环境变化的生态学研究与监测"。遗憾的是，我由于工作安排问题未能前往韩国出席会议，委托中国生态学学会副理事长于贵瑞研究员和常务理事赵士洞研究员出席了这次研讨会并带去了我的贺词。出席此次会议的学者共有 266 人，其中韩国学者 131 人，日本学者 123 人，中国学者 12 人。大会共收到论文摘要 167 篇，展板 123 个。会议组织了大会报告 5 个，小型研讨会 23 个。由于主办方韩国生态学会的努力，以及日本生态学会和中国生态学学会的积极协助，该次会议组织紧凑，学术气氛热烈，达到了促进学术交流与合作的目的，受到与会者的好评。

大会共举行了三次全体大会，分别由来自中国、韩国、日本和印度的 5 位学者做了报告。中国科学院地理科学与资源研究所的于贵瑞、赵士洞研究员应邀做了大会报告，报告的题目分别是"中国陆地生态系统碳通量的初步研究"和"国际长期生态研究网络（ILTER）东亚及太平洋区域网络——背景、现状和前景"。他们的报告与会议主题密切相关，反映了中国学者在有关领域的一些研究成果和活动，受到与会学者的广泛关注和热烈欢迎。同时，傅伯杰和赵士洞还与其他国家的学者共同主持了分组会议，庄大方和刘国斌等学者在分组会议上做了报告。

韩国生态学会理事长任炳善（Byubg-Sun Ihm）和日本生态学会理事长鹫谷泉（Izumi Washitani）以及一大批学者出席了该次会议，他们在会议期间积极参加研讨，反映了他们对该次学术会议十分重视。

迄今，东亚生态学会联盟国际学术研讨会已成功举办 9 届。第九次国际学术大会于 2021 年 7 月 10～12 日在内蒙古呼和浩特召开，会议主题为"Harmonizing People and Nature for Better Asia"（人与自然和谐，亚洲更美好），来自中国、日本、韩国等东亚各国的生态学专家、学者参加了此次大会。

2002 年访问新西兰

左四为李文华

2002 年考察马来西亚森林

前排左一为李文华

2002 年在韩国参加第八届国际生态学大会

左起：闵庆文、李文华、成升魁

2002 年考察澳大利亚森林

2005 年与刘世荣（前排左一）参加世界林业大会（澳大利亚）
前排左二为李文华

# 第八节　推动联合国粮食及农业
# 组织全球重要农业文化遗产计划

　　近代以来，从原始的刀耕火种、自给自足的个体农业到现代化农业，通过科学技术的进步和土地利用的集约化，尤其是在农业技术、育种技术、生物技术、信息技术方面，取得了巨大的成就。但在生产发展的同时，也产生了一些严重的问题，包括农业生态与环境问题日益加剧，如土地减少、荒漠化、环境污染、生物多样性丧失以及气候变化等。2002年在世界可持续发展高峰论坛上，联合国粮食及农业组织提出"全球重要农业文化遗产"的概念和动态保护的理念。随后，联合国粮食及农业组织联合联合国开发计划署、全球环境基金、联合国教科文组织、国际文化财产保护与修复研究中心、国际自然与自然保护联盟、联合国大学等十余个国际组织开始全球重要农业文化遗产项目的准备工作。

2004年，中国科学院院长路甬祥基于我在国际合作方面的经验、与多个国际组织良好的合作关系以及多学科研究的学术背景，建议由我牵头组织开展自然与文化遗产的研究工作。2005年，"浙江青田稻鱼共生系统"被联合国粮食及农业组织列为全球重要农业文化遗产保护项目试点，也成为我国第一个全球重要农业文化遗产。全球重要农业文化遗产的理念与可持续发展、生态农业的基本理念一脉相承，为了自然与文化遗产的研究顺利开展，我和我的团队决定选择农业文化遗产作为切入点；2006年，中国科学院地理科学与资源研究所成立了自然与文化遗产研究中心，我担任中心主任，这也为全球和中国重要农业文化遗产保护与研究提供了平台。

2007年5月，第三届世界生态高峰会（Eco Summit 2007）在北京召开，"全球重要农业文化遗产与生物多样性保护学术研讨会"是其分会场之一，闵庆文研究员和帕尔维兹·库哈弗坎（Parviz Koohafkan）先生共同担任分会主席，我在会上做了报告。2009年2月在北京召开了全球重要农业文化遗产保护中国项目启动会，标志着GIAHS项目在中国的正式启动。随后按照项目计划，成立了项目专家委员会，重点在保护途径探索与试点经验推广、GIAHS的选择与推荐、管理机制建设、科学研究与科学普及、公众宣传与能力建设、国际合作等方面全面开展了相关工作，顺利完成了项目设定的目标，取得了极好的成效。

　　GIAHS 项目在中国实施以来，举办了几次重要的国际会议，它们可以视为里程碑式的事件。其中最突出的是 2011 年 6 月 9～12 日在北京召开的第三届 GIAHS 国际论坛，主题是"农业文明之间的对话"。来自联合国粮食及农业组织、全球环境基金、联合国教科文组织、《生物多样性公约》秘书处、国际竹藤组织、联合国大学、欧盟等国际组织的代表，阿尔及利亚、秘鲁、坦桑尼亚、突尼斯、智利、菲律宾、中国、日本、印度、摩洛哥等试点国家和候选点国家的代表，斯里兰卡、巴西、美国、意大利、比利时、法国等国家的专家或农业部门的代表近 200 人参加了会议。这是 GIAHS 国际论坛第一次在试点国家举办，由中国科学院地理科学与资源研究所承办，并得到了农业部国际合作司、中国农学会、有关地方政府以及国际竹藤组织的大力支持，农业部原副部长、中国农学会名誉会长洪绂曾，全国政协人口资源环境委员会副主任、中国林学会理事长江泽慧，中国科学院地理科学与资源研究所党委书记成升魁，农业部国际合作司副司长姚向君，FAO 驻北京办事处代表伯希·米西卡（Percy Misika）等出席并讲话。我当选为 GIAHS 指导委员会主席，主持了开幕式、闭幕式和指导委员会（Steering Committee）/科学委员会（Scientific Committee）联席会议。

2011 年当选 GIAHS 指导委员会主席

左起：联合国粮食及农业组织水土司司长帕尔维兹·库哈弗坎、李文华、
联合国粮食及农业组织驻北京办事处代表伯希·米西卡

这次论坛通过了《农业文化遗产保护北京宣言》，同期还举办了"农业文化遗产保护：机遇与挑战"的中国分论坛。会议期间，举办了农业文化遗产地农产品展览和民族歌舞表演。研讨会结束后，部分代表还考察了河北省宣化传统葡萄园和浙江省青田稻鱼共生系统。这次国际会议的成功举行，对促进我国农业文化遗产保护、研究与实践产生了积极影响，并确立了我国在这一领域的国际领先地位。

2012 年 10 月 29～30 日，我以 GIAHS 指导委员会主席的身份应邀参加在 FAO 总部（意大利罗马）举行的 GIAHS 指导委员会 / 科学委员会工作会议。来自联合国粮食及农业组织、联合国教科文组织、联合国大学、国际农业发展基金、《生物多样性公约》秘书处等国际组织的代表和中国、突尼斯、日本、智利等试点国家的代表近 50 人出席了会议。

2012 年在意大利罗马主持 GIAHS 指导委员会会议
左起：库哈弗坎、麦克唐纳（McDonald）、李文华

联合国粮食及农业组织助理总干事劳伦特·托马斯（Laurent Thomas）先生代表 FAO 在开幕式上致辞，他高度评价了 GIAHS 项目实施以来在推广农业文化遗产保护理念、试点保护途径探索和经验推广等方面所取得的成果，高度赞赏了中国农业部和中国科学院对项目的支持与所取得的成果。我以"中国实施 GIAHS 的经验与展

望"为题做了报告。农业部国际合作司罗鸣处长、中国科学院地理科学与资源研究所自然与文化遗产研究中心副主任闵庆文研究员分别参加了指导委员会和科学委员会会议，并就 GIAHS 伙伴关系框架、GIAHS 评估与监测的技术与框架指南、GIAHS 申请与命名程序、GIAHS 标识使用进行了专题发言。最后我主持了会议闭幕式。

2012 年会见 FAO 助理总干事穆勒（Muller）先生
左起：成升魁、李文华、穆勒、屈四喜

会议期间，我还拜会了 FAO 总干事特别顾问、原副总干事何昌垂先生和中国常驻联合国粮农机构代表处夏敬源代表等，并就保持中国在农业文化遗产及其保护研究和实践中的领先地位、推进联合国粮食及农业组织农业文化遗产保护工作进行了交流。

2013 年 5 月 29～31 日，由 FAO 等主办的第四届全球重要农业文化遗产国际论坛在日本石川县七尾市举行，主题是"农业文化遗产对于可持续世界的贡献"。GIAHS 指导委员会和科学委员会委员，来自中国、日本、菲律宾、阿尔及利亚、智利、秘鲁、印度、坦桑尼亚、肯尼亚、摩洛哥、突尼斯 GIAHS 试点国家的代表和韩国、伊朗、美国、埃塞俄比亚、印度尼西亚、阿塞拜疆、意大利等候选试点国家的代表，以及国际农业发展基金、全球环境基金、国际生物多样性中心、联合国大学等机构的代表 500 多人参加了本次会议。

2013 年在日本主持第四届全球重要农业文化遗产国际论坛
左为 FAO 总干事达席尔瓦

　　经过会议讨论决定，由我连任全球重要农业文化遗产指导委员会主席，并在闭幕式上发表了讲话。我国农业部国际合作司的届四喜巡视员参加了高层会议并发表了讲话。闵庆文研究员共同主持了"传统知识与生态文明"分论坛，并以浙江青田稻鱼共生系统为例，介绍了农业文化遗产保护与生态文明建设的关系及实践经验。另外，刘某承博士和来自云南普洱和红河、贵州从江、内蒙古敖汉等地的代表分别介绍了工作经验。FAO 总干事达席尔瓦先生在高层会议上的致辞中，对全球重要农业文化遗产的理念和所取得的成果，特别是对中国在全球重要农业文化遗产项目执行和推进国际范围内的农业文化遗产保护工作中所发挥的重要作用表示高度赞赏。GIAHS 项目总协调人、全球重要农业文化遗产基金会主席帕尔维兹·库哈弗坎博士在闭幕式的讲话中特别对中国在全球 GIAHS 工作中的领导地位给予了充分肯定，热情洋溢地称赞了中国在传播 GIAHS 保护与发展经验、促进全球 GIAHS 工作发展方面的重要贡献和领导作用。

　　2014 年，应联合国粮食及农业组织邀请，我参加了 4 月 28～29 日在罗马召开的全球重要农业文化遗产指导委员会和科学委员会会议。我以指导委员会主席身份主持了会议开幕式、申报陈述等活动，并做了题为"全球重要农业文化遗产保护的重要性和展望"的主题报告，提出了进一步增加参与国家、改进管理机制、多渠道融资、探索生态补偿、加强科学研究、促进与其他国际计划的合作等建议。来自韩国、中国、伊朗3个国家6个地区的代表分别做了申报陈述，经专家委员会和指导委员会闭门会议认真讨论，我国江苏兴化垛田传统农业系统、福建福州茉莉花和茶文化系统、陕西佳县古枣园和韩国、伊朗申报的6个项目均被正式批准为全球重要农业文化遗产。联合国粮食及农业组织副总干事赛梅朵女士出席会议并为各国遗产地代表授牌。

此次会议共有来自18个国家的政府官员、9个国际机构的代表和有关专家参会，是历届会议各方参与积极性最高、与会人数最多、评审最严格的一次，充分体现了国际社会对GIAHS工作的重视。会议期间，农业部国际合作司的屈四喜巡视员表达了中国政府愿意支持联合国粮食及农业组织开展GIAHS工作的想法，中国候选地还举办了图片展览、产品展示和茶艺表演等特色活动。

2015年6月，在联合国粮食及农业组织第39次大会上，GIAHS被列为FAO的业务工作之一。为进一步修改完善GIAHS的申报指南，深入研讨新形势下GIAHS发展所面临的机遇与挑战，遴选并命名新的GIAHS项目，12月14～15日，联合国粮食及农业组织全球重要农业文化遗产指导委员会与科学委员会联席会议在FAO总部意大利罗马举行。联合国粮食及农业组织总干事达席尔瓦先生、副总干事赛梅朵女士、水土司司长穆贾希德·阿乔里先生、GIAHS协调员远藤芳英先生，以及来自联合国教科文组织、联合国大学、《生物多样性公约》秘书处等国际组织的代表和中国、日本、突尼斯、智利、坦桑尼亚、菲律宾、孟加拉国和印度尼西亚等国家的专家和代表约80人参加了会议。由中国农业部国际合作司屈四喜巡视员、赵立军副调研员、国际合作交流服务中心熊哲副处长和中国科学院地理科学与资源研究所闵庆文研究员、刘某承副研究员组成的中国代表团参加了会议。

2015 年在意大利罗马主持 GIAHS 指导委员会会议

左起：FAO 水土司司长穆贾希德·阿乔里、副总干事赛梅朵、李文华、总干事达席尔瓦、
GIAHS 协调员远藤芳英

我以指导委员会主席的身份主持了 GIAHS 候选地的申报陈述。来自日本、孟加拉国和印度尼西亚 3 个国家的 5 个候选地代表分别做了申报陈述，经科学委员会和指导委员会闭门会议认真讨论，最终日本（3 个）和孟加拉国（1 个）的 4 个项目被正式批准为全球重要农业文化遗产。在随后举行的授牌仪式上，FAO 总干事达席尔瓦、副总干事赛梅朵和我为获得批准的遗产地代表授牌。FAO 总干事达席尔瓦、副总干事赛梅朵在讲话中对过去 10 多年来 GIAHS 保护与发展所取得的成就给予了充分肯定，并对中国等国家政府的努力以及我和其他中国同事的贡献表示衷心的感谢。他们表示，FAO 将进一步加强对 GIAHS 工作的领导和支持，以进一步促进世界范围内的生态保护、贫困缓解与农业的可持续发展。

在闭幕式上，穆贾希德·阿乔里司长高度评价了指导委员会和科学委员会过去几年来的高效工作，并特别感谢我（指导委员会主席）和科学委员会主席托马斯·普里斯（Thomas Price）先生对 GIAHS 工作做出的突出贡献。

在此次会议上，由于年龄原因，同时鉴于 GIAHS 已经成为联合国粮食及农业组织的业务工作，我辞去了指导委员会主席一职。

2016年在湖州出席农业文化传承与保护报告会暨院士专家工作站授牌仪式
左起：徐国华、夏标泉、吴金良、李文华、杨六顺、闵庆文、方杰

# 第七章

# 为国献策

如果说 50 岁之前我主要从事的是以个人和团队为主体的科学考察与研究工作，那么 50 岁以后，特别是在我担任了自然资源综合考察委员会副主任后就越来越多地介入学会工作、科学评审与咨询、科普宣传、人才培养、编译图书和期刊工作中。

# 第一节　学会工作

由于生态学的学科特点，我参与活动的学会很多，但真正进行过组织工作、联系比较密切的主要是中国自然资源研究会（1993 年更名为中国自然资源学会）、中国生态学学会、中国林学会和中国可持续发展研究会等。

20 世纪 80 年代初期，由于资源环境问题日益尖锐，也由于长期综合考察经验的多年积累，加上国际上资源科学兴起和迅速发展的激励，人们认识到资源科学发展的一个新的历史时期到来了。1980 年 9 月 12 日，中国科学技术协会发文正式同意成立中国自然资源研究会。1982 年 9 月 12 日，中国自然资源研究会筹备组在北京召开了成立大会暨学术交流会，会议推选了 28 位同志组成中国自然资源研究会筹备组，由漆克昌、马世骏、孙鸿烈等担任筹备组的负责人。由于当时我担任自然资源综合考察委员会副主任，因此也被列为筹备组的成员。这一阶段的主要任务是：宣传研究会的宗旨，创办会刊，发展会员，健全组织，举办学术会议，向社会普及自然资源科技知识，帮助民众树立爱惜资源、节约资源、合理利用资源和保护资源的意识。侯学煜和孙鸿烈分别当选为两届理事长，我担任副理事长，参与负责学会的一些日常工作。这一阶段我们除了抓组织建设，成立了一批专业委员会外，还着力在青少年中开展了普及资源知识的活动——"可爱的中华"系列讲座，宣讲祖国的大好河山以及各种资源的分布情况。1988年，在秘书长郭绍礼等同志的组织和协助下，中国自然资源研究会组织撰写出版了一套"中国自然资源丛书"，包括《大地明珠——湖泊资源》《林木葱郁——森林资源》等，系列科普丛书的出版填补了我国资源领域科普工作的空白。1990年后由于我到瑞士和联合国粮食及农业组织参与小流域治理方面的工作，我在中国自然资源研究会的工作一度中断。当我于1992年从国外回来后，1993年中国自然资源研究会已经改名为中国自然资源学会，资源科学也在大家的共同努力下逐渐发展成为一个相对独立的学科。我很庆幸还能赶上学会组织的《中国自然资源通典》的编写，同时孙鸿烈同志推荐我替他担任《自然资源学报》的主编工作。

2009年参加中国自然资源学会第六次代表会议
左起：成升魁、刘昌明、李文华、孙鸿烈、冯长根、石玉林、刘纪远、高峻、沈镭

　　我介入并参加活动较多的另一个学会是中国生态学学会。该学会成立于1979年，是在马世骏、侯学煜、阳含熙等老一辈生态学家的直接关怀和组织下成立的。学会下设32个专业委员会、5个工作委员会，全国29个省（自治区、直辖市）成立了地方生态学会组织。我从一开始就是中国生态学学会的积极支持者，参加理事会的工作，并于2000年当选为第六届理事会理事长，2004年后担任该学会的名誉理事长和顾问。

根据我的体会，全国性的学会组织在性质上可以分为两种类型，一种是由相关行政部门直接联系和支持，主要的学会领导也是由上级领导部门提名推荐产生；另一种则是纯学术性的学术组织，学会领导由会员协商和选举产生，经济上基本上是自行解决，挂靠单位给予少量补助。中国生态学学会属于后者。我在担任该学会第六届理事长期间，在秘书长王如松、赵景柱的密切配合下，在蒋有绪、冯宗炜、孙铁珩、宋永昌以及广大会员和学会秘书处的大力支持下，形成了一个团结合作的集体，在学术交流、国际合作、科普宣传、教育培训等方面发挥了积极的作用。特别需要提出的是，在此期间我们新成立了中药资源生态和旅游生态等一些新的专业委员会，与韩国和日本建立了东亚生态学会联盟，并出任第一届轮值主席。

1995 年，参加中国生态学学会第三届年会

2004 年，与王如松（左）在中国生态学学会第七届代表会议上

2002 年在北京出席第八届国际生态学大会

2002 年在山东日照出席中国生态学学会秘书长会议
前排中为李文华

2017 年 8 月 21 日在北京出席第十二届国际生态学大会
右四为李文华

2018年在南京出席第十七届中国生态学大会

2009年参加第二届中国林业学术大会

2009年参加农业环境科学学术会议暨中国农业生态
环境保护协会六届二次会员代表大会

2017 年在北京出席中国农学会第七次全国代表大会暨 80 周年华诞庆祝大会

2019 年在北京出席中国地理学会成立 110 周年纪念活动
左一为李文华

2010 年参加新余市人民政府科技顾问聘请仪式
右三为李文华

# 第二节　科学评审与咨询

随着年龄的增长，我在科研第一线的时间逐渐减少，各种咨询、评审和鉴定方面的工作逐渐增多。有些咨询工作是由有关部委、中国科学院、中国工程院统一组织的，有些则是应省（自治区、直辖市）的要求进行的，更多的是针对科学项目或课题的开题或成果进行评审和鉴定。粗略统计，我在这方面花费的时间要占到 1/3 以上，这些工作使我能不断吸取新的知识，同时能与国家的需求建立更密切的联系。

2003 年，中央发出"振兴东北老工业基地"的号召。为响应中共中央、国务院关于振兴东北地区等老工业基地的决策，中国工程院经国务院批准，于 2004 年 4 月启动"东北地区有关水土资源配置、生态与环境保护和可持续发展的若干战略问题研究"，组织了林业、草业、牧业、城市建设、历史、社会经济以及石油、天然气、煤炭、冶金等学科的 31 位院士和近 260 位专家，成立了 10 个课题组。我应邀负责"东北地区森林和湿地保育与林业发展战略研究"课题。接到任务后，我组织了中国科学院地理科学与资源研究所、中国科学院东北地理与农业生态研究所、中国科学院沈阳应用生态研究所、中国社会科学院农村发展研究所、中国林业科学研究院、中国人民大学、北京林业大学、东北林业大学、内蒙古农业大学等研究机构、高等院校的近 20 位研究人员，经过两年时间，以东北地区现有森林（包括原始林、次生林、人工林等）和林区湿地的保育及其可持续发展为目标，从天然林保护、林产业发展、保护区建设等 10 个方面，针对森林和湿地生态系统与资源利用中存在的主要问题，对该地区森林、湿地的演变趋势、开发利用现状、开发与保护中的经验与教训、森林与湿地生态系统在区域可持续发展中的作用等进行了研究。该项研究对实现森林和湿地生态系统的可持续经营、促进该地区社会经济的可持续发展、振兴东北老工业基地和建设东北生态大屏障提供了科学的决策依据和技术指导。

2004 年以来，中共中央、国务院连续出台四个指导"三农"工作的中央一号文件，开创了社会主义新农村建设的新局面，也给农业健康发展、农民持续增收和农村长期稳定带来强劲的发展动力。但当时农村发展仍存在许多突出矛盾和问题，农业基础设施依然薄弱，农民稳定增收依然困难，农村社会事业发展依然滞后，改变农村落后面貌、缩小城乡差距仍需付出艰苦努力。为响应中共中央、国务院"积极发展现代农业，扎实推进社会主义新农村建设"的决策，经国务院批准，中国工程院于 2005 年 1 月启动了"中国区域农业资源合理配置、环境综合治理和农业协调发展战略研究"重大咨询项目。我应邀负责"农业生态问题及其综合治理对策"课题，目的是在全面分析我国目前典型的农业生态问题及其变化趋势与驱动因素的基础上，对全国重点区域的农业生态问题给出较为客观的评价，提出重点地区农业生态恢复和治理的方案与途径，为促进区域农业协调发展、统筹人与自然的和谐发展提供科学依据。我和多家单位的 20 余位研究人员，从水土流失、荒漠化、生物多样性、气候变化以及森林、草地、湿地、农田和水生态等多个方面，分析了全国各个区域的主要农业生态问题，得出了农业生态形势"治理初见成效、问题依然严峻、潜在威胁堪忧"的结论。

建设三峡工程是中华民族的百年梦想。自 1919 年孙中山先生提出修建三峡大坝的设想以来，三峡工程的规划与论证经历了漫长而曲折的历史过程。1993 年，三峡工程开始施工准备，1994 年 12 月 14 日，三峡工程正式动工兴建。2003 年水库水位蓄至 135 米，工程开始发挥发电、航运效益；2006 年进入 156 米水位初期运行期；经国务院三峡工程建设委员会批准，2008 年汛后开始实施正常蓄水位 175 米试验性蓄水，其中 2010～2014 年连续 5 年蓄水至正常蓄水位 175

米，工程开始全面发挥综合效益。其间，我参与了3次中国工程院开展的三峡评估工作，包括2008年开展的"三峡工程论证及可行性研究结论的阶段性评估"、2012年开展的"三峡工程正常蓄水位175米试验性蓄水阶段性评估"和2013年开展的"三峡工程建设第三方独立评估"。每次我都是秉承开放的研究思想，率领来自中国科学院地理科学与资源研究所、中国气象局、清华大学、北京林业大学、中国科学院·水利部成都山地灾害与环境研究所等多个单位的研究人员，就三峡论证、蓄水或建设对生态的影响进行科学评估。总的看来，三峡工程规模宏大、影响深远，由于论证充分、决策科学，从根本上保证了工程建设的顺利进行。工程建成后，遵循"安全、科学、稳定、渐进"的原则，实施了试验性蓄水，防洪、发电、航运和水资源利用等效益全面发挥，并为三峡—葛洲坝梯级枢纽的优化调度积累了宝贵经验。目前看来，三峡工程建设对库区及其附近区域的生态影响尚处于可控范围之内。不过我们经常强调，由于三峡工程建设及其蓄水对生态、气候的影响是一个长期且缓慢的过程，其部分生态效应需要足够长的时间才能显现出来，因此亟须加强对生态系统结构和功能的长期监测，定期开展生态影响的阶段性评估。

为加强我国农业文化遗产的保护与发展，中国工程院于2013年立项开展"中国重要农业文化遗产保护与发展战略研究"重点咨询项目研究，由我担任项目负责人，邀请了任继周、刘旭、李佩成、王如松、尹伟伦、朱有勇和唐启升院士加盟，从农、林、牧、渔、资源与环境5个角度，梳理我国农业文化遗产的类型与基本模式，综合分析挖掘其多重价值，揭示农业文化遗产保护与发展面临的问题及其对现代农业发展的意义，并在此基础上提出保护与发展的战略建议。2014年12月，包括我和其他项目组同志在内的31位院士以中国工程院院士建议的形式报送《关于加强我国农业文化遗产研究与保护工作的建议》，得到了刘延东副总理的批示。针对项目研究成果，我们还发表了一系列学术文章，推动了东亚地区农业文化遗产研究会和中国农学会农业文化遗产分会两个学术平台的建立。总的看来，这项研究工作不仅开阔了农业文化遗产研究领域的国际视野，占领了本领域的学科制高点，培育和加固了我国在农业文化遗产保护与研究方面的国际领先地位，而且在促进农业可持续发展和社会主义新农村建设等方面具有重要意义。项目研究强调了农业文化遗产的动态保护与适应性管理，通过把农业文化遗产作为丰富休闲农业的历史文化资源和景观资源来开发利用，从而增强区域产业发展，带动遗产地农民就业增收，实现在发掘中保护，在利用中传承。

与孙铁珩夫妇（右二、右一）和冯宗炜夫妇（左二、左一）等合影
右三为李文华

2003 年与刘鸿亮院士（中）、金鉴明院士（右）参加博鳌亚洲论坛期间合影

2004 年与关君蔚院士（右）出席国际生态工程会议

2006 年与曲格平先生（左）合影

2006 年在中国环境与发展国际合作委员会年会上与陈述彭院士（右）合影

2008 年邀请季昆森到中国科学院地理科学与资源研究所做循环经济报告

2010 年与欧阳自远院士（左）合影

2012 年与石玉林院士（左）在办公室交谈

2012 年参加中国工程院重大咨询项目会议
左一：南志标，左二：李文华，右二：旭日干，右一：冯宗炜

2012 年参加中国生态学学会年会与康乐院士（左）交谈

2011 年与贵州凯里学院共建院士工作站
左五为李文华

# 第三节 科普宣传

我对科普宣传工作一直给予特别的关注，不仅撰写或主编了多套科普读物，而且积极致力于推动区域可持续发展和生态建设的宣讲与培训工作。

我与赵献英同志合作的《中国的自然保护区》一书，是我国在自然保护区研究和宣传领域的第一本专著，多次再版，并被翻译为英文版，两次获得国家级和部级优秀科普读物奖，并获得"五个一工程"优秀作品奖。1995年我和杨修编著出版的《环境与发展》，以可持续发展原理和《21世纪议程》为指导，全面论述了当时在环境与发展方面的最新观点，并作为国家指定的干部选读材料，与其他参考书一起获得全国科技信息系统优秀成果一等奖。此外，为了提高群众的环境意识，我组织主编了"中国自然资源科普丛书"（14部），以可持续发展思想为核心，对我国森林、草地、湖泊、能源、水资源、海洋、海岸带、冰川、山地、气候、沙区资源、草场资源和旅游资源进行了系统介绍。这一系列丛书在提高群众的环境意识方面发挥了重要的作用。

近年来，以生态省、生态市建设为载体的区域可持续发展已汇聚成一股汹涌的浪潮，在中华大地迅猛展开。特别是党和政府提出的"生态文明建设""科学发展观""美丽中国建设"更为区域可持续发展丰富了内容。20世纪90年代以来，各级政府和不同学科都开始了可持续发展实践的有益探索。随着我个人研究领域的不断拓展，我也越来越体会到，当生态学介入社会问题时，可持续发展的问题就需要从一个区域的平台、从系统的观点和视角出发才有可能找到出路。我是国家环境科学咨询委员会委员以及原国家林业局专家顾问组委员，所以一直与环保部门、生态建设部门乃至国家发展和改革委员会、原农业部、水利部保持着密切的联系，并多次应邀参加生态省与生态市、森林城市、生态文明城市建设的规划评审和学术经验交流活动。当时我国的 14 个生态省建设试点中有 12 个是由我主持评审通过的，我参与的生态市建设的评审工作就不可计数了。此外，应国家各个部委和各级政府邀请，几乎每年我都有几场面向政府管理者的讲座和培训，如 2012 年在国家林业局党校做的关于森林生态功能和生态补偿的讲座，在江苏、浙江、辽宁、贵州等地做的关于生态文明和区域可持续发展的报告。在与国家部委的联系中，我在参加地方的评审工作中，在不同场合通过演讲、报告、讲座、讲话等不同方式传播可持续发展的理念，为推进我国生态建设和可持续发展战略的实施做出了应有的贡献。

此外，我还积极参与面向群众的环境宣传和科普工作。20 世纪 90 年代我参加了中国科学院组织的相关科普教育活动；21 世纪初我参与了"中国可持续发展林业战略研究"宣讲团，具体负责东北三省的林业战略宣讲工作。近年来，随着人民群众对生态、环境和资源问题的日益关心，2010 年我参加了科协组织的群众科普工作，在北京王府井新华书店介绍中国生态系统的功能和生态补偿研究与实践工作；同年，我还参加了环境保护部组织的国际生物多样性保护日的科普活动。在这些工作中，我面对的公众不仅有地方管理者，有小学生、中学生和大学生，还有解放军和退休老同志等，在准备工作当中我也尽可能地根据不同的对象准备难易不等的讲义，尽量能深入浅出地表达，使群众能够明白，让科普落到实处。

2008 年在海南进行儿童科普教育

2010 年在北京进行儿童科普教育

2015 在北京参加青少年科技俱乐部科学名家讲座

2017 年在办公室与小学生合影

2017 年 11 月，在中国人民大学院士大讲堂上做报告

# 第四节　人才培养

由于工作关系，我直接培养学生的经历大致可分为两个时期：一是在北京林学院时期的本科生教育以及实习，二是在中国科学院

自然资源综合考察委员会和地理科学与资源研究所时期的研究生、博士后培养与指导。多年来，我在国内先后培养博士后、博士生、硕士生54名，并于1996年获"中国科学院优秀教师"称号。

1953年我从北京林学院毕业后留在母校任教。最初是在森林经理教研室做范济洲教授的助教，他对我能提出一些讲稿中的问题十分欣赏和鼓励，在很多场合不无骄傲地把我作为他的"得意门生"介绍给他的同事和朋友。后来我被学校调到森林学教研室（即现在的生态教研室）做张正崑教授的助教。我一直觉得范先生是我的伯乐，我也经常去看望他。

1961年我从苏联学习回国成为讲师，并担任教研室副主任。除了给学生上课外，我还利用晚上时间给教研室的教师们补习俄文。记得当时选用的课本是《苏联的红松林》。一直到1972年，每年我都在小兴安岭伊春地区的红旗林场带学生野外实习，开展半定位的森林生态研究。当时我和学生们天不亮就起床，蹚着挂满露水的灌木和野草，长途跋涉5千米山路赶到设在不同类型中的样地进行观测，到了晚上才赶回宿营地。特别是对地下根系的研究，我和学生们一起顶着蚊虫叮咬，将大树的根系从土壤中剥离出来。尽管工作条件艰苦，但没人叫苦，老师和学生们团结一致地进行着科研工作。

1978年，我调入自然资源综合考察委员会工作，由于中国科学院主要开展科学研究和研究生培养，因此我从教书育人的阶段转入科学研究和研究生培养的阶段，也曾给研究生上过两年生态学课。尽管不敢自己评价讲课的效果，但是每次讲课前我都是全身心地备课和投入的。每次上课前我都要更新教材、植被投影图和幻灯片，因此受到中国科学院研究生院表扬，还发给我一个电热锅作为奖励。

2001年起我兼任中国人民大学环境学院院长一职，在环境学院也陆续培养博士研究生。

随着国家需求、学科发展以及我个人工作重心的变化，我对学生的培养虽然从未离开过生态学领域，但具体的培养方向也在不断发展。在森林生态方面，由于我与东北森林研究的渊源以及我在2018年以前一直兼任长白山森林生态系统定位站学术委员会的主任，因此我最初的硕士生李飞、赵宪国、邵彬，后来的博士生石培礼、杨丽韫等的论文都是在长白山森林生态系统定位站上进行的，近年来我的博士后李世东、王斌与博士生闫平等也是以森林生态作为研究方向，当然他们的研究方向也从最初对森林类型、结构演替的研究发展为现在对森林生态功能、过程特征的研究。在农业生态方面，20世纪80年代中期至今，我一直参与相关研究，我的学生刘金勋、娄安如、杨修、闵庆文、卢兵友等均在这一领域完成了学位论文或研究报告。同时，在青藏高原综合科学考察及其基础上的生态学研究，是我投入精力较多的领域之一，后来由于组织安排，我的工作重点有所转移，但是对青藏高原的眷恋却始终萦绕在心中，我的一批学生，如罗天祥、张宪洲、包维凯、何永涛、赵海珍、王景升等以对青藏高原的研究完成了学位论文。近年来，生态学越来越紧密地参与社会的可持续发展，生态经济学越来越受到广泛重视，我的学生许中旗、杨光梅、李芬、刘某承、伦飞、杨伦等都将生态系统服务、生态补偿和生态承载力等作为研究方向。

现在，我的学生大部分都已工作，有的在政府机关和行政事业单位任职，有的进入大学任教，也有的在咨询公司工作，大多数人是在不同的研究机构继续着科学研究工作。虽然大家的工作领域不同，但他们都成为所在单位的骨干力量，有的已担任领导职务，有的已成为学科带头人。让我十分感动的是学生们和我的感情，我们就是一个团体，每年年初都要聚一次，汇报一下工作的进展，交流一下工作的经验，其乐融融。当我有事情的时候，我也总是最先想到这些学生，而他们也都是毫不犹豫地答应并积极去完成。

2011 年与所领导和学生在一起

2020 年与学生合影

# 第五节　编译情结

我主编了多部图书，同时也承担着包括《自然资源学报》在内的多本学术期刊的主编工作，每年都会花费一定的时间和精力去完成这些事情。尽管个人的精力是有限的，但我仍觉得这是一件十分有意义的事情。因为通过编辑这些书籍和杂志，不仅自己能得到提升，更重要的是能让一些有意义、有价值的成果得以传播，让更多的人有机会接触到这些知识。对书的编译，是科学研究的积累，更是对学科发展的促进。

## 一、组织出版系列丛书

现今对图书和杂志的热情，与当年求学时期知识的匮乏密不可分。在我读大学的时候，关于生态和林业的书籍很少，学习中可供参考的只有《中国林业》和《地理知识》(《中国国家地理》前身)，其他有用的相关资料都散布在不同地方，搜集并阅读的难度很大。但这并不能阻挡我们的学习热情，我与同学们自发地查阅相关资料，并相互分享以弥补知识的匮乏。当时国家提倡学习苏联，我与同学朱吟秋、徐玲被选为学生代表参加俄语速成班的学习，学习之后再向班里的其他同学和学校里的部分老师传授。同时，我们帮助出版社翻译、编辑俄语的相关教材。我记得当时的同学徐化成的俄语很好，翻译了很多本教材。我与同学合作翻译的第一篇论文发表在《地理知识》上，尽管当时只拿到了8元的稿费，但对我却有着极其重要的意义，开启了我与书稿编译的不解之缘。后来我和郑均宝等同学又组织翻译了关于苏联农庄集体林经营的文章。

当时对论文要求非常严格，很少有文章能公开发表。60年代后期，才出版了相关期刊。1977年恢复出版发行《植物生态学和地植物学资料丛刊》(现改名为《植物生态学报》)，1981年《生态学报》创办，1982年《生态学杂志》创办，1990年《应用生态学报》创办。

1957年，我被选拔前往苏联学习。当时获得的奖学金除去日常开销外，我全部用于购买生态学方面的书籍，包括莫洛佐夫、苏卡乔夫等著名学者的书籍，我个人的第一篇论文也是在苏联求学期间正式发表的。

后来，当我逐渐有机会编辑和出版与生态和林业相关的图书时，我都倍感责任重大。此外，在过去参与考察的过程中，我积累了一定数量的资料，作为考察工作的重要成果，这些资料是对我自身和集体智慧的总结，出版这些资料对推动中国生态学的发展具有积极作用。遗憾的是，仍有数量庞大的考察资料未能得到系统整理，因此我十分愿意参与到相关的总结工作中。

参加了青藏高原综合科学考察队之后，中国科学院后来对科考成果进行了总结。我在担任自然资源综合考察委员会副主任的同时，也兼任了中国自然资源研究会的常务副理事长，计划组织出版一些相关自然资源方面的数据。20世纪70年代，我们组织出版了第一部关于中国自然保护区的丛书。后来，又与郭绍礼一起，组织出版了一套"中国自然资源科普丛书"，参与编写的都是这一领域的业务骨干，这套小册子包括14种图书。

我在担任中国人民大学环境学院院长期间，组织了一些学者，出版了"社会-经济-自然复合生态系统可持续发展研究系列丛书"，还出版了"环境科学与政策"丛书。

此后，根据工作的内容，我也十分乐意将我们团队的成果或集众家所长，出版一些系列的专著、论文集或科普读物，包括后来的"农业文化遗产研究丛书"、《中国自然资源通典》等。

## 二、主编杂志

### （一）《自然资源学报》

早在1982年中国自然资源研究会筹备组成立之时，就把创办会刊列入了学会的主要任务。1983年学会正式成立时，又将编辑、出版有关自然资源方面的学术著作、刊物和普及读本写进了学会章程。

1985 年 2 月 9 日，中国自然资源研究会召开了在京理事会会议，根据第二次常务理事会的提议，决定创办《自然资源学报》，并向国家有关主管部门提出了申请。1985 年 7 月，国家科学技术委员会批准同意创办、公开发行《自然资源学报》，随后成立了编委会，经济学家程鸿教授任主编，我和赵松乔、陈梦熊任副主编。1986 年 6 月《自然资源学报》首卷第一期正式出版发行，中国科学院院长卢嘉锡为《自然资源学报》发刊号题词："促进自然资源科学研究，充分发挥本刊在四化建设及国内外学术交流中的重要作用。"学会理事长侯学煜院士撰写了发刊词，中国社会科学院于光远院士发表了题为"资源·资源经济学·资源战略"的文章，论述了资源经济学的重要性及其内涵。国家计划委员会徐青研究员，中国科学院植物研究所侯学煜院士、王献溥研究员，地矿部陈梦熊院士，南京土壤所席承藩院士，中国科学院航空遥感中心童庆禧院士等也在《自然资源学报》发刊号上发表了集多年研究成果而成的论文。

　　1992 年，我有幸开始担任《自然资源学报》主编，与成升魁、周广胜、董鸣、沈镭、王群英等一大批年轻的同志共同推进《自然资源学报》的进一步发展。《自然资源学报》作为中国自然科学的核心期刊，有幸得到业界和社会各界的广泛赞誉。1992 年，被北京市新闻出版局评为全优期刊，荣获中国科学技术协会第一届优秀学术期刊三等奖、中国科学院优秀期刊三等奖；1997 年，荣获中国科学技术协会第二届优秀科技期刊二等奖；1999 年获中国地理学会第二届全国优秀地理期刊奖；2002 年获中国科学技术协会第三届优秀科技期刊三等奖；自 2003 年起 5 次荣获"中国百种杰出学术期刊"称号。2008 年、2011 年、2014 年被中国科学技术信息研究所评为"中国精品科技期刊"；2006 年起连续获得中国科学技术协会精品科技期刊工程项目资助；2013 年、2014 年获中国科学院科学出版基金资助（三等）；入选"2012 中国国际影响力优秀学术期刊""2013 中国最具国际影响力学术期刊""2014 中国国际影响力优秀学术期刊"；

被中国社会科学评价中心评为"中国人文社会科学期刊 AMI 综合评价"核心期刊。

### （二）《自然与资源》

《自然与资源》(*Nature & Resources*) 是联合国教科文组织出版的自然科学学术期刊。1982 年之前，该刊英、法、西和俄文版相继出刊。1982 年 12 月 17 日，我国常驻联合国教科文组织代表团致函中国科学院，通报了该团与 *Nature & Resources* 主编科里森·克莱森（Clison Clayson）夫人就拟出版该期刊中文版一事交换意见的结果。科里森·克莱森夫人表示联合国教科文组织希望尽快出版 *Nature & Resources* 中文版（以下简称《自然与资源》），并愿意为此提供必要的资金支持。中国常驻联合国教科文组织代表团代表表示中国科学院有足够力量可以翻译出版这一刊物。1983 年 2 月 28 日，中国科学院外事局致函自然资源综合考察委员会，希望其能承担编辑出版《自然与资源》的任务。来函指出，如同意，应即向联合国教科文组织答复并同时向院出版图书情报委员会提出申报。

1983 年 3 月 19 日，自然资源综合考察委员会发文中国科学报院外事局，同意承担编辑出版《自然与资源》的任务，指出："《自然与资源》系联合国教科文组织较有影响的刊物之一。它主要介绍国际上有关自然与资源（包括水、土、生物、地质、矿产等）调查、研究、利用和保护等方面的工作成果，探索发展中的问题及其解决的途径。翻译出版这一杂志将有助于我国科研人员了解国外资源科学领域科技发展方向与成就，学习和借鉴国外经验和技术，推动我国的自然资源综合考察工作。"按照中国科学院外事局的要求，自然资源综合考察委员会同时将该报告和期刊出版财政预算报中国常驻联合国教科文组织代表团，其随即将这些材料提交给时任联合国教科文组织科学助理总干事的卡杜拉（A.Kaddoura）。卡杜拉对自然资源综合考察委员会为出版《自然与资源》先期所做出的努力表示衷心的感谢，并同意由我担任该期刊的主编。同时，经自然资源综合考察委员会领导研究决定，由业务处郭长福和编辑出版室张克钰具体负责《自然与资源》的前期准备工作。

然而，由于报联合国教科文组织的时间较晚，期刊出版资助问题无法列入其1984～1985年度财政计划，因此办刊经费问题迟迟得不到解决。后经自然资源综合考察委员会、中国科学院外事局、中国联合国教科文组织全国委员会以及联合国教科文组织科学助理总干事拉杜卡、*Nature & Resources*主编科里森·克莱森夫人等多方努力，联合国教科文组织于1983年12月21日来函同意1984～1985年资助中方2万美元。一周后的12月30日由我代表自然资源综合考察委员会在双方合作出版《自然与资源》协议书上签字。次年的1月7日，自然资源综合考察委员会发函致中国科学院图书馆，告之因时间紧迫，已无法按正常手续办理《自然与资源》出版审批事宜，希望院图书馆按特例处理，以急件方式向中国科学技术情报编译出版委员会提出申请并上报国家科学技术委员会审批。经过近三周的焦急等待，1月24日，自然资源综合考察委员会根据国家科学技术委员会的意见再次致函中国科学院图书馆，通报了《自然与资源》编委会的组织结构：由我兼任《自然与资源》主编；我和冯华德、李孝芳、沈澄如、李驾三、陈灵芝、吴宝铃、王广颖、佟伟、吴季松10人组成编委会，自然资源综合考察委员会是出版单位。

1984年2月16日，国家科学技术委员会正式发文同意自然资源综合考察委员会创办季刊全译本《自然与资源》，并向国内外公开发行。5月，《自然与资源》正式出版发行。9月，中国科学院外事局组织联合国教科文组织期刊中文版出版工作代表团访问联合国教科文组织总部，我有幸担任团长，与《科学对社会的影响》（*Impact of Science on Society*，后更名为《科学与社会》）主编沈澄如和《自然与资源》编辑张克钰一同赴法国巴黎访问。访问期间，我们与联合国教科文组织顾问米歇尔·巴蒂斯（Michel Batisse）博士、副助理总干事兼《自然与资源》主任 S. 杜米特雷斯库（S.Dumitrescu）博士、出版处处长 H. 克拉茨（H.Kraatz）先生和《自然与资源》总编辑科里森·克莱森夫人进行了业务交流，彼此增进了友谊，加深了相互了解，为此后长达 8 年的合作打下了良好的基础。

1991 年尽管联合国教科文组织第 26 届大会通过了有关条款，确定该组织在 1992～1993 年度继续向《自然与资源》提供财政资助，但由于一些国家相继退出联合国教科文组织，致使该组织经费来源锐减，《自然与资源》能否继续得到该组织的财政支持产生了很大的不确定性。1992 年 6 月 16 日和 17 日，自然资源综合考察委员会分别收到了科学助理总干事巴德兰（Badran）先生和《自然与资源》编辑西尔克（Silk）的来函，告知联合国教科文组织将从 1992 年起停止对《自然与资源》的资助。由于事发突然，中方对此毫无准备。为了对联合国教科文组织和中国众多读者负责，自然资源综合考察委员会于 1992 年 6 月 20 日致函中国联合国教科文组织全国委员会，全面阐述了关于坚持编辑出版《自然与资源》的意见："为了扩大（联合国）教科文组织在中国的影响，推动中国的自然资源开发、利用和保护事业，保证这一国际合作项目的进行，我会克服了资金、人力和设备上存在的许多困难，圆满完成了 1984～1991 年各年度出版计划。我们希望全委会并通过我常驻（联合国）教科文组织代表团，与（联合国）教科文组织科学助理总干事和有关部门进行交涉，希望他们能本着 26 届大会的精神，继续向《自然与资源》提供资助，至少应保证 1992 年《自然与资源》的正常出版发行，以完成向停刊的过渡。"但上述的努力未能产生如期效果，在国际大趋势的影响下，1992 年 6 月《自然与资源》在完成 1991 年全年的出版任务后，被迫停止出版。

从 1984 年出版《自然与资源》第 20 卷第 1 期起至 1991 年第 27 卷第 4 期止，《自然与资源》共出版 8 卷 32 期。在此期间，由张克钰全面负责期刊编辑部工作。此外，先后参加《自然与资源》编辑部工作的还有沈德富（副主编，1984～2001 年）；王群力（编辑，1984～1990 年）；祖莉莉（编辑，1990～1991 年）。

## （三）《AMBIO—人类环境杂志》

1992 年由于联合国教科文组织停止财政资助，由自然资源综合考察委员会主办的《自然与资源》停刊。为寻找科技期刊新的国际合作点，我与《自然与资源》编辑部的同志们做了不懈的努力。经中国人与生物圈国家委员会韩念勇举荐，1993 年 3 月 8 日由张克钰致信瑞典皇家科学院 *AMBIO* 主编凯斯勒（E.Kessler）女士，希望与瑞典皇家科学院合作出版 *AMBIO* 中文版。信中指出：*AMBIO* 深受中国广大科技工作者的喜爱，他们期待在中国本土看到该期刊的中文版。中国是世界上最大的发展中国家，急需各国在资源和环境领域取得的经验与科研成果，*AMBIO* 中文版的出版将会在多方面满足这一要求。中文版编辑部将为此投入最好的人力和部分资金，并希望得到瑞方的财政支持。

*AMBIO* 主编凯斯勒女士在复函中表示对出版 *AMBIO* 中文版非常感兴趣，并愿就该合作在瑞典皇家科学院立项做出努力。我与张克钰等同志与 *AMBIO* 编辑部就合作中的有关细节问题进行了多次交流。为解决办刊经费问题，最终 *AMBIO* 编辑部决定从自己的经费中划拨一部分作为中文版 2004～2006 年的办刊经费，同时自然资源综合考察委员会也将从人力、办公条件等方面给予出版中文版大力支持。

1993 年 10 月 7 日，自然资源综合考察委员会向出版委提交了"关于《自然与资源》中文版更改刊名为《AMBIO—人类环境杂志》的请示"。11 月 4 日，瑞典皇家科学院业务管理主任希尔鲁德（Kai-Inge Hillerud）和外事秘书奥勒夫·坦德伯格（Olof Tandberg）专程访问自然资源综合考察委员会，就合作出版 *AMBIO* 中文版协议书内容同自然资源综合考察委员会领导和编辑部进行最后磋商。我和时任自然资源综合考察委员会副主任的孙九林、《自然与资源》编辑部主任张克钰、自然资源综合考察委员会编辑出版室主任杨良琳以及杨周怀和田学文等同志参加了此次磋商。经过两天时间的讨论，11月6日，时任自然资源综合考察委员会副主任孙九林和瑞典皇家科学院业务管理主任希尔鲁德分别代表双方正式签署了关于合作出版 *AMBIO* 中文版的协议书。

1993 年与成升魁、姚懿德、刘燕君出席与瑞典皇家科学院合作出版 *AMBIO* 中文版协议签字仪式

1994 年 1 月 14 日，国家科学技术委员会正式发文同意《自然与资源》更名为《AMBIO—人类环境杂志》。1994 年 2 月 5 日院出版委办公室将此文转发自然资源综合考察委员会。3 月，经审核，北京市新闻出版局向《AMBIO—人类环境杂志》颁发了期刊许可证，国内统一刊号为 CN11-3524/N，公开发行。3 月 21～24 日，*AMBIO* 主编凯斯勒女士和出版编辑金德（B.Kind）女士首次访问自然资源综合考察委员会，双方就中文版编辑出版的各个业务环节进行了认真的讨论，制定了详细的出版时间表，同时就出版过程中可能涉及的版权、国家主权及领土等问题阐明了各自的立场并

就解决方法达成了共识。6月27日，国际连续出版物数据系统中国国家中心颁发了《AMBIO—人类环境杂志》国际标准刊号：1005-801X，《AMBIO—人类环境杂志》得以正式出版，面向全国发行。同时，由我担任主编，张克钰任编辑部主任，参与《AMBIO—人类环境杂志》创刊工作的还有韩念勇、杨周怀。先后参加编辑出版工作的有田学文（1993～1995年）、刘燕君（1994年至今）、刘美敏（1995～1996年）以及姚懿德、陈俊华。

1996年5月，我会同编辑部的张克钰、刘燕君、姚懿德和刘美敏赴瑞典皇家科学院考察。访问期间，我们与瑞典皇家科学院负责人进行了会面。同时，在 AMBIO 编辑部工作人员的陪同下参观了瑞典皇家科学院、AMBIO 编辑部、印刷车间和造纸厂。我们与 AMBIO 编辑部达成一致意见，决定充分利用各自优势，进一步扩大 AMBIO 的国际影响力。

1999年1月19日，自然资源综合考察委员会向科技部国际合作司提交了"关于请中国驻瑞典王国使馆向瑞典皇家科学院表示谢意的报告"。5月，在瑞典皇家科学院副院长 B. 阿伦森（B.Aronsson）教授和秘书长埃尔林·诺尔比（Erling Norrby）教授访华期间，自然资源综合考察委员会常务副主任成升魁研究员、中国生态系统研究网络执行副主任兼学术委员会秘书长赵士洞研究员、我和编辑部主任张克钰副编审，以及《自然资源学报》执行副主编姚懿德副编审等就瑞典国际开发署（SIDA）通过瑞典皇家科学院在1999～2001年度资助《AMBIO—人类环境杂志》一事同瑞典皇家科学院进行了协商。双方经过友好协商于5月18日正式签订了1999～2001年度合作协议，根据协议，瑞方将在1999～2001年向《AMBIO—人类环境杂志》提供约150万瑞典克朗的出版资助。

2005年，瑞典皇家科学院通知中文版编辑部，根据两国各自的实际情况并参照一般国际资助的惯例，瑞典皇家科学院自本年度起每年按30%递减对中文版的资助，直至2007年全部停止对中文版的资助。为保证《AMBIO—人类环境杂志》向新刊的过渡，中国科学院地理科学与资源研究所于 2008 年给予中文版财政补贴，保证了 2006～2008 年的出版工作圆满完成。

在中瑞双方合作的 16 年间，以《AMBIO—人类环境杂志》为平台，除出版了 128 期 *AMBIO* 中文版及 3 期专题报告集外，还举办了两期科技论文写作培训班，组织了一次由双方资源与生态学专家参加的学术研讨会。为及时解决出版过程中出现的问题，双方交流极为频繁，编辑部平均每年接待瑞方专家三次以上。在双方共同努力下，项目执行过程始终处在友好、理解和相互支持的氛围中。

2009 年，根据中国科学院地理科学与资源研究所决策部署，《AMBIO—人类环境杂志》更名为 *Journal of Resources and Ecology*，并于 2010 年第一季度正式出版发行。

2011 年召开《自然资源学报》、《资源科学》、*Journal of Resources and Ecology*、《农业环境科学学报》学术期刊工作会议

## （四）为学友们作序

"一花独放不是春，万紫千红春满园"，一门学科的发展是建立在大量卓有成效的优秀研究成果基础上的，为此，我始终积极支持

本学科领域其他学者最新研究成果的出版。多年来，承蒙广大同仁的厚爱，时有作者持其手稿请我为其著作作序。对此我一贯秉持开放的态度，觉得为他人著作作序是一件颇为有意义的事。首先，对我本人来说，这是一个难得的学习机会。生态学发展到今天，可以说是日新月异，其研究深度和广度都在不断发展，作为一名生态学家，我需要不断地学习充电，那些尚待出版的著作就是一个很好的学习渠道，为了写好序，我需要对该本著作有较为全面的了解，这就迫使我去阅读和学习，因此，往往在一个序言写好之后，我也就学到了一些新的知识。其次，对双方来说，这是一个很好的学术交流和加深友谊的过程。作者请我作序，既是一种学术交流活动，也是对我的信任，这种信任本身就包含有友谊的成分。通过作序，我们双方之间有了更深入的了解，这对我们来说，都是一笔宝贵的精神财富。最后，对学科发展和科学普及来说，这是一个积极促进的过程。生态学的发展离不开大量科学同仁的共同努力，也离不开更多普通民众的理解和支持。

作为一名生态科技工作者，我为我国生态学的快速发展和近年来大量相关科学著作的面世感到由衷的高兴，也觉得有义务将一些优秀的学术著作推介给科学同仁，将一些优秀的科普作品推介给普通民众，为此而尽我的一份绵薄之力会让我感到心灵上的愉悦。同时，对一些初有成就的青年学者而言，通过为其著作作序的方式可以表达我对他们的支持、鼓励、期望和鞭策，正是他们承担起了继承和发展这一学科的重担。

基于上述原因，我始终将这项工作当作是一件有意义和有必要去做的事情，这是我作为一名生态学家的责任和义务。有了这样的认识和心态，我就能够以愉快的心情去做好这项工作，而不是将其视为一种负担和可有可无的事。事实上，我们所做的很多事情都是这样的，当你从另一个角度去看待自己所做的某项工作时，可能就会以一种完全不同的心情去为之。

当然，对于每个代为作序的请求，我都是抱着对读者负责、对作者负责和对自己负责的态度来完成这项工作的。通常我会通过与作者交流、阅读原稿等方式对拟作序作品的科学性、前沿性和创新性等有个较为全面的认识，在此基础上决定是否代为作序。如果决定为其作序，我会很认真地完成这项工作。多数情况下我是自己动手撰写序言的，即使偶有未能亲自撰写的，也是在他人提供初稿的基础上认真修改，力求准确、客观、中肯地反映该项著作的成就。

自 1993 年我为《全球资源态势与对策》一书作的第一篇序开始，二十余年来，我一共为他人著作作序二十余篇，涉及著作三十余部、作者四十余人（不包括本人著作的自序）。这些作品中以学术著作为主，涉及生态学领域的多个方面，其中一些在学术界产生了重要的影响，如侯向阳教授的《荒漠生态系统功能评估与服务价值研究》、钦佩等主编的"生态学热点研究丛书"等；也有一些优秀的科普作品，如王建民等的《杞人忧天——只有一个地球》就是一本有趣的科普读物。

作为一名科学工作者，我们在做好科学研究的同时，也要关注培养人才、支持同仁、普及科学知识等工作，这些都是学科发展应有之要义。作序事虽小，但其蕴含之意义却不小，我将尽力为之。

### 为他人著作作序一览表

| 书名 | 作者 | 出版单位 | 出版年份 |
| --- | --- | --- | --- |
| 全球资源态势与对策 | 郎一环 | 华艺出版社 | 1993 |
| 绿色的实践 | 黄邦升 | 中国文联出版社 | 2003 |
| 城市生态安全导论 | 曹伟 | 中国建筑工业出版社 | 2004 |
| 生态学热点研究丛书：信息农业生态学 | 李建龙 | 化学工业出版社 | 2004 |
| 生态学热点研究丛书：景观生态学——原理与方法 | 刘茂松，张明娟 | 化学工业出版社 | 2004 |
| 生态学热点研究丛书：海滨系统生态学 | 钦佩，左平，何祯祥 | 化学工业出版社 | 2004 |
| 生态学热点研究丛书：微生物生态学 | 杨家新 | 化学工业出版社 | 2004 |

| 书名 | 作者 | 出版单位 | 出版年份 |
|---|---|---|---|
| 生态学热点研究丛书：植物逆境生理生态学 | 赵福庚，何龙飞，罗庆云 | 化学工业出版社 | 2004 |
| 生态学热点研究丛书：植物分子生态学 | 阮成江，何祯祥，周长芳等 | 化学工业出版社 | 2005 |
| 生态学热点研究丛书：恢复生态学 | 孙书存，包维楷 | 化学工业出版社 | 2005 |
| 生态学热点研究丛书：生态经济学 | 唐建荣 | 化学工业出版社 | 2005 |
| 生态学热点研究丛书：生物多样性及其保护生物学 | 田兴军 | 化学工业出版社 | 2005 |
| 生态学热点研究丛书：全球变化与区域响应 | 杨达源，姜彤 | 化学工业出版社 | 2005 |
| 生态学热点研究丛书：生态产业与产业生态学 | 周文宗，刘金娥，左平，王光 | 化学工业出版社 | 2005 |
| 煤矸石山复垦 | 胡振琪，李鹏波，张光灿 | 煤炭工业出版社 | 2006 |
| 城市绿色空间服务功效评价与生态规划 | 李锋，王如松 | 气象出版社 | 2006 |
| 生态文明论 | 姬振海 | 人民出版社 | 2007 |
| 民族植物学 | 裴盛基，淮虎银 | 上海科学技术出版社 | 2007 |
| 河流生态需水：理论、方法与应用 | 王西琴 | 中国水利水电出版社 | 2007 |
| 无锡市生态市建设的理论与实践探索 | 杨卫泽 | 中国环境科学出版社 | 2007 |
| 农业文化遗产及其动态保护探索 | 闵庆文 | 中国环境出版社 | 2008 |
| 重庆四面山森林植物群落及其土壤保持与水文生态功能 | 张洪江，杜士才，程云，王海燕，程金花，王伟等 | 科学出版社 | 2010 |
| 森林文化与生态文明 | 蔡登谷 | 中国林业出版社 | 2011 |
| 生态文明与绿色长征 | 中国生态学学会 | 中国环境科学出版社 | 2011 |
| 民族生态学丛书：中国民族地区药用植物资源利用与生物技术 | 王俊丽 | 科学出版社 | 2012 |
| 民族生态学丛书：中国少数民族人口与可持续发展 | 蔡果兰，徐世英 | 科学出版社 | 2014 |
| 民族生态学丛书：中国民族地区生态保护与传统文化 | 薛达元 | 科学出版社 | 2014 |
| 杞人忧天——只有一个地球 | 王建民等 | 中国环境出版社 | 2014 |
| 中国区域发展生态学 | 吴人坚 | 东南大学出版社 | 2012 |
| 中国草原科学 | 侯向阳 | 科学出版社 | 2013 |
| 荒漠生态系统功能评估与服务价值研究 | 荒漠生态系统服务功能监测与评估技术研究项目组 | 科学出版社 | 2013 |

左侧竖排：

中国工程院院士传记

绿境求索：李文华 自传

| 书名 | 作者 | 出版单位 | 出版年份 |
| --- | --- | --- | --- |
| 人居生态学 | 张建锋，张德顺，陈光才，郜金标，李秀芬 | 中国林业出版社 | 2014 |
| 西南民族生态绘画——民族视角中的生态文化和生态文明 | 许建初，杨建昆 | 科学出版社 | 2015 |
| 汉江生态经济带襄阳沿江发展规划研究（2018—2035年） | 王昌林，高国力等 | 人民出版社 | 2019 |
| 青田稻鱼共生系统生态学基础及保护与利用 | 陈欣，唐建军，胡亮亮，吴敏芳，徐伟征等 | 科学出版社 | 2021 |
| 多样性的中国荒漠 | 陈建伟 | 中国林业出版社 | 2017 |
| 中国海洋生态文化（上、下卷） | 江泽慧，王宏 | 人民出版社 | 2018 |
| 中国的矿山环境 | 沈渭寿，邹长新，燕守广，刘发民，李海东等 | 中国环境出版社 | 2013 |
| 农业可持续发展与生态补偿：中国—欧盟农业生态补偿的理论与实践 | 高尚宾，张克强，方放，周其文等 | 中国农业出版社 | 2011 |
| 中国外来入侵生物 | 徐海根，强胜 | 科学出版社 | 2011 |
| 准噶尔荒漠生物结皮研究 | 张元明，王雪芹 | 科学出版社 | 2008 |
| 中国长白山食用植物彩色图志 | 周繇，朱俊义，于俊林 | 科学出版社 | 2012 |
| 城市景观生态学与生态安全——以广州为例 | 龚建周，夏北成 | 科学出版社 | 2008 |

附　　录

# 附录一　李文华生平大事年表

**1932 年**

1 月 15 日，生于山东省东营市广饶县李鹊镇，在兄弟姐妹中排行第二。

**1936 年**

前往天津安家。

**1937 年**

9 月，进入天津女青年会小学就读小学一年级。

**1939 年**

9 月，进入天津女师附小（今天津师范学校附属小学）就读小学三年级。

**1943 年**

7 月，小学毕业。9 月，考入天津工商学院附属中学就读初中一年级。

**1946 年**

9 月，以第一名的成绩考入天津市立第三中学（后改名为市立一中）。

**1949 年**

7 月，高中毕业。9 月，考入北京大学农学院森林系。

**1950 年**

9 月，加入中国共产主义青年团。

**1951 年**

10～12 月，在广东参加南方橡胶调查。

**1952 年**

1～7 月，在广西参加南方橡胶宜林地调查。12 月，被评为华南垦殖调查劳动模范。

**1953 年**

7 月，从北京林学院毕业。9 月，任职于北京林学院森林经理教研室，任范济洲教授的助教。10 月，前往小兴安岭为第二年苏联专家来东北调查做前期的准备工作。

**1954 年**

8 月，经刘家骐、白秀玲介绍加入中国共产党，成为预备党员。

**1955 年**

8 月，成为正式党员。

**1956 年**

2 月 12 日，与爱人李松华结婚。7 月，跟随林业部第二调查大队去大兴安岭进行森林勘查。8 月，与同事翻译的《集体农庄的营林》由中国林业出版社出版。10 月，转到北京林业大学森林学教研室（即现在的生态教研室），在张正崑教授的指导下工作。

**1957 年**

9 月，到苏联科学院林业研究所，师从著名生物学家和森林生态学家苏卡乔夫院士。

**1961 年**

6 月，完成了论文《苏联南台加云杉林的结构与演替》，获得了副博士学位，并受到《真理报》的表扬。7 月，从苏联回国，任职于北京林学院森林学教研室，任教研室主任、讲师。

**1972 年**

10 月 16～29 日，在兰州参加了全国珠穆朗玛峰科学考察学术会议。

**1973 年**

5 月 17 日，进入中国科学院青藏高原综合科学考察队林业组，随队开展西藏考察。

任中国自然资源研究会常务副理事长。

**1974 年**

开展青藏高原综合科学考察。

**1975 年**

开展青藏高原综合科学考察。

**1976 年**

开展青藏高原综合科学考察。10 月 5～14 日，参加在拉萨召开的自治区林业大会。

**1977 年**

9 月，在山东青岛崂山参加中国植被会议。

**1978 年**

3 月 15 日，经中国科学院院务会议讨论，晋升为副研究员。

7 月 21～30 日，和阳含熙、王战等到长白山自然保护区开展调查，并讨论人与生物圈国家委员会成立事宜。8 月 11 日，任中国科学院、国家发展计划委员会自然资源综合考察委员会生物资源研究室主任。9 月 26 日，经国务院批准担任中华人民共和国人与生物圈国家委员会副秘书长。10 月 6 日～11 月 8 日，陪同侯学煜和李孝芳先生参加在美国得克萨斯州拉伯克举行的国际干旱地区植物资源利用大会，并考察美国 14 个国家公园及自然保护区和 46 所高校及有关单位。11 月，被评为中国科学院综合科学观察队先进代表。

**1979 年**

8 月，到长白山自然保护区开展考察。10 月 13 日至 2 月 3 日，随我国人与生物圈代表团出访英国、法国、联邦德国、荷兰，并出席联合国教科文组织人与生物圈国际协调理事会第六届会议。

## 1980 年

6 月，对长白山植被开展调查。9 月，在法国格勒诺布尔（Grenoble）参加小比例尺植被制图国际会议。10 月 1～3 日，赴法国巴黎出席"高海拔地区人类"专题讨论会。10 月，进入联邦德国汉堡大学世界林业研究所进修。

## 1981 年

2 月，结束在联邦德国汉堡大学世界林业研究所的进修回国。2 月 13 日，中国科学院组建青藏高原（横断山区）综合考察队领导班子，任副队长。3 月 5 日，任中国科学院、国家发展计划委员会自然资源综合考察委员会第一届学术委员会委员。6 月 16 日，经中国科学院党组同意，任中国科学院、国家发展计划委员会自然资源综合考察委员会党委委员。

## 1982 年

1 月 15 日，经中国科学院地学部同意，任中国科学院、国家发展计划委员会自然资源综合考察委员会学位评定委员会委员。9 月 5～11 日，出席在波兰召开的第三届国际生态学大会。

## 1983 年

3 月，应联合国教科文组织的要求，承担出版该组织《自然与资源》杂志中文版。5 月 19 日，任第一届中国科学院、国家发展计划委员会自然资源综合考察委员会学位评定委员会委员。5 月 30 日～6 月 10 日，参加中国科学院自然保护考察团，考察苏格兰、英格兰及威尔士 3 个地区 12 个自然保护区和 7 个有关单位。7 月 20 日，任中国科学院、国家发展计划委员会自然资源综合考察委员会副主任、常务副主任、党委副书记。10 月 23～28 日，参加在北京举行的中国自然资源研究会成立大会暨第一次中国自然资源学术交流会，被选举为中国自然资源研究会第一届理事会副理事长。11 月 23～28 日，赴尼泊尔出席国际山地综合开发中心第四届理事会会议。12 月 1～9 日，参加国际山地综合开发中心成立大会，主持其举办的第一次国际学术会议，并做了相关报告。12月，参与主编的《青藏高原研究：横断山考察专集（一）》由云南人民出版社正式出版。

### 1984年

1月24日，《自然资源》成立编委会，任主编。3月12日，被中国林学会授予"劲松奖"。4月13日，被选举为中国科学院、国家发展计划委员会自然资源综合考察委员会党委委员。4月24日，任中国科学院、国家发展计划委员会自然资源综合考察委员会常务副主任。5月3日，任中华人民共和国人与生物圈国家委员会委员。6月，《中国的自然保护区》由商务印书馆出版。10月26日，任中国科学院、国家发展计划委员会自然资源综合考察委员会学位评定委员会委员。

### 1985年

1月，成立"青藏高原横断山区科学考察丛书"编委会，任副主任。2月9日，中国自然资源学会第二次常务理事会决议创办《自然资源学报》，任副主编。4月16日，被中国科学院聘请为院科学技术进步奖评审委员会委员。5月13～16日，在日内瓦举行的国际自然与自然资源保护联盟理事会上被选举为理事会理事。9月24日，中国科学院竺可桢野外科学工作奖委员会设立，任副主任委员。《中国的自然保护区》获全国优秀科普作品奖。

### 1986年

1月，国务院学位委员会审批李文华为博士生导师。3月，《青藏高原研究：横断山考察专集2》由北京科学技术出版社正式出版。5月20～30日，西藏自治区林业厅外办聘请李文华任中美合作开展珠峰生态考察的技术顾问和兼职研究员。6月2日，经中国科学院批准为中国科学院、国家发展计划委员会自然资源综合考察委员会研究员，专业为资源生态学。8月1日，中国科学院决定李文华任中国科学院、国家发展计划委员会自然资源综合考察委员会常务副主任。8月8日，"西南地区国土资源综合考察和发展战略研究"项目第一次工作会议在云南昆明召开。会上宣布成立以中国科学院副院长孙鸿烈为组长，四省区五方（年度主席方）计委负责人和常务副主任、项目负责人李文华为副组长和6名成员的项目领导小组。9月24日，中国科学院批准成立中国科学院西南资源开发考察队，李文华任队长。10月20～25日，阳含熙、李文华、赵献英赴法国巴黎参加人与生物圈计划国际协调理事会第九次会议，被选举为国际协调理事会兼执行局主席。11月8日，被中国科学院、国家计划委员会自然资源综合考察委员会证明在获1986年中国科学院科学技术进步奖特等奖中做出主要贡献。12月10日，做出主要贡献的"青藏高原隆起及其对人类活动和自然环境影响的综合研究"被中国科学院授予1986年中国科学院科学技术进步奖特等奖。12月23日，被林业部聘请为林业部第三届科技委员会委员（特邀）。

### 1987年

3月，被南京大学聘请为南京大学地理系兼职教授。10月，在欧洲共同体的支持下，前往比利时首都布鲁塞尔的欧洲共同体下属Ⅻ支部（DG12）学习国际科学发展预测方面的知识。

### 1988年

1月6～8日，参加中国自然资源研究会第二届全员代表大会暨学术讨论会，当选第二届理事会副理事长。3月10日，任中国科学院、国家计划委员会自然资源综合考察委员会第四届学术委员会主任。4月，担任中国科学院、国家计划委员会自然资源综合考察委员会副主任。8月28日，国家科学技术委员会授予"青藏高原隆起及其对人类活动和自然环境影响的综合研究"1987年国家自然科学奖一等奖，排名第十一位。"青藏高原综合科学考察"集体获陈嘉庚地球科学奖。

### 1989年

2月23日，中国科学院、国家计划委员会自然资源综合考察委员会任命李文华为千烟洲试验站站长。7月，和赵献英共同完成的 *China's Nature Reserves* 由外文出版社正式出版。8月31日，应苏黎世联邦理工学院克勒茨利（Kloetzli）教授的邀请，作为客座教授到该校的地植物学研究所进行为期三个月的访问和讲学。10月，被山东资源与环境学会聘请为首届理事会名誉理事长。《国土资源信息系统的研究与建立》获中国科学院科学技术进步奖二等奖。

### 1990 年

2月，任联合国粮食及农业组织南亚十国小流域治理项目首席顾问。7月，任国际地圈生物圈计划（IGBP）中国委员会委员、顾问。

### 1991 年

2月28日，《中国自然保护纲要》获国家科学技术进步奖三等奖、环境保护科学技术进步奖一等奖。3月，主编的《川滇黔接壤地区资源开发与生产布局》由科学出版社正式出版。

### 1992 年

5月，和赵献英共同完成的《中国的自然保护区》第二版由商务印书馆正式出版。6月3～15日，应联合国粮食及农业组织邀请，担任亚洲流域治理高级培训顾问，并在尼泊尔加德满都举办培训班。7月，兼任中国科学院生态环境研究中心系统生态研究室学术委员会主任，与王如松一起参与《中国21世纪议程》的准备工作，承担了为该议程制定总体框架的任务。9月，在联合国大学的支持下，与瑞典皇家科学院院士赫登和冈特·鲍利博士共同发起组织了以可持续发展原理为基础的"工－农－养殖零排放系统工程（ZERI-BAG）"。9月，创建了全球可持续发展生态技术网络，被推选为第一届顾问委员会主席。10月，任中国科学院长白山森林生态系统定位研究站学术委员会主任委员。12月18日，应联合国粮食及农业组织邀请兼任尼泊尔的流域综合治理首席顾问。

### 1993 年

7 月，*AMBIO* 中文版编辑部正式成立，担任中文版主编。8 月，*Forests of the Himalayan-Hengduan Mountains of China and Strategies for Their Sustainable Development* 由国际山地综合开发中心正式出版。10 月，主持的"西南地区资源开发与发展战略研究"获中国科学院 1993 年科学技术进步奖二等奖。11 月，拉萨农业生态试验站学术委员会经自然资源综合考察委员会批准成立，任主任委员。

### 1994 年

1 月，被中国自然资源学会聘请为《自然资源学报》主编。2 月 1 日，《中国农业百科全书·林业》获第六届全国优秀科技图书一等奖。5 月，应邀出席了美国总统可持续发展委员会在查塔努加生态工程示范市举行的年会，并被授予该市"荣誉公民奖"。7 月，任国际科学理事会环境顾问委员会委员。和赖世登共同主编的《中国农林复合经营》由科学出版社正式出版。10 月，和杨修共同完成的《环境与发展》由科学技术文献出版社正式出版。11 月 9 日，被国家环境保护局聘请为中国环境科学研究院学术顾问。

### 1995 年

2 月 13 日，被美国芝加哥市市长和议会长授予"芝加哥名誉市民"称号。6 月 8 日，被中国大百科全书出版社和中国自然资源学会聘请为《中国资源科学百科全书》编委会常务委员。12 月，被中国生态学学会聘请为第五届理事会理事。

### 1996 年

5 月 3~10 日，率《AMBIO—人类环境杂志》编辑部人员赴瑞士就杂志中文版出版合作进行协商访问。8 月 20 日，获"中国科学院优秀教师"称号。9 月，"中国自然地理知识丛书"获中宣部精神文明建设"五个一工程"优秀作品奖、"一本好书奖"。10 月，国家科学技术委员会、国防科学技术工业委员会、中国科学院、中国科学技术协会、国家自然科学基金委员会授予《现代科学技术基础知识

（干部选读）》及其参考丛书项目全国科技信息系统优秀成果一等奖。

## 1997 年

1月，担任瑞典皇家科学院 *AMBIO* 中文版主编。11月，当选中国工程院院士。

## 1998 年

2月，和周兴民共同主编的《青藏高原生态系统及优化利用模式》由广东科技出版社正式出版。4月7日，获中国科学院深圳华为奖教金。6月28日，当选国际欧亚科学院院士。12月1日，被青海省人民政府聘请为青海省人民政府科技顾问。

## 1999 年

9月，参与编著的"青藏高原研究丛书"（5卷）获第四届国家图书奖。

## 2000 年

3月27日，被农业部授予"全国生态农业建设先进工作者"。5月25日，被中共昌都地区委员会和昌都地区行政公署聘请为西藏昌都地区实施西部大开发战略咨询专家。10月20日，被中国生态经济学学会聘请为学会第五届理事会副理事长。12月27日，被联合国工业发展组织中国投资与技术促进处首席代表兼绿色专家委员会主任聘请为第二届（2001年）绿色产业专家委员会顾问。

## 2001 年

1月，在科技部有关项目、中国科学院知识创新工程项目以及国家自然科学基金的支持下，组织开展生态系统服务功能预研究。5月，主编的 *Agro-Ecological Farming Systems in China* 作为联合国教科文组织的系列丛书之一由美国 CRC Press 正式出版。6月，入选中国科学技术协会第六届全国委员会委员。9月21日，被中国人民大学聘请为中国人民大学环境学院院长。

## 2002 年

3月22日，被复旦大学聘请为复旦大学兼职教授。3月24日，被复旦大学城市生态规划与设计研究中心聘请为中心高级顾问、中心学术委员会主任。3月25日，被国家自然科学基金委员会聘请为生命科学部第一届专家咨询委员会委员。5月，和欧阳志云、赵景柱共同主编的《生态系统服务功能研究》由气象出版社正式出版。

### 2003 年

1月1日，被联合国工业发展组织中国投资与技术促进处首席代表兼绿色产业专家委员会聘请为第四届（2003年）绿色产业专家委员会顾问。1月1日，牵头组织的国家自然科学基金重点项目"我国陆地生态系统服务功能及其价值评估"正式启动。6月26日，被广东省人民政府和国家环境保护总局聘请为广东省环境保护规划工作顾问。7月25日，被国家林业局聘请为国家林业局专家咨询委员会委员。9月，主编的《生态农业——中国可持续农业的理论与实践》由化学工业出版社正式出版。

### 2004 年

1月，被联合国工业发展组织中国投资与技术促进处首席代表兼绿色产业专家委员会聘请为第五届（2004年）绿色产业专家委员会高级顾问。4月27日，被中国自然资源学会聘请为学会第五届理事会学术顾问委员会委员。5月11日，被国家自然科学基金委员会聘请为生命科学部第二届专家咨询委员会委员。6月1日，被中国可持续发展研究会生态环境专业委员会聘请为该研究会生态环境专业委员会第三届顾问。7月，和赵景柱共同主编的《生态学研究回顾与展望》由气象出版社正式出版。10月，被中国生态学学会聘请为第七届理事会名誉理事长。10月15日，被滨州市人民政府聘请为滨州学院名誉院长。

### 2005 年

1月，被联合国工业发展组织中国投资与技术促进处首席代表兼绿色产业专家委员会聘请为第六届（2005年）绿色产业专家委员会高级顾问。1月，被高等教育出版社总编辑办公室聘请为 *Frontiers of Forestry in China* 编委会委员。5月，作为中方主席，与日本名古屋大学木村秀文教授共同承担了中国环境与发展国际合作委员会的国际合作项目"中国生态补偿机制与政策研究"。12月，被中国人民大学聘请为学校第十届学术委员会委员。

### 2006 年

1月8日，被中国科学院生态系统网络观测与模拟重点实验室聘请为实验室学术委员会副主任委员。4月，被中国青年科技奖领导工作委员会聘请为第九届中国青年科技奖农林科学组评审专家。8月，被国家环境保护总局聘请为国家环境咨询委员会委员。

### 2007 年

2月，主编的《东北地区有关水土资源配置、生态与环境保护和可持续发展的若干战略问题研究·林业卷》由科学出版社正式出版。3月10日，被国家林业局聘请为"全国林业发展区划"专家咨询组组长。4月，主编的《中国生态补偿机制与政策研究》由科学出版社正式出版。6月，被国家环境保护总局聘请为国家环境保护总局战略环境影响评价专家咨询委员会委员。

### 2008 年

3月，被西藏自治区人民政府聘请为西藏自治区第二届发展咨询委员会委员。10月，主编的《生态系统服务功能价值评估的理论、方法与应用》由中国人民大学出版社正式出版。10月13～18日，参加中美生态系统服务国际会议，同时为中美生态系统服务研究中心揭幕。11月，主编的《农业生态问题与综合治理》由中国农业出版社正式出版。11月15日，应邀参加首届中国绿色发展高层论坛。12月20日，被厦门大学聘请为厦门大学滨海湿地生态系统教育部重点实验室学术委员会主任。

### 2009 年

4月26日，应邀出席2009中国旅游科学年会，就"生态学与生态旅游研究"做专题发言。5月，被中国国际湿地公约履约办公室聘请为国家湿地科学技术委员会副主任委员。8月，被中国生态学学会聘请为学会第八届理事会顾问。8月17日，应邀参加第十一届中国科学技术协会年会系列访谈活动，以"林业建设与重庆可持续发展"为主题进行了座谈。11月13日，应邀出席第二届中国绿色发展高层论坛。

### 2010 年

1月，被中国生态学学会授予学会发展特色贡献奖。3月27日，被农业部授予全国生态农业建设先进工作者。4月19日，被国家发展和改革委员会聘请为《生态保护补偿条例》起草专家咨询委员会副主任。7月，主编的《横断山区的垂直气候及其对森林分布的影响》由气象出版社正式出版。7月，被贵州省黔东南州聘请为黔东南州院士专家服务中心科技支撑专家。9月，主编的《东北天然林研究》由气象出版社正式出版。9月10日，被中央民族大学聘请为民族生物学与生物资源保护利用技术创新引智基地学术委员会主任委员。11月，被江西省新余市人民政府聘请为江西省新余市人民政府科技顾问。12月12日，应邀参加第三届中国绿色发展高层论坛。

### 2011 年

3月9日，被中国人民大学聘请为学校董事会名誉董事。3月，被国家林业局聘请为第五届全国林业系统国家级自然保护区评审委员会副主任委员。6月10日，被国际绿色经济协会聘请为协会生态农业专家委员会主任。6月20日，被联合国教科文组织国际自然与文化遗产空间技术中心聘请为中心第一届科学委员会副主任。9月27日，被中共丹东市委和丹东市人民政府聘请为辽宁省丹东市决策发展咨询顾问。10月20日，和凯里学院共建院士专家工作站。

### 2012 年

3月，被环境保护部聘请为国家环境咨询委员会委员。4月8日，被复旦大学城市生态规划与设计研究中心聘请为中心名誉主任。4月

9 日，被江西省山江湖开发治理委员会聘请为第三届山江湖工程学术委员会委员。10 月 29～30 日，在罗马出席全球重要农业文化遗产指导委员会 / 科学委员会工作会议。12 月 9～12 日，应邀出席在印度尼西亚巴厘岛举行的第二届世界生态安全大会。

### 2013 年

1 月，被中央民族大学聘请为"民族生物学与生物资源保护利用技术创新引智基地"学术委员会主任委员。1 月，被国家高原湿地研究中心聘请为研究中心学术委员会副主任。4 月 26 日，主持"中国重要农业文化遗产保护与发展战略研究"重点咨询项目启动。5 月 29～31 日，在日本出席第四届全球重要农业文化遗产国际论坛。7 月，主编的"中国当代生态学研究"（5 卷）由科学出版社正式出版。9 月，被中国国际湿地公约履约办公室聘请为国家湿地科学技术委员会副主任委员。11 月 10 日，被中国科学院地理科学与资源研究所聘请为所学位评定委员会委员。

### 2014 年

1 月，被中国植物学会聘请为学会植物生态学专业委员会顾问。1 月 16 日，被农业部聘请为第一届农业部全球重要农业文化遗产专家委员会主任委员。3 月 18 日，被农业部聘请为第一届中国重要农业文化遗产专家委员会主任委员。4 月，被农业部环境保护科研监测所聘请为研究所第五届学术委员会名誉主任委员。4 月 29 日，在罗马出席全球重要农业文化遗产指导委员会 / 科学委员会会议。7 月 28 日，被中国通量观测研究联盟聘请为第一届科学委员会副主任。8 月 25 日，被国家林业局聘请为国家沙漠公园评审专家委员会主任委员。11 月 15～16 日，在云南省昆明市出席中国农学会农业文化遗产分会成立暨学术研讨会，当选为主任委员。

### 2015 年

1 月 1 日，被中国科学院地理科学与资源研究所、中国自然资源学会和中国生态学学会聘请为 *Journal of Resources and Ecology* 主编。1月5日，被中国自然资源学会和中国科学院地理科学与资源研究所聘请为《自然资源学报》第六届编委会主编。5月，被中国科学院地理科学与资源研究所和中国科学院生态系统网络观测与模拟重点实验室聘请为重点实验室学术委员会学术顾问。11月，主编的《中国重要农业文化遗产保护与发展战略研究》由科学出版社正式出版。12月，被《遗产与保护研究》杂志社和《遗产与保护研究》编辑部聘请为该杂志主编。

### 2016 年

1月，主编的《遗产与保护研究》正式发刊。1月，主编的 *Contemporary Ecology Research in China* 由施普林格（Springer）出版社正式出版。9月，主编的《中国生态系统保育与生态建设》由化学工业出版社正式出版。11月7日，在浙江湖州成立全国首个农业文化遗产院士专家工作站。

### 2017 年

5月11日，签约泰和千烟洲院士工作站。6月，主编的《农业资源与环境可持续发展战略研究》由科学出版社正式出版。

# 附录二　李文华的教育背景与工作经历

　　李文华院士 1953 年毕业于北京林学院，1961 年在苏联科学院获副博士学位。回国后在北京林业大学任教，1978 年调入自然资源综合考察委员会，先后任生物资源研究室主任，自然资源综合考察委员会副主任、常务副主任，中国科学院青藏高原综合科学考察队副队长，中国科学院西南资源开发队队长等。曾任联合国教科文组织人与生物圈国际协调理事会主席，联合国粮食及农业组织南亚十国小流域治理首席顾问及全球重要农业文化遗产第一、二届指导委员会主席，国际自然保护联盟理事，国际山地综合开发中心理事、轮值副主席，国际科学理事会环境问题委员会委员，东亚生态学会联盟第一届主席，中国人民大学环境学院院长，中国生态学学会理事长、名誉理事长，中国自然资源学会副理事长，《自然资源学报》、*Journal of Resources and Ecology* 等学术期刊主编等。

**李文华院士简历**

| 主要学历 | | |
|---|---|---|
| 起止年份 | 院校系及专业 | 学位 |
| 1946～1949 | 天津市第一中学 | 高中 |
| 1949～1953 | 北京林学院林业系（林学） | 学士 |
| 1957～1961 | 苏联科学院林业研究所（林学） | 博士 |
| 主要经历 | | |
| 起止年份 | 单位 | 职称与职务 |
| 1953～1957 | 北京林学院森林经理教研室 | 助教 |
| 1961～1973 | 北京林学院森林学教研室 | 讲师／主任 |

| 主要经历 | | |
|---|---|---|
| 1973～1978 | 中国科学院青藏高原综合科学考察队林业组 | 组长 |
| 1978～1983 | 中国科学院自然资源综合考察委员会，生物资源室 | 研究员／主任 |
| | 中国科学院青藏高原综合科学考察队（横断山科考阶段） | 副队长 |
| 起止年份 | 学术团体名称 | 兼职职务 |
| 1983～1989 | 中国科学院自然资源综合考察委员会 | 常务副主任，学术委员会主任 |
| 1986～1989 | 中国科学院西南综合考察与资源开发队 | 队长 |
| 1997 | 中国工程院 | 院士 |
| 1998 | 国际欧亚科学院 | 院士 |
| 1999～2022 | 中国科学院地理科学与资源研究所 | 研究员，博士生导师 |
| 2001～2007 | 中国人民大学环境学院 | 院长 |
| 主要学术团体兼职 | | |
| 起止年份 | 学术团体名称 | 兼职职务 |
| 1973～1990 | 中国自然资源研究会 | 常务副理事长 |
| 1986～1993 | 世界保护联盟 | 亚洲区理事 |
| 1986～1987 | 国际山地综合开发中心 | 理事、轮值副主席 |
| 1986～1989 | 联合国教科文组织人与生物圈计划 | 国际协调理事会兼执行局主席 |
| | 中国人与生物圈国家委员会 | 副主席兼秘书长 |
| 1988～1990 | 中国科学院千烟洲生态定位站 | 站长 |
| 1990～1992 | 联合国粮食及农业组织小流域治理项目 | 首席专家 |
| 1990～1993 | 国际地圈生物圈中国委员会 | 委员，顾问 |
| 1992～2019 | 中国科学院长白山站学术委员会 | 主任 |
| 1994～1998 | 国际科学理事会环境顾问委员会 | 委员 |
| 1999～2004 | 中国生态学学会 | 理事长 |
| 1999～2022 | 中国林学会 | 副理事长 |
| 2009～2022 | 中国农业生态环境保护协会 | 副理事长 |
| 主编学术刊物 | | |
| 起止年份 | 学术刊物名称 | 兼职职务 |
| 1983～1990 | 《自然与资源》（*Nature and Resources* 中文版） | 主编 |
| 1993～2008 | 《AMBIO—人类环境杂志》（*AMBIO* 中文版） | 主编 |

| 主编学术刊物 | | |
|---|---|---|
| 2002～2022 | 《自然资源学报》 | 主编 |
| 2009～2002 | *Journal of Resources and Ecology* | 主编 |
| 2009～2016 | 《农业环境科学学报》 | 主编 |
| 主要社会职务 | | |
| 起止年份 | 学术团体名称 | 兼职职务 |
| 2006～2018 | 国家环境科学咨询委员会 | 委员 |
| 主要社会职务 | | |
| 起止年份 | 学术团体名称 | 兼职职务 |
| 2004 | 国家林业局专家顾问组 | 委员 |
| 2008 | 国家林业局湿地科学技术专家委员会 | 副主任 |
| 2003～2008 | 海南省科学技术顾问委员会 | 顾问 |
| 2003 | 西藏自治区科学顾问委员会 | 顾问 |
| 2010 | 江西省新余市科学顾问委员会 | 顾问 |
| 2014～2019 | 农业部全球重要农业文化遗产专家委员会 | 主任委员 |
| 2014～2019 | 农业部中国重要农业文化遗产专家委员会 | 主任委员 |
| 2020～2022 | 农业农村部第二届全球重要农业文化遗产专家委员会 | 顾问 |

# 附录三 李文华代表性荣誉奖励

　　李文华院士曾以主要参与者等身份先后荣获国家级、省部级、学会等授予的各类奖项和荣誉称号 40 余项。国家级奖项包括国家自然科学奖一等奖、国家科学技术进步奖二等奖、国家科学技术进步奖特等奖、国务院科学技术突出贡献特殊津贴等。省部级奖项既包括中国科学院科学技术进步奖特等奖、陈嘉庚地球科学奖、国家自然科学基金委员会全国科技信息系统优秀成果一等奖、"中国科学院优秀教师"、"中国科学院研究生院杰出贡献教师"荣誉称号等由中国科学院及相关单位授予的奖项，也包括中国出版政府奖图书奖、全国优秀科技图书一等奖、全国优秀科普作品奖等成果类奖项，以及环境科学技术进步奖（部级）一等奖、环境保护科学技术奖一等奖、国家林业局林业科技贡献奖等由政府部门授予的奖项。此外，李文华院士还多次荣获由中国生态学学会、中国地理学会、中国自然资源学会、中国林学会等授予的多项荣誉奖励，包括中国生态学学会第一届马世骏生态科学成就奖和学会发展特色贡献奖、中国地理学会科学技术奖（终身成就奖）、中国自然资源学会中国资源科学成就奖、中国林学会劲松奖等。

**李文华院士荣获的主要奖励和荣誉（按获奖时间排序）**

| 序号 | 时间 | 奖励名称 |
| --- | --- | --- |
| 1 | 1984 年 | 全国优秀科技图书三等奖（作者：中国科学院青藏高原综合科学考察队）<br>作品名称：《青藏高原研究：横断山考察专集（一）》 |
| 2 | 1985 年 | 全国优秀科普作品奖（主要合作者：赵献英）<br>图书名称：《中国的自然保护区》 |

| 序号 | 时间 | 奖励名称 |
|---|---|---|
| 3 | 1986 年 | 中国科学院科学技术进步奖特等奖（主要合作者：刘东生、孙鸿烈等）<br>项目名称：青藏高原综合科学考察 |
| 4 | 1987 年 | 国家自然科学奖一等奖（主要合作者：刘东生、孙鸿烈等）<br>项目名称：青藏高原综合科学考察 |
| 5 | 1987 年 | 第二届全国优秀科普作品三等奖（主要合作者：赵献英）<br>图书名称：《中国的自然保护区》 |
| 6 | 1987 年 | 全国地理科普读物优秀奖（主要合作者：赵献英）<br>图书名称：《中国的自然保护区》 |
| 7 | 1988 年 | 陈嘉庚地球科学奖（主要合作者：刘东生、孙鸿烈等）<br>项目名称：青藏高原综合科学考察 |
| 8 | 1989 年 | 中国科学院科学技术进步奖二等奖（第一完成人）（主要合作者：孙九林等）<br>项目名称：国土资源信息系统的研究与建立 |
| 9 | 1991 年 | 国家科学技术进步奖三等奖（主要合作者：陈昌笃、金鉴明等）<br>项目名称：《中国自然保护纲要》 |
| 10 | 1991 年 | 环境科学技术进步奖一等奖（主要合作者：陈昌笃、金鉴明等）<br>项目名称：《中国自然保护纲要》 |
| 11 | 1992 年 | 国务院科学技术突出贡献特殊津贴 |
| 12 | 1994 年 | 第六届全国优秀科技图书奖一等奖<br>图书名称：《中国农业百科全书·林业》 |
| 13 | 1995 年 | 美国查塔努加市荣誉市民 |
| 14 | 1996 年 | 全国科技信息系统优秀成果一等奖（合作者：杨修）<br>图书名称：《现代科学技术基础知识（干部选读）》及其参考丛书 |
| 15 | 1996 年 | 中国科学院"优秀教师" |
| 16 | 1996 年 | 中国林学会劲松奖 |
| 17 | 1997 年 | 中国科学院自然科学奖三等奖（主要合作者：赖世登）<br>图书名称：《中国农林复合经营》 |
| 18 | 1997 年 | 中国工程院院士 |
| 19 | 1998 年 | 国际欧亚科学院院士 |
| 20 | 2000 年 | 农业部"全国生态农业建设先进工作者" |
| 21 | 2001 年 | 中国科学技术协会 2001 年学术年会特邀报告 |
| 22 | 2004 年 | 第十四届中国图书奖（主要合作者：吴文良、骆世明）<br>图书名称：《生态农业——中国可持续农业的理论与实践》 |
| 23 | 2004 年 | 国家林业局林业科技贡献奖 |
| 24 | 2005 年 | 国家科学技术进步奖评审专家 |
| 25 | 2005 年 | 第二届中国（海南）生态文化论坛生态文化建设特别贡献奖 |
| 26 | 2006 年 | 中国环境与发展国际合作委员会杰出贡献奖 |

中国工程院院士传记

绿境求索：

李文华 自传

| 序号 | 时间 | 奖励名称 |
|---|---|---|
| 27 | 2008 年 | 中国科学院研究生院"杰出贡献教师" |
| 28 | 2010 年 | 长白山国家级自然保护区突出贡献奖 |
| 29 | 2010 年 | 中国生态学学会学会发展特色贡献奖 |
| 30 | 2011 年 | 绿色中国年度焦点人物特别贡献奖 |
| 31 | 2012 年 | 第七届中华宝钢环境奖 |
| 32 | 2013 年 | 2012 年度中国精品科技期刊顶尖学术论文（F5000 论文）<br>论文题目：关于中国生态补偿机制建设的几点思考 |
| 33 | 2013 年 | 中国自然资源学会中国资源科学成就奖 |
| 34 | 2014 年 | 环境保护科学技术奖（一等奖）（第二完成人，主要合作者：高吉喜等）<br>项目名称：区域生态资产评估技术方法与应用研究 |
| 35 | 2015 年 | 国家科学技术进步奖（二等奖）（第二完成人，主要合作者：高吉喜等）<br>项目名称：中国生态交错带生态价值评估与恢复治理关键技术 |
| 36 | 2015 年 | 环境保护科学技术奖（一等奖）（第二完成人：主要合作者：王金南等）<br>项目名称：国家生态补偿方法与政策机制及其应用研究 |
| 37 | 2017 年 | 中国通量网突出贡献奖 |
| 38 | 2018 年 | 中国人与生物圈国家委员会成立 40 周年杰出贡献奖 |
| 39 | 2018 年 | 第四届中国出版政府奖图书奖<br>图书名称：*Contemporary Ecology Research in China* |
| 40 | 2019 年 | 中国地理学会科学技术奖（终身成就奖） |
| 41 | 2019 年 | 中国生态学学会第一届马世骏生态科学成就奖 |
| 42 | 2019 年 | 第一届中国生态学学会突出贡献奖 |
| 43 | 2020 年 | 长白山国家级自然保护区突出贡献奖 |
| 44 | | 美国传记学会杰出领导奖 |

# 附录四 李文华培养学生名单

李文华院士在国内先后培养博士后、博士研究生、硕士研究生57名，并荣获"中国科学院优秀教师""中国科学院研究生院杰出贡献教师"等荣誉称号。多名学生在校期间曾荣获国家奖学金、中国科学院大学三好学生、中国科学院地理科学与资源研究所优秀毕业生和中国科学院地理科学与资源研究所所长奖学金等荣誉奖励。

**李文华院士培养学生名单**

| 序号 | 姓名 | 求学时间 | 学位 | 工作单位名称 | 职称 |
|---|---|---|---|---|---|
| 1 | 李飞 | 1978～1981年 | 硕士 | 中国科学院地理科学与资源研究所 | 研究员 |
| 2 | 邵彬 | 1986～1990年 | 硕士 | 中国科学院地理科学与资源研究所 | 副研究员 |
| 3 | 娄安如 | 1987～1990年 | 博士 | 北京师范大学 | 教授 |
| 4 | 刘景勋 | 1992～1995年 | 博士 | 美国地质调查局地球资源观测与科学中心 | 教授 |
| 5 | 罗天祥 | 1993～1996年 | 博士 | 中国科学院青藏高原研究所 | 研究员 |
| 6 | 杨修 | 1994～1997年 | 博士 | 中国农业科学院国际合作局 | 研究员 |
| 7 | 薛达元 | 1994～1997年 | 博士 | 中央民族大学生命与环境科学学院 | 教授 |
| 8 | 闵庆文 | 1996～1999年 | 博士 | 中国科学院地理科学与资源研究所 | 研究员 |
| 9 | 张宪洲 | 1996～1999年 | 博士 | 中国科学院地理科学与资源研究所 | 研究员 |
| 10 | 包维楷 | 1996～1999年 | 博士 | 中国科学院成都生物研究所 | 研究员 |
| 11 | 石培礼 | 1996～1999年 | 博士 | 中国科学院地理科学与资源研究所 | 研究员 |
| 12 | 卢兵友 | 1999～2001年 | 博士后 | 中国农村技术开发中心 | 研究员 |
| 13 | 何永涛 | 2000～2003年 | 博士 | 中国科学院地理科学与资源研究所 | 副研究员 |
| 14 | 杨丽韫 | 2000～2003年 | 博士 | 北京科技大学 | 副教授 |
| 15 | 赵海珍 | 2001～2004年 | 博士 | 环境保护部环境工程评估中心 | 高级工程师 |
| 16 | 张林波 | 2001～2007年 | 博士 | 中国环境科学研究院生态研究所 | 研究员 |
| 17 | 张林 | 2001～2007年 | 博士 | 中国科学院青藏高原研究所 | 副研究员 |
| 18 | 许中旗 | 2002～2005年 | 博士 | 河北农业大学 | 教授 |

| 序号 | 姓名 | 求学时间 | 学位 | 工作单位名称 | 职称 |
|---|---|---|---|---|---|
| 19 | 徐玲玲 | 2003~2006年 | 博士 | 国家气象中心 | 高级工程师 |
| 20 | 李世东 | 2004~2006年 | 博士后 | 国家林业局信息化管理办公室 | 教授级高工 |
| 21 | 王景升 | 2004~2007年 | 博士 | 中国科学院地理科学与资源研究所 | 研究员 |
| 22 | 杨光梅 | 2004-2007年 | 博士 | 上海虹桥商务区新能源投资发展有限公司 | 副经理 |
| 23 | 李芬 | 2005~2008年 | 博士 | 深圳市建筑科学研究院股份有限公司 | 主任工程师 |
| 24 | 刘某承 | 2005~2010年 | 博士 | 中国科学院地理科学与资源研究所 | 副研究员 |
| 25 | 秦向东 | 2005~2009年 | 博士后 | 无锡龙山科技有限公司 | 工程师 |
| 26 | 王斌 | 2006~2009年 | 博士后 | 中国林业科学研究院亚热带林业研究所 | 副研究员 |
| 27 | 张彪 | 2006~2009年 | 博士 | 中国科学院地理科学与资源研究所 | 副研究员 |
| 28 | 王玉玉 | 2006~2011年 | 博士 | 北京林业大学自然保护区学院 | 讲师 |
| 29 | 闫平 | 2006~2012年 | 博士 | 中国林业工程建设协会 | 高级工程师 |
| 30 | 严玉平 | 肄业 | 博士 | 江西省生态文明研究院 | 研究员 |
| 31 | 杨艳刚 | 2009~2011年 | 博士后 | 交通运输部公路科学研究所 | 副研究员 |
| 32 | 张灿强 | 2009~2012年 | 博士 | 中华人民共和国农业农村部 | 副研究员 |
| 33 | 伦飞 | 2009~2014年 | 博士 | 中国农业大学 | 副教授 |
| 34 | 马维玲 | 2009~2015年 | 博士 | 中国农业科学技术出版社 | 助理研究员 |
| 35 | 孙业红 | 2010~2012年 | 博士后 | 北京联合大学旅游学院 | 教授 |
| 36 | 张丹 | 2010~2013年 | 博士后 | 中国科学院地理科学与资源研究所 | 助理研究员 |
| 37 | 范娜 | 2010~2014年 | 博士 | 中国寰球工程有限公司 | 高级工程师 |
| 38 | 何露 | 2010~2014年 | 博士 | 国家林业和草原局自然保护地管理司 | 四级调研员 |
| 39 | 熊英 | 2011~2018年 | 博士 | 中国电动汽车百人会 | 副部长 |
| 40 | 焦雯珺 | 2011~2013年 | 博士后 | 中国科学院地理科学与资源研究所 | 副研究员 |
| 41 | 李静 | 2012~2016年 | 博士 | 滁州学院 | 副教授 |
| 42 | 洪传春 | 2012~2015年 | 博士 | 东北大学秦皇岛分校 | 副教授 |
| 43 | 邸月宝 | 2012~2017年 | 博士 | 国家自然科学基金委员会 | 助理研究员 |
| 44 | 刘伟玮 | 2013~2016年 | 博士 | 中国环境科学研究院生态研究所 | 高级工程师 |
| 45 | 杨伦 | 2014~2019年 | 博士 | 中国科学院地理科学与资源研究所 | 副研究员 |
| 46 | 顾兴国 | 2015~2018年 | 博士 | 浙江省农业科学院农村发展研究所 | 副研究员 |
| 47 | 袁正 | 2015~2017年 | 博士后 | 北京师范大学科学教育研究院 | 副研究员 |
| 48 | 马楠 | 2015~2021年 | 博士 | 北京世纪农丰土地科技有限公司 | 博士后 |
| 49 | 刘文婧 | 2016~2021年 | 博士 | 北京市财政局 | 二级主任科员 |
| 50 | 朱婉芮 | 2016~2022年 | 博士 | 北京市第四十四中学 | 教师 |

| 序号 | 姓名 | 求学时间 | 学位 | 工作单位名称 | 职称 |
|---|---|---|---|---|---|
| 51 | 张添佑 | 2017~2021 年 | 博士 | 西北农林科技大学草业与草原学院 | 副教授 |
| 52 | 姚帅臣 | 2017~2021 年 | 博士 | 北京市海淀区人民政府海淀街道办事处 | 暂无 |
| 53 | 丁陆彬 | 2018~2021 年 | 博士 | 内蒙古自治区林业和草原局 | 二级主任科员 |
| 54 | 饶滴滴 | 2019 年至今 | 博士生 | 中国科学院地理科学与资源研究所 | 博士研究生 |
| 55 | 李志东 | 2020 年至今 | 博士生 | 中国科学院地理科学与资源研究所 | 博士研究生 |
| 56 | 李云云 | 2021 年至今 | 博士后 | 中国科学院地理科学与资源研究所 | 博士后 |
| 57 | 白云霄 | 2022 年至今 | 博士生 | 中国科学院地理科学与资源研究所 | 博士研究生 |

# 附录五　李文华编著与主编书籍

在数十年的治学生涯中，李文华院士撰写或主编了《西藏森林》、《青藏高原生态系统及其优化利用模式》、《中国的自然保护区》、《中国农林复合经营》、Agro-Ecological Farming Systems in China、《生态农业——中国可持续农业的理论与实践》、《生态系统服务功能价值评估的理论、方法与应用》、《中国生态补偿机制与政策研究》、《中国重要农业文化遗产保护与发展战略研究》、"中国当代生态学研究"、Contemporary Ecology Research in China 等 40 余部著作。

## 李文华院士编著与主编书籍列表

| 序号 | 书籍名称 | 作者 | 出版时间 |
|---|---|---|---|
| 1 | 《青藏高原研究：横断山考察专集（一）》 | 中国科学院青藏高原综合科学考察队 | 1983 年 |
| 2 | 《中国的自然保护区》 | 李文华，赵献英著 | 1984 年 |
| 3 | Water Management Experience in the Hindu Kush Himalaya Region | 李文华，Panday K K 编 | 1985 年 |
| 4 | 《西藏森林》 | 李文华主编，中国科学院青藏高原综合科学考察队 | 1985 年 |
| 5 | 《高山林线生理生态》 | 李文华，廖俊国译 | 1986 年 |
| 6 | "中国自然资源科普丛书" | 李文华主编 | 1988~1993 年 |
| 7 | Water and Mineral Cycling in Forest and Deteriorated Forest Ecosystem in Southern China | Toshio Tsutsumi, 李文华编 | 1989 年 |
| 8 | 《青藏高原研究：横断山考察专集 2》 | 中国科学院青藏高原综合科学考察队 | 1986 年 |
| 9 | China's Nature Reserves | 李文华，赵献英 | 1989 年 |
| 10 | 《川滇黔接壤地区资源开发与生产布局》 | 中国科学院西南资源开发考察队 | 1991 年 |
| 11 | In-service Training for Watershed Management in Asia | 李文华主编 | 1992 年 |
| 12 | 中国农林复合经营 | 李文华，赖世登主编 | 1994 年 |

| 序号 | 书籍名称 | 作者 | 出版时间 |
|---|---|---|---|
| 13 | 青藏高原生态系统及优化利用模式 | 李文华，周兴民主编 | 1998 年 |
| 14 | *Agro-Ecological Farming Systems in China* | 李文华 | 2001 年 |
| 15 | 《生态安全与生态建设》 | 李文华，王如松主编 | 2002 年 |
| 16 | 《生态农业——中国可持续农业的理论与实践》 | 李文华主编 | 2003 年 |
| 17 | 《生态学研究回顾与展望》 | 李文华，赵景柱主编 | 2004 年 |
| 18 | "环境科学与政策丛书" | 中国人民大学环境学院组织编写 | 2004～2005 年 |
| 19 | 《生态农业的技术与模式》 | 李文华，闵庆文，张壬午编著 | 2005 年 |
| 20 | 《农业文化遗产保护的多方参与机制》 | 李文华丛书主编，闵庆文，钟秋毫主编 | 2006 年 |
| 21 | 《东北地区森林与湿地保育及林业发展战略研究》 | 李文华主编 | 2007 年 |
| 22 | 《中国生态补偿机制与政策研究》 | 中国生态补偿机制与政策研究课题组编著（李文华为课题组成员） | 2007 年 |
| 23 | 《中国森林生态治理方略研究》 | 李世东，李文华编著 | 2008 年 |
| 24 | 《农业文化遗产与"三农"》 | 李文华丛书主编，徐旺生，闵庆文编著 | 2008 年 |
| 25 | 《生态系统服务功能价值评估的理论、方法与应用》 | 李文华等著 | 2008 年 |
| 26 | 《农业生态问题与综合治理》 | 李文华主编 | 2008 年 |
| 27 | 《农业文化遗产及其动态保护探索》 | 李文华丛书主编，闵庆文主编 | 2008 年 |
| 28 | 《哈尼梯田自然与文化景观生态研究》 | 李文华丛书主编，角媛梅著 | 2009 年 |
| 29 | 《农业文化遗产及其动态保护探索（二）》 | 李文华丛书主编，闵庆文主编 | 2009 年 |
| 30 | *Dynamic Conservation and Adaptive Management of China's GIAHS: Theories and Practices (I)* | 李文华丛书主编，闵庆文，白艳莹，焦雯珺主编 | 2009 年 |
| 31 | 《横断山区的垂直气候及其对森林分布的影响》 | 李文华，张谊光主编 | 2010 年 |
| 32 | 《旅游文化资源：格局、过程与政策》 | 李文华丛书主编，孙业红，闵庆文主译 | 2010 年 |
| 33 | 《农业文化遗产及其动态保护前沿话题》 | 李文华丛书主编，闵庆文主编 | 2010 年 |
| 34 | 《三峡工程阶段性评估报告·综合卷》 | 中国工程院三峡工程阶段性评估项目组编著 | 2010 年 |
| 35 | 《农业文化遗产地农业生物多样性研究》 | 李文华丛书主编，张丹著 | 2011 年 |
| 36 | 《东北天然林研究》 | 李文华等著 | 2011 年 |
| 37 | 《农业文化遗产地旅游发展潜力研究》 | 李文华丛书主编，孙业红著 | 2011 年 |

左侧竖排：中国工程院院士传记

绿境求索：李文华 自传

| 序号 | 书籍名称 | 作者 | 出版时间 |
|---|---|---|---|
| 38 | 《农业文化遗产及其动态保护前沿话题（二）》 | 李文华丛书主编，闵庆文主编 | 2012 年 |
| 39 | 《中国当代生态学研究·可持续发展生态学卷》 | 李文华主编 | 2013 年 |
| 40 | 《中国当代生态学研究·生态系统恢复卷》 | 李文华主编 | 2013 年 |
| 41 | 《中国当代生态学研究·生态系统管理卷》 | 李文华主编 | 2013 年 |
| 42 | 《中国当代生态学研究·全球变化生态学卷》 | 李文华主编 | 2013 年 |
| 43 | 《中国当代生态学研究·生物多样性保育卷》 | 李文华主编 | 2013 年 |
| 44 | 《中国自然资源通典》 | 李文华，旭日干 总主编 | 2015 年 |
| 45 | Contemporary Ecology Research in China | 李文华主编 | 2016 年 |
| 46 | 《中国重要农业文化遗产保护与发展战略研究》 | 李文华主编 | 2016 年 |
| 47 | 《中国生态系统保育与生态建设》 | 李文华等编著 | 2016 年 |
| 48 | 《农业资源与环境可持续发展战略研究》 | 李文华主编 | 2017 年 |
| 49 | 《林下经济与农业复合生态系统管理》 | 李文华主编 | 2021 年 |

# 附录六　李文华主要著述

[1] Li W H. The structure and succession of spruce forest in south Taiga of USSR. Ph. D. dissertation of Forestry Institute, the Soviet Academy of Sciences. 1961.

[2] Li W H. A study on natural regeneration of different spruce stands in the European Soviet. Soviet Journal of Botany, 1961, 26(3): 279-286.

[3] 李文华. 几种林型下的光照条件及其对幼树生长的影响. 林业科学, 1963, 8(4): 310-320.

[4] 李文华, 武素功. 植物类型的自然博物馆. 地理知识, 1975, (1): 25-29.

[5] Li W H. Speech on MAB Coordinating Council. 1977.

[6] 李文华, 韩裕丰. 西藏的森林. 自然资源, 1977, (2): 10-28.

[7] 李文华, 韩裕丰. 西藏的森林. 中国林业科学, 1977, (4): 4-10.

[8] 李文华. 森林生物生产量的概念及其研究的基本途径. 自然资源, 1978, (4): 71-92.

[9] Li W H. The vegetation in Tibet of China and it's economic significance // Proceedings of the International Arid Land Conference on Plant Resources Lubbock. Lubbock: Texas Tech University, 1979.

[10] 李文华, 周沛村. 暗针叶林在欧亚大陆分布的基本规律及其数学模型的研究. 自然资源, 1979, (1): 21-34.

[11] 李文华, 王德才. 电子计算机符号图在生态学和自然资源研究中的应用. 自然资源, 1980, (4): 70-80.

[12] 周以良, 李文华, 等. 针叶林概述 // 中国植被编辑委员会. 中国

植被 . 北京 : 科学出版社 , 1980: 157-159.

[13] 李文华 . 西藏落叶松林 // 中国植被编辑委员会 . 中国植被 . 北京 : 科学出版社 , 1980: 174-176.

[14] 李文华 . 云杉、冷杉林 // 中国植被编辑委员会 . 中国植被 . 北京 : 科学出版社 , 1980: 176-182.

[15] 李文华 . 关于自然保护区的几个问题 . 自然资源 , 1980, (1): 91-96.

[16] 李文华 . 联合国科科文组织"人与生物圈"计划召开第六届国际协调理事会 . 自然资源 , 1980, (1): 71.

[17] 李文华 , 韩裕丰 . 西藏经济林木的发展 // 中国科学院青藏高原综合考察队 . 西藏农业自然资源评价与农业发展分区 . 北京 : 中国科学院自然资源综合考察委员会 , 1980: 183-194.

[18] 韩裕丰 , 李文华 . 西藏中部地区的造林问题 // 中国科学院青藏高原综合考察队 . 西藏农业自然资源评价与农业发展分区 . 北京 : 中国科学院自然资源综合考察委员会 , 1980: 195-205.

[19] 李文华 . 小兴安岭谷地云冷杉林群落结构和演替的研究 . 自然资源 , 1980, (4): 17-29.

[20] 李文华 . 国际生物圈保护区简介 . 环境科学 , 1980, (4): 79-80, 71.

[21] 李文华 . 考察墨脱天然植物园 // 地理知识编辑部 . 考察在西藏高原上 . 上海 : 上海教育出版社 , 1980: 89-106.

[22] 李文华 , 邓坤枚 , 李飞 . 长白山主要生态系统生物生产量的研究 . 森林生态系统研究 , 1981, (2): 34-50.

[23] 李文华 . 国际亚马逊热带森林生态系统研究计划的进展和评价 // 中国科学院长白山森林生态系统定位站 . 森林生态系统研究 ( Ⅱ ). 沈阳 : 中国科学院长白山森林生态系统定位站 , 1981: 207-213.

[24] Li W H, Han Y F , Li Y J. Fundamental characteristics of the forests in Xizang in relation to the uplift of the Plateau // Proceedings of

Symposium on Qinghai-Xizang(Tibet)Plateau, Volume Ⅱ. Beijing: Science Press, 1981: 1937-1945.

[25] Li W H. A brief introduction to the ecological research on the Qinghai-Xizang Plateau by Chinese Scientists // Du C. N. R. S. Environmental and Human Population Problems at High Altitude. Paris, 1981: 143-145.

[26] 李文华. 西藏暗针叶林概论. 自然资源, 1982, (2): 1-16.

[27] 李文华, 韩裕丰. 西藏地区特有的几种松林. 自然资源, 1982, (3): 30-38.

[28] 李文华, 冷允法, 胡涌. 云南横断山区森林植被分布与水热因子相关的定量化研究 // 中国科学院青藏高原综合考察队. 青藏高原研究: 横断山考察专集 (一). 昆明: 云南人民出版社, 1983: 185-205.

[29] 李文华. 再论当前我国自然保护区建设中的几个问题 // 阳含熙. 自然保护区学术讨论会论文集. 北京: 中国林业出版社, 1983: 157-163.

[30] 李文华. 可更新资源 // 中国大百科全书总编辑委员会《环境科学》编辑委员会, 中国大百科全书出版社编辑部. 中国大百科全书·环境科学卷. 北京: 中国大百科全书出版社, 1983: 247-248.

[31] Li W H, Zhou P C. The geographical distribution of the spruce-fir forest in China and its modeling. Mountain Research and Development, 1984, 4(3): 203-212.

[32] 李文华. 国际山地综合开发中心. 山地研究, 1984, 2(1): 57-61.

[33] 石山, 李文华, 李松华, 等. 论合理利用自然资源. 新华文摘, 1985, (3): 202-204.

[34] 李文华, 沈长江. 自然资源科学的基本特点及其发展的回顾与展望 // 中国科学院自然资源综合考察委员会. 自然资源研究的理论与方法. 北京: 科学出版社, 1985: 1-23.

[35] Li W H, Zhao X Y. The nature reserves of China // McNeely J A, James W T. People and Protected in the Hindu Kush-Himalaya (Preceeding of the International Workshop on the Management of National Parks and Protected Areas in the Hindu Kush-Himalaya, 6-11 May 1985 Kathmandu). Kathmandu, Nepal: King Mahendra Trust for Nature Conservation, 1985: 107-109.

[36] 李文华. 信息系统 自然资源信息系统的研究与发展 // 孙九林. 国土资源信息系统的研究与建立. 北京：能源出版社, 1986: 1-4.

[37] 李文华. 我国生物资源的综合考察及其开发与保护问题 // 中国科学院、国家计划委员会自然资源综合考察委员会纪念自然资源综合考察委员会成立三十周年文集. 北京：中国科学院, 国家计划委员会自然资源综合考察委员会, 1986: 62-69.

[38] 孙鸿烈, 李文华, 章铭陶, 韩裕丰. 青藏高原综合科学考察. 自然资源, 1986, 8(3): 10, 22-30.

[39] 李文华. 我国生物资源的综合考察及其开发与保护问题. 自然资源, 1986, 8(3): 62-69.

[40] 李文华. 自然保护区 //《中国自然保护纲要》编写委员会. 中国自然保护纲要. 北京：中国环境科学出版社, 1987.

[41] 李文华. 国际人与生物圈计划及其发展趋势. 北京林业大学学报, 1987, 9(2): 213-220.

[42] Li W H. Introductory Speech of the Chairman of the International Coordinating Committee of the Man and the Biosphere Programme. 24rd UNESCO General Conference, 1987.

[43] Li W H. Panel on terrestrial ecosystems//UNESCO. Science and Technology for the Future: a Fresh Look at International Co-operation: High Level Colloquium. Paris: UNESCO, 1990, 54-57.

[44] 李文华. 林业地理 // 中国大百科全书出版社编辑部, 中国大百科全书总编辑委员会《地理学》编辑委员会. 中国大百科全书·地

理 . 北京 : 中国大百科全书出版社 , 1990: 285.

[45] 邵彬 , 李文华 . 中国云冷杉林分布与生产规律的研究 . 自然资源 , 1992, (2): 80.

[46] Li W H. In-service training for watershed management in Asia, Watershed management training in Asia, (GCP/PAS/129/NET), FAO. 1992.

[47] Li W H. Integrated Farming System in China. Veroffentli-chungen des Geobatanischen Institutes der ETH, Stiftung Rubel, Zurich, 113. Heft 80pp. 1993.

[48] Li W H. Forest of the Himalayan-Hengduan Mountains of China and strategies for their sustainable development. International Center for Integrated Mountain Development (ICIMOD). Kathmandu Nepal. 1993.

[49] 李文华 , 郎一环 . 持续发展的资源对策及生态学 // 陈昌笃 , 王祖望 . 持续发展与生态学全国第一届持续发展与生态学学术讨论会论文汇编 . 北京 : 中国科学技术出版社 , 1993: 14-19.

[50] 李文华 , 郎一环 , 王礼茂 , 李岱 . 1993. 全球资源态势与对策 . 北京 : 华艺出版社 .

[51] Li W H, Liu Y H. Land use and land cover change in China. The Journal of Chinese Geography, 1994, 4(3/4): 25-41.

[52] Li W H. Integrated farming system for sustainable development in China. Proceedings on Eco-technology for Sustainable Development, Beijing. 1994: 22.

[53] 李文华 , 王如松 . 社会持续发展理论及战略探讨 // 中国社会发展科学研究会 1994 年年会学术论文集 . 北京 : 中国社会发展科学研究会办公室 , 1994: 25-36.

[54] 李文华 . 持续发展与资源对策 . 自然资源学报 , 1994, 9(2): 97-106.

[55] 李文华 . 持续发展与资源对策 // 中国社会发展科学研究会可持

续发展专业委员会．持续发展的理论、方法及应用 ( 高级培训研讨班讲义 ). 北京：中国社会发展科学研究会可持续发展专业委员会，1994: 1-15.

[56] 娄安如，李文华．我国农林业复合经营发展潜力的初步分析．自然资源，1995, 17(3): 14-20.

[57] 李文华．持续发展与生态农业县建设．农业环境与发展，1995, (1): 12-17.

[58] 李文华．持续发展对科学技术的要求及生态学面临的挑战 // 中国生态学会．走向 21 世纪的中国生态学——中国生态学学会第五届全国会员代表大会暨学术讨论会论文集．北京：中国生态学学会，1995: 38-44.

[59] Li W H , Qi W H. An Outline for Conducting and International Project on Brewing-Aquaculture-Agriculture Zero Emission Research Initiatives. Proceedings on International Expert Meeting on Zero Emission Research Initiatives (ZERI-BAG), Beijing, 1995: 7-19.

[60] 李文华，王如松．社会持续发展理论与战略探讨 // 王如松，方精云，高林，冯宗炜．现代生态学的热点问题研究 ( 上册 ). 北京：中国科学技术出版社，1996: 22-29.

[61] 方精云，李文华．我国的植被地带性及其定量化研究 // 王如松，方精云，高林，冯宗炜．现代生态学的热点问题研究 ( 上册 ). 北京：中国科学技术出版社，1996: 362-368.

[62] 李文华．生态工程是可持续发展的有效手段．生态学报，1996, 16(5): 667-669.

[63] 刘金勋，李文华，赖世登．地理信息系统技术在农林复合经营设计中的应用．农业系统科学与综合研究，1996, 12(4): 249-252.

[64] 李文华，韩裕丰，李飞．森林资源研究的回顾与展望 // 中国科学院，国家计划委员会自然资源综合考察委员会．自然资源综合考

察研究四十年 (1956—1996). 北京 : 中国科学技术出版社 , 1996:
20-25.

[65] 孙鸿烈 , 李文华 , 章铭陶 , 等 . 青藏高原综合科学考察 // 中国科
学院 , 国家计划委员会自然资源综合考察委员会 . 自然资源综
合考察研究四十年 (1956—1996). 北京 : 中国科学技术出版社 ,
1996: 76-89.

[66] 李文华 , 章铭陶 , 韩裕丰 . 西南地区综合科学考察 // 中国科学
院 , 国家计划委员会自然资源综合考察委员会 . 自然资源综合考
察研究四十年 (1956—1996). 北京 : 中国科学技术出版社 , 1996:
120-126.

[67] 刘金勋 , 李文华 , 张仁杰 . 农林复合经营系统模式化仿真模型研
究 . 农业系统科学与综合研究 , 1996, 12(4): 261-266.

[68] 刘金勋 , 李文华 , 赖世登 . 林农间作系统林木优化采伐模型研究 .
农业系统科学与综合研究 , 1997, 13(4): 268-272.

[69] 李文华 , 罗天祥 . 中国云冷杉林生物生产力格局及其数学模型 .
生态学报 , 1997, 17(5): 511-518.

[70] 中国工程院学部工作部 . 中国工程院院士自述 ( 李文华 ). 上海 :
上海教育出版社 , 1998: 691-693.

[71] 李文华 . 人与生物圈计划的思想形成与发展 . 人与生物圈 , 1998,
(3): 4.

[72] 杨修 , 李文华 . 农业生态系统种养结合优化结构模式的研究 . 自
然资源学报 , 1998, 13(4): 344-351.

[73] 李文华 . 当代生物资源保护的特点及面临的挑战 . 自然资源学
报 , 1998, 13( 增刊 ): 1-9.

[74] 罗天祥 , 李文华 , 冷允法 , 岳燕珍 . 青藏高原自然植被总生物量
的估算与净初级生产量的潜在分布 . 地理研究 , 1998, 17(4): 337-
344.

[75] 杨修 , 李文华 . 农桐复合系统营养元素的输入、输出与平衡分

析.资源科学, 1998, 20(4): 41-49.

[76] 杨修, 李文华.农桐复合经营的研究进展和趋势.农村生态环境, 1998, 14(2): 49-52.

[77] 汤懋苍, 钟大赉, 李文华, 冯松.雅鲁藏布江"大峡弯"是地球"热点"的证据.中国科学 (D 辑：地球科学 ), 1998, 28(5): 463-468.

[78] 李文华.长江洪水与生态建设.中国农业资源与区划, 1998, (6): 4-9.

[79] 李文华.98 洪水的生态学反思 // 董其昌.98 洪水聚焦森林.北京：中国林业出版社, 1998: 123-127.

[80] 李文华.当代生物资源保护的特点及面临的挑战 // 赵景柱, 欧阳志云, 吴刚.社会 – 经济 – 自然复合生态系统可持续发展研究.北京：中国环境科学出版社, 1999: 47-59.

[81] 李文华.长江洪水与生态建设 // 赵景柱, 欧阳志云, 吴刚.社会 – 经济 – 自然复合生态系统可持续发展研究.北京：中国环境科学出版社, 1999: 218-230.

[82] 李文华.长江洪水与生态建设.自然资源学报, 1999, 14(1): 1-7.

[83] 李文华.当代生物资源保护的特点及面临的挑战 // 赵景柱, 欧阳志云, 吴刚.社会 – 经济 – 自然复合生态系统可持续发展研究.北京：中国环境科学出版社, 1999: 4759.

[84] 李文华.长江洪水与生态建设 // 赵景柱, 欧阳志云, 吴刚.社会 – 经济 – 自然复合生态系统可持续发展研究.北京：中国环境科学出版社, 1999: 218-230.

[85] Tang M C, Zhong D L, Li W H, et al. The proof of the great turn of Yaluzangbu River being the earth hot point. Science in China(Series D), 1999, 42(1): 30-36.

[86] Li W H, Min Q W, Miao Z W. Eco-county construction in China. Journal of Environmental Science, 1999, 11(3): 284-289.

[87] Li W H , Min Q W. Integrated farming systems an important approach toward sustainable agriculture in China. AMBIO, 1999, 28(8): 655-662.

[88] Shi P L, Li W H. Rehabilitation of degraded mountain ecosystems in southwestern China: an integrated approach. AMBIO, 1999, 28(5): 390-397.

[89] 薛达元，包浩生，李文华．长白山自然保护区生物多样性旅游价值评估研究．自然资源学报，1999, 14(2): 140-145.

[90] 薛达元，包浩生，李文华．长白山自然保护区森林生态系统间接经济价值评估．中国环境科学，1999, 19(3): 247-252.

[91] 罗天祥，李文华，赵士洞．中国油松林生产力格局与模拟．应用生态学报，1999, 10(3): 257-261.

[92] 罗天祥，李文华，罗辑，王启基．青藏高原主要植被类型生物生产量的比较研究．生态学报，1999, 19(6): 823-831.

[93] 李文华．森林资源学 // 孙鸿烈．中国资源科学百科全书（下）．北京：中国大百科全书出版社，石油大学出版社，2000: 533.

[94] 李文华．世界森林资源 // 孙鸿烈．中国资源科学百科全书（下）．北京：中国大百科全书出版社，石油大学出版社，2000: 533-534.

[95] 李文华．森林生态系统 // 孙鸿烈．中国资源科学百科全书（下）．北京：中国大百科全书出版社，石油大学出版社，2000: 537.

[96] 李文华，张华龄．中国森林资源区划 // 孙鸿烈．中国资源科学百科全书（上）．北京：中国大百科全书出版社，石油大学出版社，2000: 63.

[97] 李文华，罗天祥．生物生产量 // 孙鸿烈．中国资源科学百科全书（下）．北京：中国大百科全书出版社，石油大学出版社，2000: 540-541.

[98] 李文华．森林线 // 孙鸿烈．中国资源科学百科全书（下）．北京：中国大百科全书出版社，石油大学出版社，2000: 544.

[99]  李文华. 森林地理分布 // 孙鸿烈. 中国资源科学百科全书（下）. 北京：中国大百科全书出版社，石油大学出版社，2000: 544-545.

[100] 李文华. 联合国粮食及农业组织 (FAO)// 孙鸿烈. 中国资源科学百科全书（下）. 北京：中国大百科全书出版社，石油大学出版社，2000: 576.

[101] 李文华. 世界自然资源 // 孙鸿烈. 中国资源科学百科全书（上）. 北京：中国大百科全书出版社，石油大学出版社，2000: 56-57.

[102] 李文华. 复合农林业 // 孙鸿烈. 中国资源科学百科全书（上）. 北京：中国大百科全书出版社，石油大学出版社，2000: 117.

[103] 李文华. "人和生物圈计划" // 孙鸿烈. 中国资源科学百科全书（上）. 北京：中国大百科全书出版社，石油大学出版社，2000: 33.

[104] Li W H, Shi P L. Ecological concern with water-related disasters, lessons from flood of the Yangtze River in 1998//Second World Water Forum, China Water Vision, Meeting the Water Challenge in Rapid Transition, Hague, 2000: 7-12.

[105] 李文华. 我国西南山区生态建设的几个问题. 云南畜牧兽医，2000, (1): 1-2.

[106] 李文华. 我国西南地区生态环境建设的几个问题. 林业科学，2000, (5): 10-11.

[107] 李文华. 开创生态农业建设新纪元 // 农业部科技教育司，全国生态农业试点县建设领导小组办公室. 中国生态农业实践与发展. 北京：中国农业科技出版社，2000: 10-12.

[108] 李文华. 日本的自然保护区. 人与生物圈，2000, (3): 41-43.

[109] 李文华. 可持续发展的生态学思考. 中国生态学学会通讯，特刊，2000: 1-6.

[110] 李文华. 生态学的发展及我国面临的挑战与机遇 // 中国工程

院版 . 1999/2000 中国科学技术前沿 . 北京：高等教育出版社，
2000: 583-606.

[111] 李文华 . 贺《中国沼泽志》问世 . 地理科学，2000, (3): 1.

[112] 石培礼，李文华，王金锡，刘兴良 . 四川卧龙亚高山林线生态交
错带群落的种 - 多度关系 . 生态学报，2000, 20(3): 384-389.

[113] 石培礼，李文华 . 长白山林线交错带形状与木本植物向苔原侵
展和林线动态的关系 . 生态学报，2000, 20(7): 573-580.

[114] 李文华 . 可持续发展的生态学思考 . 四川师范学院学报（自然
科学版），2000, 21(3): 215-220.

[115] Li W H. Integrated farming system: An important approach toward
sustainable agriculture in China // Song J, Wang M H. Proceedings
of International Conference on Engineering and Technological
Sciences 2000, Session 6 Technology Innovation and Sustainable
Agriculture. Beijing : Chinese Academy of Engineering. Beijing:
New World Press, 2000: 7-14.

[116] 李文华 . 当前生态学在可持续发展中的前沿和热点 . 城市环境
与城市生态，2001, (6): 1-8.

[117] 李文华 . 生态农业发展展望 . 领导决策信息，2001, (25): 1819.

[118] 李文华 . 生态学与可持续发展 . 学习时报，2001-01-22: 5 版 .

[119] 李文华，卢兵友 . 中国生态农业与生态农业县建设 // 蔡强国，
伍世良，林健枝，邹桂昌，张光远，等 . 农业生态环境建设的理
论与实践：2000 年香港学术讨论会 . 北京：气象出版社，2001:
1-10.

[120] 李文华 . 全球变化与全球化对山地的影响及对策（摘要）// 中国科
协 2001 年学术年会（"资源、生态、环境分会场"特邀报告）
汇编 . 北京：中国科协，2001: 1-5.

[121] 李文华，何永涛，杨丽韫 . 森林水文研究：森林对径流影响研究
概况 // 中国科学院地理科学与资源研究所 . 森林的水文气候效

应研究进展 ( 之一 ). 北京 : 中国科学院地理科学与资源研究所 , 2001: 1-9.

[122] 李文华 , 杨丽韫 , 何永涛 . 森林生态系统水文生态功能综述 // 中国科学院地理科学与资源研究所 . 森林的水文气候效应研究进展 ( 之一 ). 北京 : 中国科学院地理科学与资源研究所 , 2001: 10-16.

[123] 李文华 . "森林的水文气候效应学术讨论会" 专集前言 . 自然资源学报 , 2001, 16(5): 397.

[124] 李文华 , 何永涛 , 杨丽韫 . 森林对径流影响研究的回顾与展望 . 自然资源学报 , 2001, 16(5): 398-406.

[125] 石培礼 , 李文华 . 森林植被变化对水文过程和径流的影响效应 . 自然资源学报 , 2001, 16(5): 481-487.

[126] 堤利夫 , 李昌华 , 岩坪五郎 , 李文华 , 玉井重信 , 千叶乔三 , 片相成夫 . 江西九连山常绿阔叶林资源研究 . 资源科学 , 2001, 23( 增 ): 15-35.

[127] 李文华 . 我国西南地区生态建设的几个问题 // 中国科协 . 中国生态学会西部科普工程讲习班材料 , 昆明 . 2001.

[128] Li W H. Agro-Ecological Farming Systems in China (Man and the Biosphere Series, Vol. 26). Paris: UNESCO, Carnforth: Parthenon Publishing Group Limited, 2001.

[129] 李文华 . 侯学煜的大农业思想及其对我国生态农业发展的指导意义 . 侯学煜逝世 10 周年纪念会报告 ( 未发表 ). 2001.

[130] 李文华 . 中国的生态农业与生态农业县 ( 村 ) 建设 . 水土保持研究 , 2001, 8(4): 17-20, 45.

[131] 李文华 , 闵庆文 . 人与生物圈 : 不应破坏的平衡 // 沈国舫 , 金鉴明 . 中国环境问题院士谈 . 北京 : 中国纺织出版社 , 2001: 111-138.

[132] 李文华 , 闵庆文 . 中国生态农业的成就、问题与发展展望 // 农业

部科技教育司 . 生态农业与可持续发展：2001 年生态农业与可持续发展国际研讨会论文集 . 北京：中国农业出版社，2001: 7-11.

[133] 李文华，闵庆文 . 发展生态农业的几大障碍 . 农民日报，2001-11-19: 3 版 .

[134] Li W H, Min Q W. China's eco-agriculture: achievements, obstacles, and perspectives // Department of Science, Technology, Education and Rural Environment, Ministry of Agriculture, PRC. Ecological Agriculture and Sustainable Development: Proceedings of 2001 International Seminar on Ecological Agriculture and Sustainable Development. Beijing: China Agriculture Press, 2001: 12-19.

[135] Luo T X, Li W H, Zhu H Z. Estimated biomass and productivity of natural vegetation on the Tibetan Plateau. Ecological Applications, 2002, 12(4): 980-997.

[136] 石培礼，李文华，何维明，谢高地 . 川西天然林生态服务功能的经济价值 . 山地学报，2002，20(1): 75-79.

[137] 李文华 . 全球变化与生态环境 // 聂丛丛 . 大思想：中央电视台《百家讲坛》智慧大餐 . 北京：西苑出版社，2002: 268-279.

[138] 李文华，欧阳志云，赵景柱 . 生态系统服务功能研究 . 北京：气象出版社，2002.

[139] Xue D Y, Bao H S, Li W H. A Case Study of Valuation Method in Changbai Mountain Biosphere Reserve in Northeast China. Beijing: China Environmental Science Press, 1997.

[140] 石培礼，李文华，王金锡 . 岷江冷杉林线交错带的植冠三维结构 . 生态学报，2002，22(11): 1819-1825.

[141] 李文华 . 西部大开发中有关生态学的几点思考 // 李文华，王如松 . 生态安全与生态建设 . 北京：气象出版社，2002: 3-7.

[142] 李文华，闵庆文．生态系统服务功能与减轻自然灾害 // 中国科学技术协会．减轻自然灾害白皮书．北京：中国科学技术协会，2002: 196-199.

[143] 李文华．中华民族的审慎选择．科技日报，2002-10-22: 8 版．

[144] 李文华．生态建设走双赢之路．人民政协报，2002-10-22: B2 版．

[145] 闵庆文，李文华．区域可持续发展能力评价及其在山东五莲的应用．生态学报，2002, 22(1): 1-9.

[146] 石培礼，李文华．生态交错带的定量判定．生态学报，2002, 22(4): 586-592.

[147] 李文华．中国生态农业发展简要回顾及当前面临的机遇与挑战 // 北京：香山科学会议（会议交流材料）第 195 次学术讨论会：新时期中国生态农业的机遇、挑战与对策．2002.

[148] 杨丽韫，李文华．长白山不同生态系统地下部分生物量及地下贮量的调查．自然资源学报学，2003, 18(2): 204-209.

[149] 李文华．西部大开发的生态学思考．中国水土保持科学，2003, 1(1): 5-7.

[150] 李文华，许中旗，张壬午，闵庆文．中国生态农业的产生与发展现状 // 李文华．生态农业：中国可持续农业的理论与实践．北京：化学工业出版社，2003: 42-55.

[151] 闵庆文，李文华，云正明．生态农业模式设计方案 // 李文华．生态农业：中国可持续农业的理论与实践．北京：化学工业出版社，2003: 948-960.

[152] 李文华，闵庆文．高原生态系统及地理分布 // 郑度．青藏高原形成环境与发展．石家庄：河北科学技术出版社，2003: 165-175.

[153] 李文华．西部大开发中有关生态学的思考．中国西部科技，2003, (6): 3-4.

[154] 李文华．生态学与城市建设．今日国土，2003, (4): 18-21.

[155] 李文华 . 用科学的发展观认识退耕还林问题 . 今日国土 , 2004, (10): 15-16.

[156] 闵庆文 , 李文华 . 丘陵山区农业持续发展的生态工程对策：以山东省五莲县为例 . 山地学报 , 2004, 19(4): 349-354.

[157] 李文华 . 中国生态农业面临的机遇与挑战 . 中国生态农业学报 , 2004, 12(1): 1-3.

[158] 闵庆文 , 何永涛 , 李文华 , 李贵才 . 基于农业气象学原理的林地生态需水量估算：以泾河流域为例 . 生态学报 , 2004, 18(6): 152-155.

[159] 何永涛 , 闵庆文 , 李文华 , 李贵才 . 森林植被生态需水量的确定和计算：以泾河流域为例 . 水土保持学报 , 2004, 18(6): 152-155.

[160] 李文华 . 可持续发展与生态省建设 // 黑龙江生态省建设办公室 . 全国首届生态省建设论坛文集 . 哈尔滨：黑龙江生态省建设办公室 , 2004.

[161] 李文华 . 可持续发展与生态省建设 . 科学对社会的影响 , 2004, (1): 14-21.

[162] 李文华 , 闵庆文 . 中国生态农业研究与建设的进展与展望 // 徐俊如 . 生态农业理论与实践 . 南昌：江西科学技术出版社 , 2004: 9-16.

[163] 何永涛 , 李文华 , 李贵才 , 闵庆文 , 赵海珍 . 黄土高原地区森林植被生态需水研究 . 环境科学 , 2004, 25(3): 35-39.

[164] 赵海珍 , 李文华 , 马爱进 , 何永涛 . 拉萨河谷地区青稞农田生态系统服务功能的评价：以达孜县为例 . 自然资源学报 , 2004, 19(5): 632-636.

[165] 许中旗 , 李文华 , 郑均宝 , 刘文忠 . 太行山区不同土地利用方式保水防蚀能力研究 . 水土保持学报 , 2004, 18(4): 101-104.

[166] 李文华 . 自豪 自信 自省：寄语中国生态学 . 生态学报 , 2004, 24(10): 2340-2342.

[167] 李文华. 可持续发展与生态省建设 // 黑龙江生态省建设办公室. 全国首届生态省建设论坛文集. 哈尔滨：黑龙江生态省建设办公室, 2004.

[168] 李文华. 用科学发展观指导生态建设. 农村工作通讯, 2005, (5): 17.

[169] 李文华, 闵庆文. 生物圈 // 王如松. 彩图科技百科全书第三卷：生命. 上海：上海科学技术出版社, 上海科技教育出版社. 2005: 158-159.

[170] 李文华. 用科学发展观指导生态建设. 农村工作通讯, 2005, (5): 17.

[171] 李文华, 闵庆文. 农村循环经济模式 // 解振华. 领导干部循环经济知识读本. 北京：中国环境科学出版社, 2005: 329-351.

[172] 许中旗, 李文华, 闵庆文, 许晴. 锡林河流域生态系统服务价值变化研究. 自然资源学报, 2005, 20(1): 99-104.

[173] 杨丽韫, 李文华. 长白山原始阔叶红松林细根分布及其周转的研究. 北京林业大学学报, 2005, 27(2): 1-5.

[174] 许中旗, 李文华, 闵庆文, 敖其尔, 王英舜, 韩喜, 何旭生, 贺俊杰. 典型草原抗风蚀能力的实验研究. 环境科学, 2005, 26(5): 164-168.

[175] 魏晓华, 李文华, 周国逸, 刘世荣, 孙阁. 森林与径流的关系：一致性和复杂性. 自然资源学报, 2005, 20(5): 761-770.

[176] 何永涛, 闵庆文, 李文华. 植被生态需水研究进展及展望. 资源科学, 2005, 27(4): 8-13.

[177] 李文华, 张壬午. 生态农业与循环经济 // 王如松. 循环·整合·和谐：第二届全国复合生态与循环经济学术讨论会论文集. 北京：中国科学技术出版社, 2005.

[178] 李文华, 闵庆文. 生物圈. // 王如松. 彩图科技百科全书第三卷：生命. 上海：上海科学技术出版社, 上海科技教育出版社,

2005.

[179] 李文华. 用科学发展观指导东北林业建设. 森林与人类（首届中国林业学术大会会刊特辑，和谐社会与现代森林），2005，11月号增刊（总第 185 期）：15-18.

[180] 许中旗，李文华，鲍维楷，许晴. 植被原生演替研究进展. 生态学报，2005，25 (12)：3383-3389.

[181] 李文华，黄国勤. 论江西油茶产业的发展. 江西农业大学学报（社会科学版），2005，4(4)：1-5.

[182] 杨光梅，闵庆文，李文华. 我国重工业发展趋势的生态经济学思考. 生态经济，2005，(10)：24-27.

[183] 杨光梅，李文华，闵庆文. 生态系统服务价值评估研究进展：国外学者观点. 生态学报，2006，26(1)：206-212.

[184] 杨光梅，李文华，闵庆文. 基于生态系统服务价值评估进行生态补偿的探讨. 生态经济学报，2006，4(1)：20-24.

[185] He Y T, Min Q W, Li W H, Li G C, Ji L W. Estimated forest ecological water requirements in the Jinghe watershed: Theory and case study. Frontiers of Forestry in China, 2006, 1(1): 43-47.

[186] 李文华，闵庆文，孙业红. 自然与文化遗产保护中几个问题的探讨. 地理研究，2006，25(4)：561-569.

[187] 李文华，李世东，李芬，刘某承. 生态补偿的意义与研究进展：以林业为例 // 中国生态学学会. 生态：科学创新与发展（中国生态学学会 2006 学术年会论文荟萃）. 北京：中国生态学学会，2006：326.

[188] 李文华. 生态系统服务研究是生态系统评估的核心. 资源科学，2006，28(4)：1.

[189] 许中旗，李文华，刘文忠，吴雪宾. 我国东北地区蒙古栎林生物量及生产力的研究. 中国农业生态学报，2006，14(3)：21-24.

[190] 杨光梅，闵庆文，李文华，刘璐，荣金凤，吴雪宾. 基于 CVM

方法分析牧民对禁牧政策的受偿意愿：以锡林郭勒草原为例 . 生态环境 , 2006, 15(4): 747-751.

[191] 李文华 , 李芬 , 李世东 , 刘某承 . 森林生态效益补偿的研究现状与展望 . 自然资源学报 , 2006, 21(5): 677-688.

[192] He Y T, Min Q W, Li W H, et al. Estimated forest ecological water requirements in the Jinghe watershed: Theory and case study. Frontiers of Forestry in China, 2006, 1(1): 43-47.

[193] 甄林 , 闵庆文 , 李文华 , 金羽 , 杨光梅 . 海南省自然保护区生态补偿机制初探 . 资源科学 , 2006, 28(6): 10-19.

[194] 黄国勤 , 李文华 . 中国中亚热带地区的水土流失 . 水土保持研究 , 2006, 13(5): 117-119, 123.

[195] 黄国勤 , 李文华 . 中国中亚热带地区面临的资源与生态问题 // 2006 年中国可持续发展论坛：中国可持续发展研究会 2006 学术年会经济高速增长与中国的资源环境问题专辑 . 2006: 48-53.

[196] 黄国勤 , 李文华 . 中国中亚热带地区面临的农业环境污染 . 江西农业学报 , 2006, 18(5): 145-150.

[197] 杨丽韫 , 李文华 , 吴松涛 . 长白山原始红松阔叶林及其次生林细根分解动态和氮元素的变化 . 北京林业大学学报 , 2007, 29(6): 10-15.

[198] 杨光梅 , 李文华 , 闵庆文 , 甄霖 , Mario L. 对我国生态系统服务研究局限性的思考及建议 . 中国人口资源与环境 , 2007, 17(1): 85-91.

[199] 李文华 , 刘某承 . 关于中国生态省建设指标体系的几点意见与建议 . 资源科学 , 2007, 29(5): 2-8.

[200] 许中旗 , 赵盼茹 , 王英舜 , 许晴 , 李文华 , 闵庆文 . 人为干扰对典型草原土壤侵蚀影响的价值评价 . 中国草地学报 , 2007, 29(2): 1-6.

[201] 李文华 , 李世东 , 李芬 , 刘某承 . 森林生态补偿机制若干重点问

题研究 . 中国人口资源与环境 , 2007, 17(2): 13-18.

[202] 李文华 , 李芬 , 李世东 , 刘某承 . 森林生态效益补偿机制与政策研究 . 生态经济 , 2007, 11: 151-153, 159.

[203] 杨光梅 , 闵庆文 , 李文华 , 甄霖 . 我国生态补偿研究中的科学问题 . 生态学报 , 2007, 27(20): 4289-4300.

[204] 王景升 , 李文华 , 任青山 , 刘某承 . 西藏森林生态系统服务价值 . 自然资源学报 , 2007, 22(5): 831-841.

[205] 杨光梅 , 闵庆文 , 李文华 . 锡林郭勒草原退化的经济损失估算及启示 . 中国草地学报 , 2007, 29(1): 44-59.

[206] 黄国勤 , 李文华 . 中国中亚热带地区湿地资源面临的问题及对策 . 江西科学 , 2007, 25(1): 91-95.

[207] 张彪 , 李文华 , 谢高地 , 肖玉 . 北京市森林生态系统的水源涵养功能 . 生态学报 , 2008, 28(11): 5619-5625.

[208] 许中旗 , 李文华 , 许晴 , 闵庆文 , 王英舜 , 何旭生 . 禁牧对锡林郭勒典型草物种多样性的影响 . 生态学杂志 , 2008, 27(8): 1307-1312.

[209] 赵海珍 , 李文华 , 马爱进 . 拉萨河谷山地灌丛草原与鸭茅栽培草地营养元素含量特征的比较 . 草业科学 , 2008, 25(5): 32-35.

[210] 何永涛 , 李文华 , 李泉 , 吴宗凯 . 吴起县退耕农户生活状况调查报告 . 水土保持通报 , 2008, 28(1): 184-190.

[211] 张林 , 罗天祥 , 邓坤枚 , 李文华 . 云南松比叶面积和叶干物质含量随冠层高度的垂直变化规律 . 北京林业大学学报 , 2008, 30(1): 40-44.

[212] 张彪 , 李文华 , 谢高地 , 肖玉 . 北京市森林生态系统土壤保持能力的综合评价 . 水土保持研究 , 2009, 16(1): 240-244.

[213] 张林波 , 李文华 , 刘孝富 , 王维 . 承载力理论的起源、发展与展望 . 生态学报 , 2009, 29(2): 878-888.

[214] 何永涛 , 李文华 , 郎海鸥 . 黄土高原降水资源特征与林木适宜

研究 . 干旱区研究 , 2009, 26(3): 406-412.

[215] 刘某承 , 李文华 . 基于净初级生产力的中国生态租金均衡因子测算 . 自然资源学报 , 2009, 24(9): 1550-1559.

[216] 张林波 , 李兴 , 李文华 , 王维 , 刘孝富 . 人类承载力研究面临的困境与原因 . 生态学报 , 2009, 29(2): 889-897.

[217] 许中旗 , 李文华 , 许晴 , 闵庆文 , 王英舜 , 吴雪宾 . 人为干扰对典型草原土壤碳密度及生态系统碳贮量的影响 . 自然资源学报 , 2009, 24(4): 621-629.

[218] 张彪 , 李文华 , 谢高地 , 肖玉 . 森林生态系统的水源涵养功能及其计量方法 . 生态学杂志 , 2009, 28(3): 529-534.

[219] 李文华 , 刘某承 , 张丹 . 用生态价值观权衡传统农业与常规农业的效益：以稻鱼共作模式为例 . 资源科学 , 2009, 31(6): 899-904.

[220] 李文华 , 张彪 , 谢高地 . 中国生态系统服务研究的回顾与展望 . 自然资源学报 , 2009, 24(1): 1-10.

[221] 刘某承 , 张丹 , 李文华 . 稻田养鱼与常规稻田耕作模式的综合效益比较研究：以浙江省青田县为例 . 中国生态农业学报 , 2010, 18(1): 164-169.

[222] 李文华 , 刘某承 . 关于中国生态补偿机制建设的几点思考 . 资源科学 , 2010, 32(5): 791-796.

[223] 刘某承 , 李文华 . 基于净初级生产力的中国各地生态足迹均衡因子测算 . 生态与农村环境学报 , 2010, 26(5): 401-406.

[224] 刘某承 , 李文华 , 谢高地 . 基于净初级生产力的中国生态足迹产量因子测算 . 生态学杂志 , 2010, 29(3): 592-597.

[225] 刘某承 , 王斌 , 李文华 . 基于生态足迹模型的中国未来发展情景分析 . 资源科学 , 2010, 332(1): 163-170.

[226] 赵海珍 , 李文华 , 黄瑞玲 , 李飒 . 拉萨达孜县北京杨人工林生态系统服务功能评价 . 中国人口资源与环境 , 2010, 20(5): 104-

106.

[227] 赵海珍，李文华，马爱进，黄瑞玲.拉萨河谷山地灌丛草地生态系统服务价值评价：以拉萨达孜县为例.草业科学，2010，27(12): 27-31.

[228] 马维玲，石培礼，李文华，何永涛，张宪洲，沈振西.青藏高原高寒草甸植株形状和生物量分配的海拔梯度变异.中国科学：生命科学，2010，40(6): 533-543.

[229] 李芬，李文华，甄霖，黄河清，魏云洁，杨莉.森林生态系统补偿标准的方法探讨：以海南省为例.自然资源学报，2010，25(5): 735-745.

[230] 邓振镛，闵庆文，张强，李文华，刘兴土，王礼先，卢琦，李世东，曹建华，徐金强.中国生态气象灾害研究.高原气象，2010，29(3): 810-817.

[231] 李文华，刘某承，闵庆文.中国生态农业的发展与展望.资源科学，2010，32(6): 1015-1021.

[232] Xie G D , Zhen L, Lu C X, Xiao Y, Li W H. Applying value transfer method for eco-service valuation in China. Journal of Resources and Ecology, 2010, 1(1): 51-59.

[233] Qin X D, Min Q W, Li W H, Geng Y H. Pareto optimal land-use patterns with three conflicting benefits in an area to the south of Liupan Mountain. Resources Science, 2010, 32 (1): 184-194.

[234] Li W H. Progresses and perspectives of ecological research in China. Journal of Resources and Ecology, 2010, 1(1): 3-14.

[235] 李文华.促进现代生态农业发展的杀手锏.世界环境，2011，(1): 16-17.

[236] 张灿强，张彪，李文华，杨艳刚，王斌.森林生态系统对非点源污染的控制机理与效果及其影响因素.资源科学，2011，33(2): 236-241.

[237] 杨丽韫,吴松涛,李文华,李远,党志宏,杨晓玲.太湖流域安吉县城绿地系统水生态服务功能.自然资源学报, 2011, 26(4): 599-608.

[238] 杨丽韫,李文华,彭奎,李远.太湖流域城镇绿地系统水生态服务功能研究.资源科学, 2011, 33(2): 217-222.

[239] Li W H, Liu M C, Min Q W. China's ecological agriculture: progress and perspectives. Journal of Resources and Ecology, 2011, 2(1): 1-7.

[240] 李文华.我国生态学研究及其对社会发展的贡献.生态学报, 2011, 31( 19) : 5421-5428.

[241] 李文华.生态学家要以解决实际问题为己任.科技导报, 2011, 29(25): 3.

[242] 李文华.森林在城市中的生态系统服务功能.能源与节能, 2011, (7): 1-3.

[243] Zhang C Q, Li W H, Zhang B, Liu M C. Water yield of Xitiaoxi River Basin based on InVEST modeling. Journal of Resources and Ecology, 2012, 3(1): 50-54.

[244] 李文华.中国生态城市的发展路径.财经界, 2012, (3): 42-45.

[245] 张灿强,李文华,张彪,杨艳刚,董敦义,潘春霞.基于土壤动态蓄水的森林水源涵养能力计量及其空间差异.自然资源学报, 2012, 27(4): 697-704.

[246] 李文华,刘某承,闵庆文.农业文化遗产保护:生态农业发展的新契机.中国生态农业学报, 2012, 20(6): 663-667.

[247] 刘某承,伦飞,张灿强,李文华.传统地区稻田生态补偿标准的确定:以云南哈尼梯田为例.中国生态农业学报, 2012, 20(6): 703-709.

[248] 范娜,谢高地,张昌顺,陈龙,李文华,成升魁. 2001 年至 2010 年澜沧江流域植被覆盖动态变化分析.资源科学, 2012, 34(7):

1222-1231

[249] 伦飞，李文华，王震，白艳莹，杨艳刚. 中国伐木制品碳储量时空差异. 生态学报, 2012, 32(9): 2918-2928

[250] 李文华. 生态文明与绿色经济. 环境保护, 2012, (11): 12-15.

[251] 李文华. 农业文化遗产保护的现实意义. 农民日报, 2013-01-18: 004 版.

[252] 李文华，赵新全，张宪洲，石培礼，王小丹，赵亮. 青藏高原主要生态系统变化及其碳源/碳汇功能作用. 自然杂志, 2013, 35(3): 172-178.

[253] 刘某承，苏宁，伦飞，曹智，李文华，闵庆文. 区域生态文明建设水平综合评估指标. 生态学报, 2014, 34(1): 97-104.

[254] 李静，闵庆文，李文华，焦雯珺，袁正. 太湖流域平原河网区农业污染研究：以常州市和宜兴市为例. 生态与农村环境学报, 2014, 30(2): 167-173.

[255] 李文华. 亚洲农业文化遗产的保护与发展. 世界农业, 2014, 6: 74-77, 227.

[256] 李静，闵庆文，李文华，焦雯珺，袁正. 基于污染足迹的太湖流域稻作农业污染评估：以常州市和宜兴市为例. 农业资源与环境学报, 2014, 31(4): 372-380.

[257] 洪传春，刘某承，李文华. 农业劳动力转移的动力机制及其对粮食安全的影响. 兰州学刊, 2014, 9: 176-182.

[258] 范娜，谢高地，李文华，张雅京，张昌顺，李娜. 澜沧江流域基于重建的 MODIS 地表温度数据的空气温度空间化制图. Journal of Resources and Ecology, 2014, 5(3): 253-262.

[259] 李文华. 生态文明是实现可持续发展的基础. 办公自动化, 2014, 19: 20.

[260] 李文华. 科学认识森林多种功能和效益的基础. 人民日报, 2014-10-23: 22 版.

[261] 李文华.中国生态城市发展的实践.办公自动化, 2014, 21: 19.

[262] 焦雯珺, 闵庆文, 李文华, Anthony M F. 基于生态系统服务的生态足迹模型构建与应用.资源科学, 2014, 36(11): 2392-2400.

[263] 李文华.森林生态服务核算——科学认识森林多种功能和效益的基础.国土绿化, 2014, 11: 7.

[264] 刘伟玮, 李文华, 刘某承, Anthony M F. 传统农林复合系统：一种全球重要文化遗产类型. Journal of Resources and Ecology, 2014, 5(4): 306-313.

[265] 李静, 闵庆文, 李文华, 白艳莹, Dhruba B G C, 袁正. 基于GIS 和地统计学的土壤养分的空间异质性研究：以红河县迤萨镇为例. Journal of Resources and Ecology, 2014, 5(4): 348-355.

[266] 李文华.农业文化遗产的保护与发展.农业环境科学学报, 2015, 34(1): 1-6.

[267] 李文华, 孙庆忠.全球重要农业文化遗产：国际视野与中国实践：李文华院士访谈录.中国农业大学学报 ( 社会科学版 ), 2015, 32(1): 5-18.

[268] 赵海珍, 李文华, 马爱进, 许中旗.拉萨地区典型生态系统服务功能的比较研究：以达孜县为例.兰州大学学报 ( 自然科学版 ), 2015, 51(1): 134-137, 144.

[269] 洪传春, 刘某承, 李文华.农林复合经营：中国生态农业发展的有效模式.农村经济, 2015, (3): 37-41.

[270] 洪传春, 刘某承, 李文华.我国化肥投入面源污染控制政策评估.干旱区资源与环境, 2015, 29(4): 1-6.

[271] 焦雯珺, 闵庆文, 李文华, Anthony M F. 基于 ESEF 的水生态承载力：理论、模型与应用.应用生态学报, 2015, 26(4): 1041-1048.

[272] 林惠凤, 刘某承, 洪传春, 李文华, 闵庆文.中国农业面源污染防治政策体系评估.环境污染与防治, 2015, 37(5): 90-95, 109.

[273] 焦雯珺，闵庆文，李文华，Anthony M F. 基于 ESEF 的水生态承载力评估：以太湖流域湖州市为例. 长江流域资源与环境，2016, 25(1): 147-155.

[274] 李文华，成升魁，梅旭荣，刘某承，洪传春. 中国农业资源与环境可持续发展战略研究. 中国工程科学，2016, 18(1): 56-64.

[275] 李静，焦雯珺，闵庆文，李文华. 哈尼稻作梯田系统抗旱机制之民族传统文化研究（英文）. Journal of Resources and Ecology, 2016, 7(3): 211-217.

[276] 刘伟玮，刘某承，李文华，曾凡顺，曲艺. 落叶松－人参复合系统的植物多样性和碳储量特征. 林业科学，2016, 52(9): 124-132.

[277] 李文华.《中国自然资源通典》介绍. 自然资源学报，2016, 31(11): 1969-1970.

[278] 刘伟玮，刘某承，李文华，郑颖，王月婵. 辽东山区林参复合经营土壤质量评价. 生态学报，2017, 37(8): 2631-2641.

[279] 李文华. 青藏高原生态学研究的回顾与展望（英文）. Journal of Resources and Ecology, 2017, 8(1): 1-4, 113.

[280] 杨子江，王玲玲，刘某承，李文华. 林渔复合经营产业支撑精准扶贫的调查分析：以皖南地区溪池型林渔复合经营为例. 西南林业大学学报（社会科学），2017, 1(2): 32-37.

[281] 马楠，闵庆文，袁正，李文华，杨庆春. 云南省双江县四个主要民族野生食用植物资源调查研究. 资源科学，2017, 39(7): 1406-1416.

[282] 李文华. 生态治理技术评价：中国脆弱生态区生态系统保护的新机遇（英文）. Journal of Resources and Ecology, 2017, 8(4): 313-314.

[283] 李文华. 中国生态农业的回顾与展望. 农学学报，2018, 8(1): 145-149.

[284] 温腾飞, 石育中, 杨新军, 王婷. 黄土高原半干旱区农户生计恢复力及其影响因素研究: 以榆中县为例. 中国农业资源与区划, 2018, 39(5): 172-182.

[285] 李文华. 和东北森林结下的是不解之缘. 应用生态学报, 2019, 30(5): 1423-1425.

[286] 姚帅臣, 闵庆文, 焦雯珺, 何思源, 刘某承, 刘显洋, 张碧天, 李文华. 面向管理目标的国家公园生态监测指标体系构建与应用. 生态学报, 2019, 39(22): 8221-8231.

[287] 于贵瑞, 李文华, 邵明安, 张扬建, 王绍强, 牛书丽, 何洪林, 戴尔阜, 李发东, 马泽清. 生态系统科学研究与生态系统管理. 地理学报, 2020, 75(12): 2620-2635.

[288] 孙鸿烈, 石玉林, 李文华, 封志明, 江东. 自然资源综合考察与资源科学综合研究. 地理学报, 2020, 75(12): 2610-2619.